人人伽利略系列19

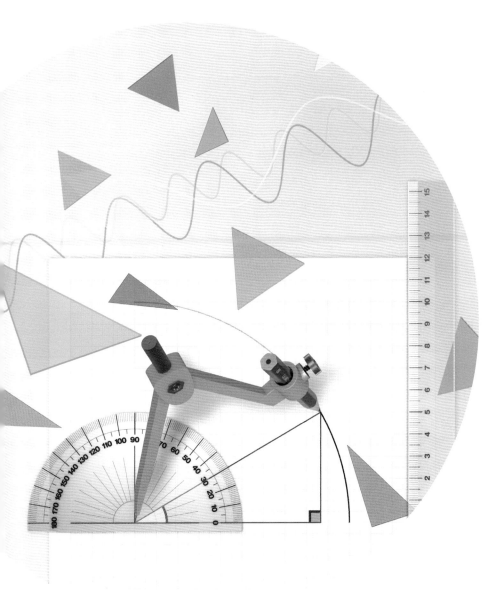

三角函數

sin、cos、tan

人人出版

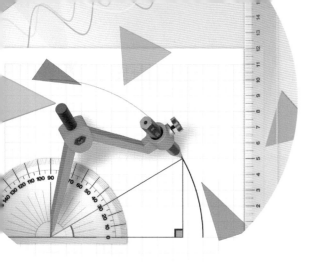

人人伽利略系列 19

sin、cos、tan

三角函數

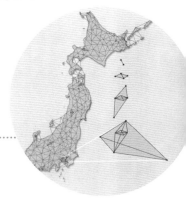

1 序章

協助 礒田正美

2 三角函數基礎

協助 礒田正美　執筆 佐藤健一

3 三角函數重要公式

協助 礒田正美

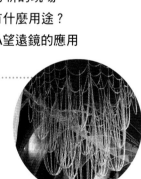

序章

三角函數顧名思義，就是與三角形有關的函數。在詳細介紹什麼是三角函數之前，先來看看三角形本身有哪些有趣的性質、有什麼用途，是在什麼樣的背景下誕生的。

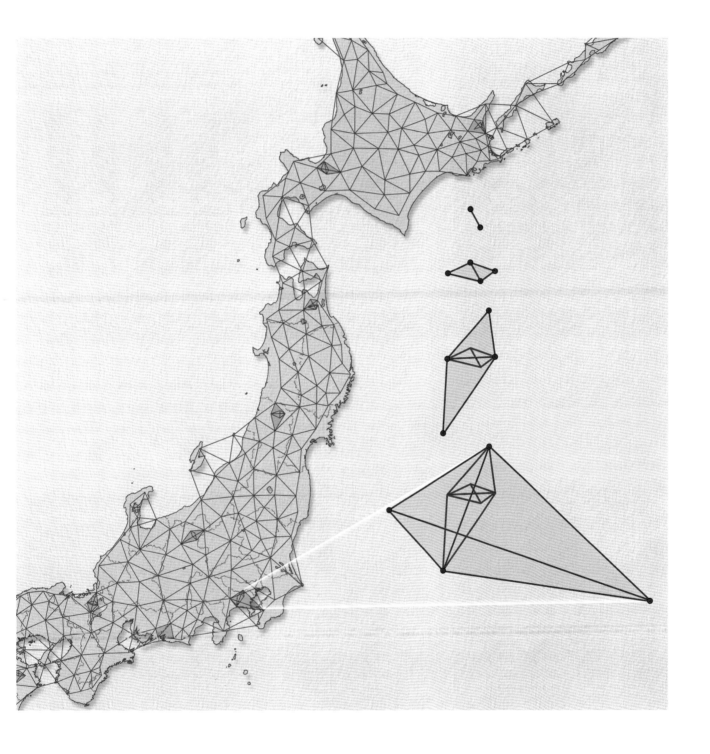

三角形是所有圖形的基礎！
有哪些重要性質？

三角形的性質

三角形可以說是所有圖形的基礎，因此不論是四邊形、五邊形，還是其他多邊形，都可以分割成多個三角形，無一例外。反過來說，將多個三角形組合起來時，可以得到複雜的多邊形。故我們可利用這點，將許多三角形※組合成特定的「多面體」，呈現出想看到的形狀，就像電腦遊戲或電腦動畫中看的那些圖形一樣。

三角形可以形成堅固的結構

三角形常用於建築結構。以三角形為基本結構的骨架稱做「桁架」（truss），常可在鐵橋等建築上看到。三角形的三邊邊長固定之後，三頂點的位置與角度就會自動固定下來，可保持形狀穩定。四邊形等其他多邊形則沒有這種性質（參考右頁插圖）。

另外，將三角形的三個內角（頂點內側的角度）相加後，必定會得到180°。這表示，只要知道其中二個角的角度，就能算出另一個角是多少度。

※：除了三角形之外，也可以用四邊形組合成多面體。

三角形就是這麼重要！

以下介紹三角形的三個重要性質。因為有這些性質，才能成為所有圖形的基礎。

所有多邊形都可以分割成多個三角形

三角形

四邊形

五邊形

六邊形

七邊形

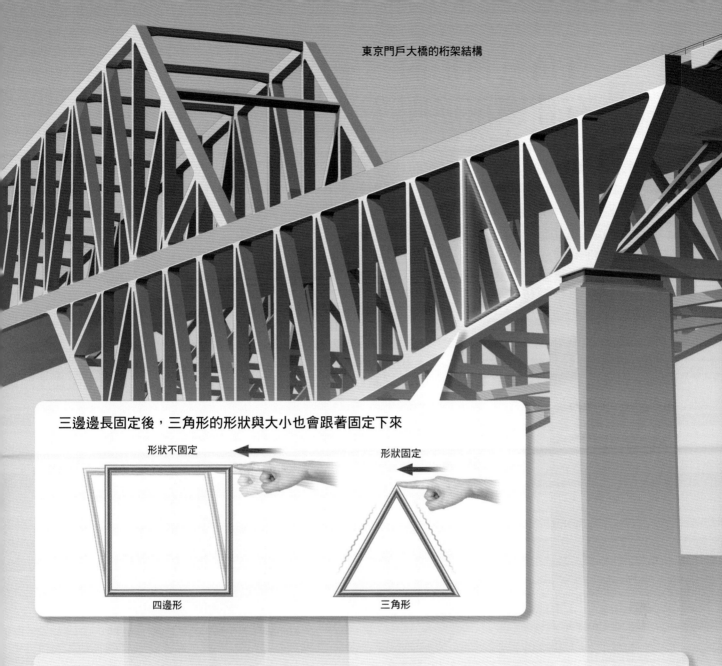

東京門戶大橋的桁架結構

三邊邊長固定後，三角形的形狀與大小也會跟著固定下來

形狀不固定

形狀固定

四邊形

三角形

三角形的內角總和，永遠是180°

內角總和（內角和）為180°

不過，球面上的三角形，
內角和大於180°

直角三角形的「畢氏定理」有什麼用途呢？

三角函數是與直角三角形的邊及角度有關的函數。以下要介紹的「畢氏定理」（Pythagorean theorem，也稱勾股弦定理或商高定理）就是直角三角形的重要性質。所謂的定理，指的是經證明為絕對正確的描述。

假設直角三角形的三邊長為 a、b、c（c 為最長的斜邊）。若以三邊為邊長，朝三角形外側各作一個正方形（如下方插圖所示），那麼最大的正方形面積（c^2）會等於另外兩個正方形面積總和（a^2+b^2）。這就是畢氏定理。相對地，符合畢氏定理的三角形，必為直角三角形。

能看到東京晴空塔的極限距離為何？

東京晴空塔的高度為634公尺。我們可以用畢氏定理，求出能看到東京晴空塔的最遠地點。從東京晴空塔的頂端，拉一條直線切過地球球面，也就是作圓的切線（僅與圓交於一點的直線），那麼圓與切線的交點（切點），就是能看到東京晴空塔的最遠地點（如右頁圖）。圓心（地球球心）與切點的連線必定與切線垂直，故圓心、東京晴空塔頂端、切點會形成直角三角形。已知地球半徑與東京晴空塔的高度，故我們可藉由畢氏定理，計算出能看到東京晴空塔的最遠距離「約90公里」。

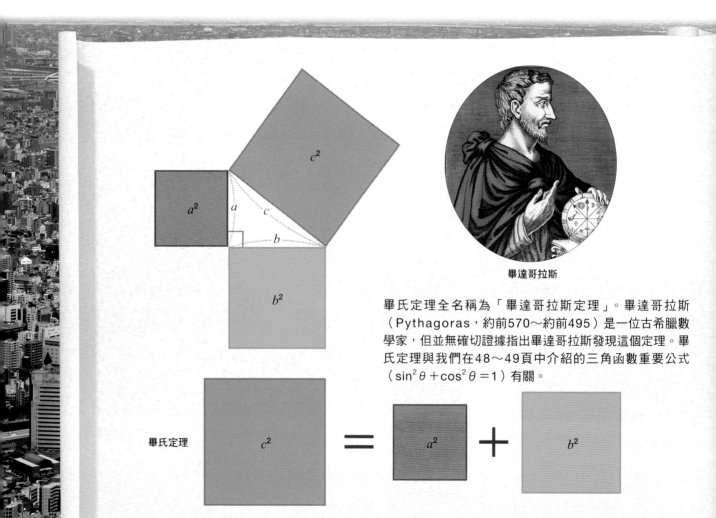

畢達哥拉斯

畢氏定理全名稱為「畢達哥拉斯定理」。畢達哥拉斯（Pythagoras，約前570～約前495）是一位古希臘數學家，但並無確切證據指出畢達哥拉斯發現這個定理。畢氏定理與我們在48～49頁中介紹的三角函數重要公式（$\sin^2\theta+\cos^2\theta=1$）有關。

畢氏定理　　c^2　$=$　a^2　$+$　b^2

能從多遠的地方
看到東京晴空塔？

將東京晴空塔的尖端、能看到東京晴空塔的最遠地點，以及地球中心三點連接起來，如下圖所示，可以得到一個直角三角形。由畢氏定理可計算出，能看到東京晴空塔的最遠距離約為90公里。

計算式（單位為公里）
$$(6371+0.634)^2=6371^2+（所求距離）^2$$
$$所求距離=\sqrt{(6371+0.634)^2-6371^2}$$
$$=89.88……公里$$

地球半徑
6371 公里

地球中心

計算結果：能看到
東京晴空塔的範圍

・宇都宮

・高崎

・銚子

約90公里

・蘆之湖

註：如果在海拔較高的位置，
便能從距離更遠的地方看
到東京晴空塔。

用三角形的性質製作出正確的地圖

在從遠處即可清楚看到的高山山頂等地方經常埋設有稱為「三角點」的測量基點。使用「三角測量」來製作精確地圖時，就會以三角點做為基準點。

如果2點間的距離很長，譬如青森（日本本州島北端）到鹿兒島（日本九州島南端），那麼直接測量2點距離並不是件容易的事。不過，三角測量法可以幫我們做到這件事。三角形中，只要知道「一邊長與兩端角度大小」，就能決定該三角形大小與形狀。利用三角形的這種性質來測量距離的方法，就是三角測量。

實際要量的長度，只有一開始的基線

以下就來介紹三角測量的步驟吧！首先，決定做為基準的兩個三角點。兩點連線稱做「基線」。請盡可能準確測量出這條基線的長度（右頁的1）。接著選擇一個兩個三角點都看得到的位置，做為第三個三角點。基線兩端分別與第三個三角點連線後，測量基線兩端的角度（2）。在基線的另一側亦選擇一點做為第四個三角點，同樣的，測量基線兩端與該點連線後產生的夾角角度。將以上步驟得到的兩個三角形依照比例縮小畫在紙上，便可以得到四個三角點精確的位置關係。

接著，連接第三個與第四個三角點，以這條線為新的基準作更大的三角形，畫出地圖（3）。反覆執行以上的步驟後，理論上就能用最初已知的基線長度，以及中間測量到的各角度大小，畫出正確的地圖（4）。

只要知道基線的長度與各三角形的角度，就算沒有實際測量，也能用本書所介紹的三角函數定理，計算出新設三角點間的距離。這就是三角測量的優點。

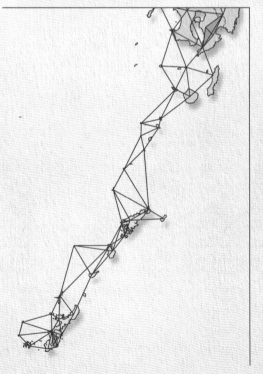

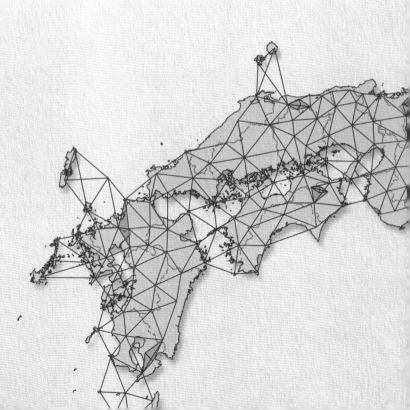

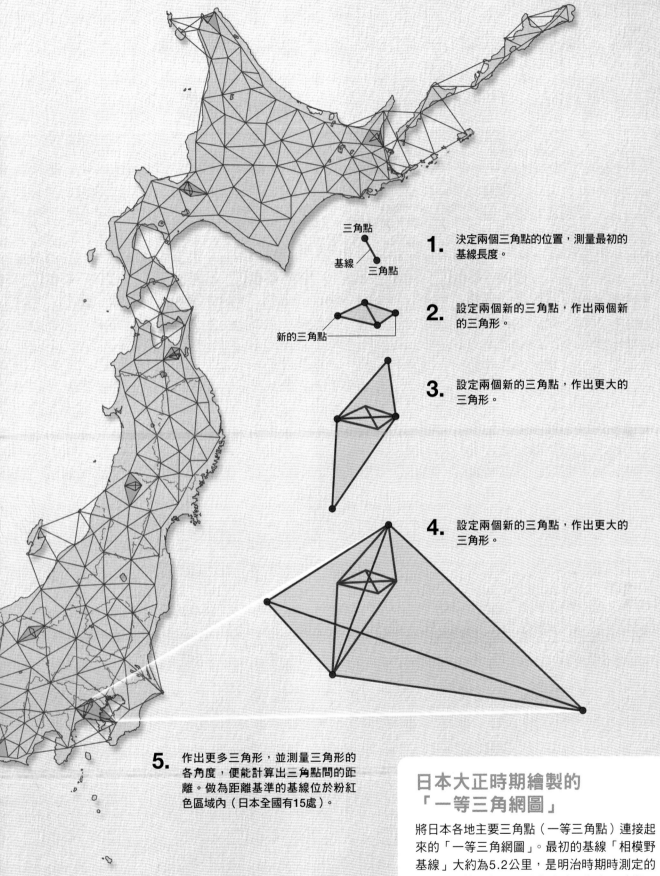

1. 決定兩個三角點的位置，測量最初的基線長度。

三角點
基線
三角點

2. 設定兩個新的三角點，作出兩個新的三角形。

新的三角點

3. 設定兩個新的三角點，作出更大的三角形。

4. 設定兩個新的三角點，作出更大的三角形。

5. 作出更多三角形，並測量三角形的各角度，便能計算出三角點間的距離。做為距離基準的基線位於粉紅色區域內（日本全國有15處）。

日本大正時期繪製的「一等三角網圖」

將日本各地主要三角點（一等三角點）連接起來的「一等三角網圖」。最初的基線「相模野基線」大約為5.2公里，是明治時期時測定的距離。一等三角網圖的完成時間為大正時期。現代的日本則會在全國各地設置「電子基準點」，接收人造衛星的訊號，以此做為繪製地圖的基礎。

本插圖修改自日本國土地理院的「一等三角網圖」。
擇捉島原本也有最初基線，但位置的相關資料不足，故未畫出。

古希臘天文學家們將「三角學」帶進了天文學

三角形的邊長通常用直尺就量得出來。但是如果三角形太大的話,便很難直接量出邊長。如果是角度的話,不管三角形有多麼巨大,測量起來都相對簡單很多。

古代的人們很早以前就注意到這件事,並發展出了「三角學」(trigonometry)。所謂的三角學,是利用三角形角度與邊長的關係,計算出未實際測量的距離是多少。三角測量亦屬於三角學的一種。

很久以前就已經有人藉由三角學,將角度與距離的關係整理成一覽表,用以計算其他的距離。首先留下這類一覽表文件的人物,就是西元前2世紀的古希臘天文學家喜帕恰斯(Hipparkhos,約前190~約前120)。

托勒密的「弦表」,推動了三角函數的發展

古希臘的天文學家托勒密(Claudius Ptolemaeus,約83~約168)以喜帕恰斯留下的一覽表為基礎,繼續發展這門學問。托勒密在他提倡「天動說」的著作《天文學大成》(拉丁語:Almagestum)中,放了名為「弦表」的數值一覽表(見第56頁)。弦表是托勒密整理了喜帕恰斯的一覽表後,得到的精密數值表。古代的天文學家便是在觀測到天體的角度後,利用三角學與弦表計算天體在天球(想像是鑲著太陽以外之所有恆星的球面)上的正確位置。

弦表後來傳到波斯與印度,逐漸演變成更方便使用的形式,然後在中世紀時傳回歐洲,再由各數學家計算出更精密的數字,最後成為本書的主題——三角函數。

催生了三角函數的古希臘天文學家們

描繪古希臘天文學家喜帕恰斯(左頁)與托勒密(右頁)的畫。兩人都是催生了三角函數的學者。

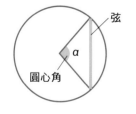

圓心角延伸出之直線與圓周有兩交點,兩交點連線即為弦。

喜帕恰斯的肖像畫。喜帕恰斯是一位天文學家,他將夜空中的850顆恆星分成了1等星至6等星。喜帕恰斯的著作現已不存,其研究成果整理於托勒密的著作《天文學大成》。

HIPPARCHUS

描繪托勒密用器具測量天體角度的插圖（出處：《哲學珠璣》（Margarita philosophica），賴希（Gregor Reisch，1467～1525）著）。在哥白尼（Nicolaus Copernicus，1473～1543）提出地動說之前，托勒密的天動說在1500年來一直是主流學說。托勒密也是一位優秀的數學家，他發現了圓內接四邊形之四邊長的關係——托勒密定理（Ptolemy's theorem），並以此做為製作弦表的計算基礎。

三角形的
全等與相似

兩圖形的形狀與大小皆相同時，稱做「全等」。

那麼，兩個三角形在什麼情況下會全等呢？如果每個邊的邊長和每個角的角度都一樣的話，確實可以保證兩個三角形全等。那麼，我們可以在較少的條件下，判斷兩個三角形全等嗎？

三角形全等的條件與「決定一個三角形的條件」相同。也就是說，只要滿足以下三個條件之一，就能說兩個三角形全等。

【三角形的全等條件】
① 兩個三角形的三組邊對應相等。
② 兩個三角形的兩邊及它們的夾角（兩邊夾角）分別對應相等。
③ 兩個三角形的兩角及它們的夾邊（兩角夾邊）分別對應相等。

那麼，如果這兩個三角形都是直角三角形的話，全等條件又是如何呢？這時候，所需要的條件就更少了。因為兩個三角形已經有了直角這個共同點。兩個直角三角形只要符合以下兩個條件之一，就是全等三角形。

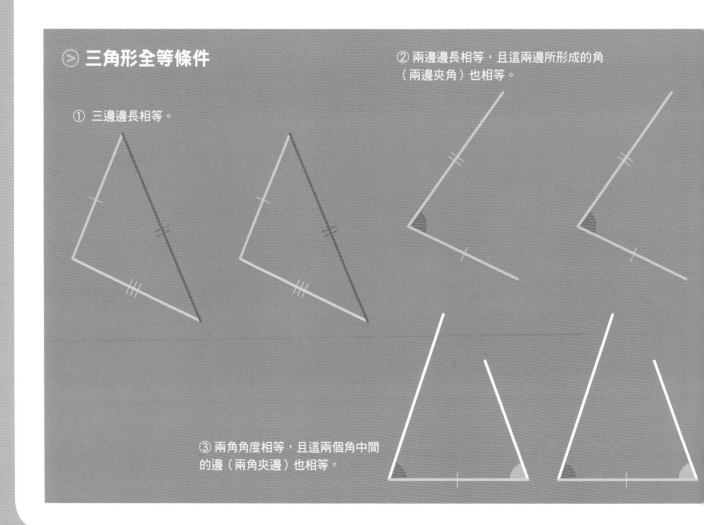

▷ 三角形全等條件

① 三邊邊長相等。

② 兩邊邊長相等，且這兩邊所形成的角（兩邊夾角）也相等。

③ 兩角角度相等，且這兩個角中間的邊（兩角夾邊）也相等。

【直角三角形的全等條件】
①' 兩直角三角形的斜邊與直角外的另一角對應相等。
②' 兩直角三角形的斜邊與任一邊分別對應相等。

乍看之下，以上條件並不符合前面的「三角形全等條件」。不過，滿足①'的兩個三角形中，已有兩個對應角相等，第三個角的角度必為180度減去這兩個角，故兩個三角形的三個對應角皆相等。另外，兩個三角形的斜邊相等，且必為兩個相等對應角的夾邊，故能滿足前述「三角形全等條件」的③。

滿足②'的兩個直角三角形，可沿著非斜邊的對應邊背靠背、直角靠直角，合併成一個大三角形（可視情況將其中一個三角形鏡像翻轉）。其中，因為原本兩個三角直角三角形的斜邊相等，所以合併後的大三角形會是等腰三角形。等腰三角形的兩底角相等，故可確定原先兩個直角三角形中，有一個對應角相等，滿足①'的條件。

再來，讓我們思考看看兩個形狀相同，大小不同的圖形吧！這樣的關係稱做「相似」。相似三角形的形狀相同，故對應角的角度皆相同。另外，相似的兩個三角形中，一個三角形會是另一個三角形的放大或縮小版，故三個對應邊長度的「比值」都相等。

要證明兩個三角形相似，只要滿足以下三者條件之一就行了。

【三角形相似條件】
① 兩個三角形的三邊邊長比值相等。
② 兩個三角形的兩邊邊長比值相等，且這兩邊所形成的夾角相等。
③ 兩個三角形的兩角角度相等。

古希臘哲學家泰利斯（Thales，約前624～約前547）曾用三角形的相似性質，測量金字塔的高度、與海上船隻的距離。　🪐

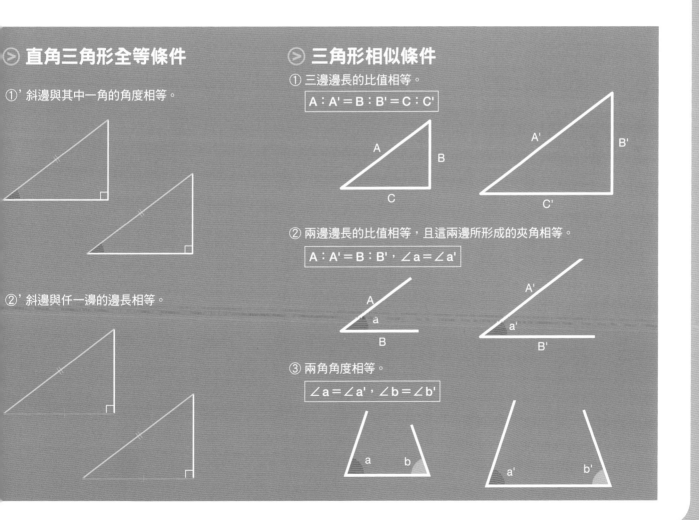

▷ 直角三角形全等條件

①' 斜邊與其中一角的角度相等。

②' 斜邊與任一邊的邊長相等。

▷ 三角形相似條件

① 三邊邊長的比值相等。

$$A : A' = B : B' = C : C'$$

② 兩邊邊長的比值相等，且這兩邊所形成的夾角相等。

$$A : A' = B : B' , \angle a = \angle a'$$

③ 兩角角度相等。

$$\angle a = \angle a' , \angle b = \angle b'$$

利用三角形相似性質的古代測量

古以來，人們就會用三角形的相似性質來測量距離。古希臘哲學家泰利斯造訪埃及之際，便用了以下方法測量巨大金字塔的高度（左邊插圖）。在地面豎立一根與地面垂直的木棒，然後在木棒影長與木棒本身的高度相等時，測量金字塔的影長。也就是說，泰利斯將「木棒與木棒影子所形成的三角形」及「金字塔與金字塔影子所形成的三角形」看作相似的等腰直角三角形。此時，當木棒影長等於木棒本身的高度時，金字塔影長就會等於金字塔的高度。

泰利斯也想過要如何在岸上測量海上船隻的正確位置（右頁上方插圖）。假設我們想知道陸地上的觀測地點 A，與海上船隻 F 之間的距離。如圖所示，「△AFC」與「△DBC」為相似直角三角形。相似三角形的對應邊成比例，只要實際測量出一個對應邊的長度，計算其比值，就可以計算出其他邊的長度了，其中也包括了岸邊與船的距離（詳情請參考插圖的說明）。就這樣，泰利斯使用相似三角形的性質，解決了各式各樣的問題。

善用三角形的相似性質，甚至可以測出地球的大小。人類史上第一個測出地球大小的人，是古希臘的地理學家厄拉托西尼（Eratosthenes，約前276～約前194）。他發現埃及的「賽伊尼」（Syene，現名為亞斯文）這個都市在夏至正午時候，太陽光可以射入深井的

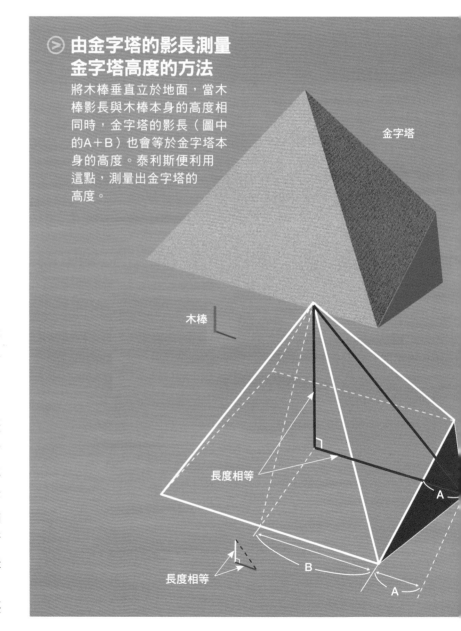

由金字塔的影長測量金字塔高度的方法

將木棒垂直立於地面，當木棒影長與木棒本身的高度相同時，金字塔的影長（圖中的A＋B）也會等於金字塔本身的高度。泰利斯便利用這點，測量出金字塔的高度。

金字塔

木棒

長度相等

長度相等

A

B

A

底部。也就是說，此時太陽位於正上方。

他接著來到賽伊尼北邊的「亞力山卓」（Alexandria），一樣在地面豎立起棒子，測量出夏至中午時，太陽的角度與正上方偏離了7.2°。另外，他由商隊行走所需日數，估算出賽伊尼與亞力山卓的距離約為920公里。

接著厄拉托西尼便試著用以上數值與相似性質計算地球大小，如下所示（本頁最下方的插圖）。

地球大小（周長）
$$= 920\text{公里} \times \frac{360°}{7.2°}$$
$$= 46{,}000 \text{ 公里}$$

目前測量出來的地球周長為4萬公里※。厄拉托西尼所計算出來的數值與這個數值只差了15％。就當時的技術而言，這個數值的正確性可說相當驚人。也因此，人們稱厄拉托西尼為「測地學之父」。🪐

※：之所以會是4萬公里這麼剛好的數值，是因為當初定義長度單位「公尺」的時候，便以赤道至北極的距離為基準，定義「公尺」為這段距離的1000萬分之1。不過目前的1公尺，是由光速來定義的。

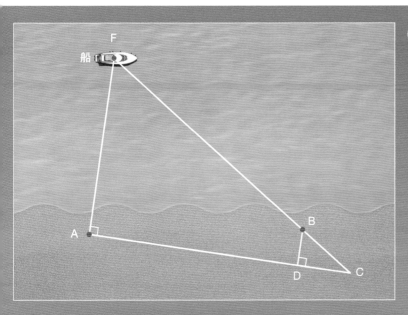

▶ 測量船隻與岸邊距離的方法

欲測量觀測地點 A 與船隻間的距離時，可先作觀測地點 A 與船隻 F 的連線AF，以及觀測地點 B 與船隻的連線BF。接著作垂直於AF的直線，與BF延長線交於C。然後過 B 作AC垂線，與AC垂直於D。如此便可得到△AFC與△DBC。

△AFC與△DBC有兩個對應角相等，故兩者為「相似」三角形，以下關係成立。
　　　AF：DB＝AC：DC
直接測量出DB、AC、DC的長度後，便可計算出船隻與岸邊的距離AF。

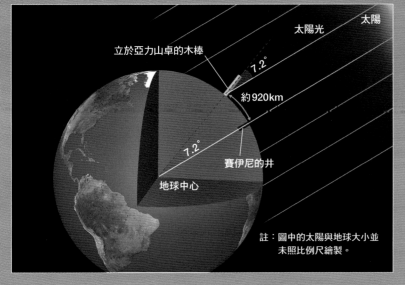

註：圖中的太陽與地球大小並未照比例尺繪製。

▶ 由木棒影子計算出地球周長

古希臘時期的人們已知地球並非無限延伸的平面，而是呈球狀。「夏至正午時，希臘的太陽不會位於正上方，埃及的太陽卻位於正上方，陽光能夠照到深井底部」。當時的人們便由此推論地面不是平的，而是圓的。

古希臘學者厄拉托西尼由夏至太陽的位置與兩點間的距離，求算出地球的大小。

托勒密的
《天文學大成》

托勒密
（Claudius Ptolemaeus，約83～168左右）

托勒密是活躍於埃及亞力山卓的天文學家。當時的埃及雖然受羅馬的統治，卻有著希臘式的思想與傳統，而托勒密就是古希臘的代表天文學家。

托勒密之所以享有盛名，是因為他的著作《天文學大成》（英文名：Almagest）。這套13冊的著作於二世紀前半葉完成，以「天動說」為基礎，集當時天文學之大成。在哥白尼的地動說登場之前，托勒密的天動說在1500年來一直都是主流學說，也是天文學的必備教科書。

這本書的原名是「Megale Syntaxis mathematike」，意為「數學集大成」。也有人用Megiste（最偉大的）取代Megale（偉大的）。中世紀時，這本書被翻譯成阿拉伯文，當時翻譯者在Megiste前加了定冠詞al，於是書名變成了Almagest。之後這本書又被翻譯成了拉丁文，是文藝復興時期的天文學界經典。

與其說《天文學大成》是托勒密的個人研究成果，不如說是托勒密以前，所有古希臘天文學研究成果的集大成之作。因此，《天文學大成》可以說是幾何學的經典《幾何原本》※1的天文學版。《天文學大成》中的內容，主要是希臘天文學家喜帕恰斯的研究成果。喜帕恰斯自己的著作現已不存，故托勒密的《天文學大成》成為了天動說中最具權威的著作。

※1：《幾何原本》是古希臘數學家歐幾里得（Euclid，前325～前265）的著作，整理了過去所有幾何學知識。

恆星、太陽、月球、行星分布在轉動中的天球上

古代的人們藉由觀察夜空的恆星，判斷季節、占卜未來，瞭解宇宙的樣貌。

觀察南方天空一個晚上，可以看到恆星會由東往西劃過一道弧線。相反地，如果觀察北方天空，則會看到恆星沿著逆時鐘方向畫一個圓。這種恆星在一天之內的運動，稱做「周日運動」（diurnal motion）。

想像地球外有一個巨大的「天球」，會比較好理解恆星的運動。想像恆星分布在天球的表面，這個天球一天會旋轉約361度，也就是轉一圈又約1度※2。因為每天會多旋轉1度，所以隔天同一時間的星座位置會與今天稍微有些不同。一年以後，星座才會回歸原本的位置。這種為時一年的緩慢運動，稱為恆星的「周年運動」（annual motion）。

不管是周日運動還是周年運動，星座永遠都保持相同的形狀。這表示星座中每個恆星間的位置關係不會隨時間改變。不過，有某些星體會在黃道上的星座之間遊走，那就是「行

星」。古人們注意到了這些行星的存在，肉眼可觀察到的行星包括水星、金星、火星、木星、土星這5顆。

以各星座為參考點時，行星通常會由西往東移動，稱做「順行」。但有時候行星也會由東往西移動，則稱做「逆行」。對於古人來說，行星逆行是相當詭異的現象，天文學家們一直煩惱著該怎麼解釋行星逆行。

現在的我們已知月球會繞著地球轉，地球與其他行星會繞著太陽轉。

另一方面，古希臘學者則花了很長一段時間進行天文觀測，描繪出包含了月球、五大行星、太陽等7個天體的宇宙樣態[3]。當時的人們把地球的衛星——月球，也當成了行星。在這七個天體之外，則有許多恆星固定在天球上。地球本身靜止，所有恆星都繞著地球轉，這就是現在我們說的「天動說」（geocentrism）。而整理出天動說的人，就是托勒密。

※2：一年約為365.25天，每天只多轉0.986度，尚不到1度。

※3：在希臘的天文學家中，也有一位提出了地球正在運動的地動說（heliocentrism），那就是阿里斯塔克斯（Aristarchus of Samos，約前310～前230左右）。不過，他的想法在當時未能成為主流。

※4：最先提出均輪和本輪概念的人是古希臘數學家暨天文學家阿波羅尼奧斯（Apollonius of Perga，約前260～前192左右）。

※5：在牛頓力學建立之前，天文學與占星術是密不可分的。天文學家都是占星家，但天球儀上繪的應該是黃道十二星座。黃道十二宮是以春分點為起點，每30度設一宮，並借星座之名命名。

德國天文學家繆勒（Johannes Müller，1436～1476）將《天文學大成》的重點內容翻譯成拉丁文，於15世紀末出刊。這可以說是《天文學大成》的解說書，也是一本暢銷書。上圖為這本書的扉頁（顏色是後來的人著色加工而成）。圖中的天球儀繪有黃道十二宮[5]。

以「均輪」與「本輪」來說明行星運動

托勒密在《天文學大成》提出的模型中，最大的特徵就是用兩種圓來說明行星運動。兩種圓中較大的圓叫做「均輪」（deferent），較小的圓稱做「本輪」（epicycle，也稱周轉圓），每顆行星都擁有均輪與本輪。在此模型中，行星位於本輪軌道上，從北半球上方往下看時，行星會以一定速率，逆時鐘沿著本輪與均輪旋轉。

亦即，《天文學大成》用大小兩種等速圓周運動的疊合，說明行星的運動。喜帕恰斯[4]為了說明月球的月周運動，也提出「均輪」與「本輪」的概

念，托勒密再把這個概念擴及所有行星。

這個模型與觀測結果幾乎一致。事實上，觀測到的行星移動速率會隨著位置的不同而有些微變化。在當時的天文學架構中，天球的數目可以增加，但每個天球必須以固定的速度旋轉才行。在這個模型中，將均輪視為圓心在地球中心附近的「偏心圓」。這麼一來，實際上移動速率相同的行星，在距離地球較近時會移動得比較快，距離地球較遠時會移動得比較慢。這個模型也成功解釋了為什麼行星運動會逆行。

托勒密的理論大獲成功。就這樣，《天文學大成》支配了

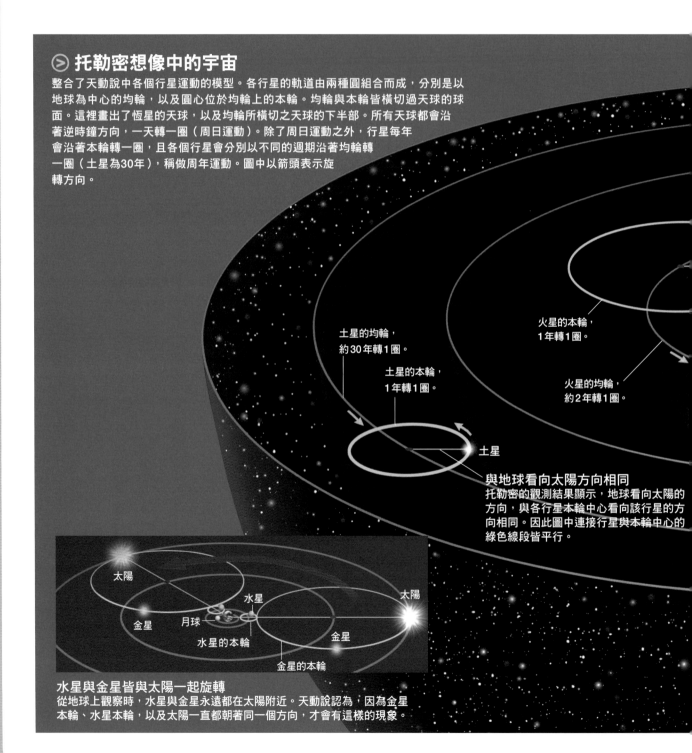

⊘ 托勒密想像中的宇宙

整合了天動說中各個行星運動的模型。各行星的軌道由兩種圓組合而成，分別是以地球為中心的均輪，以及圓心位於均輪上的本輪。均輪與本輪皆橫切過天球的球面。這裡畫出了恆星的天球，以及均輪所橫切之天球的下半部。所有天球都會沿著逆時鐘方向，一天轉1圈（周日運動）。除了周日運動之外，行星每年會沿著本輪轉一圈，且各個行星會分別以不同的週期沿著均輪轉一圈（土星為30年），稱做周年運動。圖中以箭頭表示旋轉方向。

土星的均輪，約30年轉1圈。

土星的本輪，1年轉1圈。

火星的本輪，1年轉1圈。

火星的均輪，約2年轉1圈。

土星

與地球看向太陽方向相同
托勒密的觀測結果顯示，地球看向太陽的方向，與各行星本輪中心看向該行星的方向相同。因此圖中連接行星與本輪中心的綠色線段皆平行。

太陽

水星

金星

月球

水星的本輪

太陽

金星

金星的本輪

水星與金星皆與太陽一起旋轉
從地球上觀察時，水星與金星永遠都在太陽附近。天動說認為，因為金星本輪、水星本輪，以及太陽一直都朝著同一個方向，才會有這樣的現象。

往後約1500年的天文學界。

在發展「均輪」與「本輪」（周轉圓）理論的同時，喜帕恰斯與托勒密也確立了「三角學」，現在則稱做「球面三角學」。所謂「球面三角學」，指的是適用於畫在球面上之三角形（球面三角形）的三角函數。他們製作了「弦表」（第56頁）。托勒密也在《天文學大成》中，介紹如何計算出這張表中的數值。這些計算方式亦在「托勒密定理」中出現（本頁下）。另外，《天文學大成》還介紹了「星盤」（astrolabe）這種天文觀測儀器。星盤可以觀測到星體高度（仰角），以及2顆恆星間的角距離。 ☄

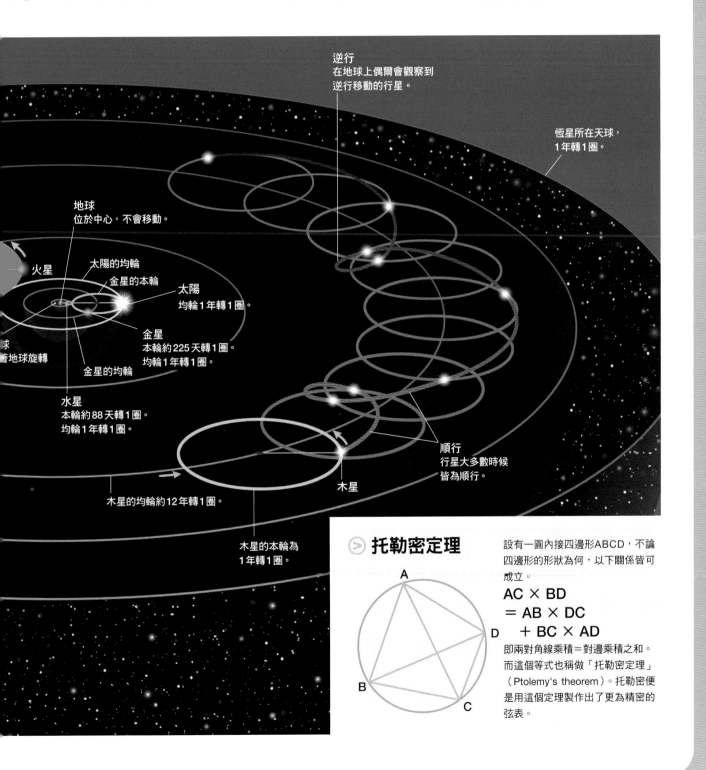

逆行
在地球上偶爾會觀察到逆行移動的行星。

恆星所在天球，
1年轉1圈。

地球
位於中心，不會移動。

火星

太陽的均輪

金星的本輪

太陽
均輪1年轉1圈。

求
著地球旋轉

金星
本輪約225天轉1圈。
均輪1年轉1圈。

金星的均輪

水星
本輪約88天轉1圈。
均輪1年轉1圈。

順行
行星大多數時候
皆為順行。

木星的均輪約12年轉1圈。

木星

木星的本輪為
1年轉1圈。

> **托勒密定理**

設有一圓內接四邊形ABCD，不論四邊形的形狀為何，以下關係皆可成立。

$$AC \times BD = AB \times DC + BC \times AD$$

即兩對角線乘積＝對邊乘積之和。而這個等式也稱做「托勒密定理」（Ptolemy's theorem）。托勒密便是用這個定理製作出了更為精密的弦表。

三角函數基礎

高中數學會學到 3 種三角函數，分別是 sin、cos，以及tan。這 3 種三角函數分別有著不同特徵與不同用途。第 2 章將徹底介紹這 3 種三角函數的基礎概念。

協助（第24〜34頁） 礒田正美
執筆（第42〜47頁） 佐藤健一

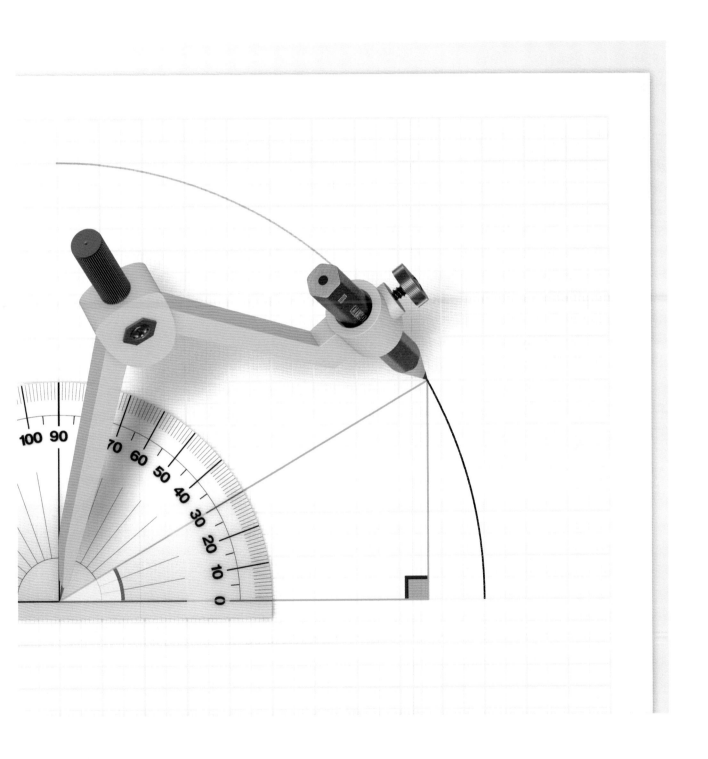

用圓規和直尺量出「sin」的值！

第一個三角函數是「sin」。sin源自於英文的sine，中文稱做「正弦函數」。發音與sign（英文的暗號或信號）相同，不過兩者間完全沒有任何關係。

圓周率（π）為3.14……，像這種大小固定的數值，稱做「常數」（constant）。但sin並沒有一個固定數值，必須先給定「某個角度」之後，才能算出這個角度的sin值是多少。像這種要先給定數值，才能輸出另一個數值的關係，在數學上稱做「函數」（function）。

以下方的直角三角形為例，角度θ（常用於表示角度的符號，為希臘字母，唸做theta）的sin值寫作$\sin\theta$，定義為「直角三角形的高除以斜邊長之數值」。如果斜邊長為1，那麼高就是$\sin\theta$。或者說，斜邊長乘上$\sin\theta$後就會得到高。

30°的sin值是多少？

實際量量看「30°的sin值」是多少吧！如圖所示，畫出一個半徑為10公分的圓弧，然後拿圓規從圓弧最右端（旋轉的起始點A）開始，逆時鐘旋轉30°。接著用直尺測量此時鉛筆筆尖所在的點B高度（粗紅線），應可以得到5公分。這段長度除以半徑的長可得到「0.5」，也就是30°的sin值。數學上會寫成「$\sin 30° = 0.5$（$= \frac{1}{2}$）。

如何用圓規量出sin值？

用圓規測量sin值的方式如右圖所示。假設直角三角形中，一個非直角的角為θ，那麼$\sin\theta$便會等於［高］÷［斜邊長］（如下圖）。

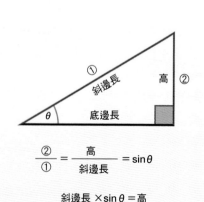

$$\frac{②}{①} = \frac{高}{斜邊長} = \sin\theta$$

斜邊長 $\times \sin\theta$ ＝高

sin的分母→分子，可對應到書寫體「s」的筆畫順序

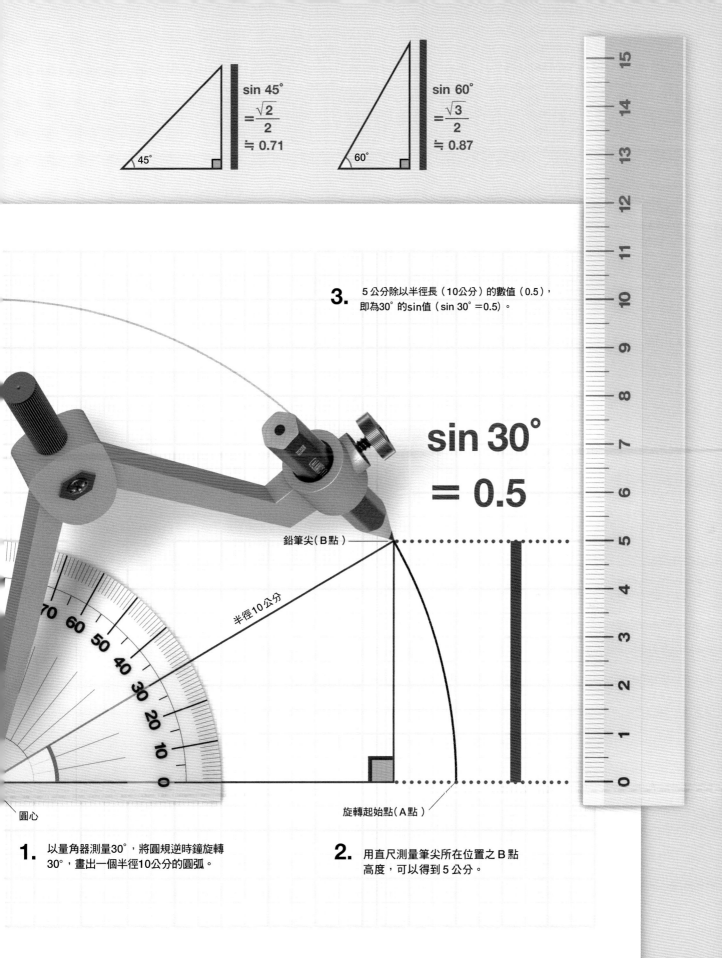

$\sin 45°$
$= \dfrac{\sqrt{2}}{2}$
$≒ 0.71$

$\sin 60°$
$= \dfrac{\sqrt{3}}{2}$
$≒ 0.87$

3. 5公分除以半徑長（10公分）的數值（0.5），
即為30°的sin值（sin 30°＝0.5）。

鉛筆尖（B點）

半徑10公分

$\sin 30°$
$= 0.5$

旋轉起始點（A點）

圓心

1. 以量角器測量30°，將圓規逆時鐘旋轉
30°，畫出一個半徑10公分的圓弧。

2. 用直尺測量筆尖所在位置之B點
高度，可以得到5公分。

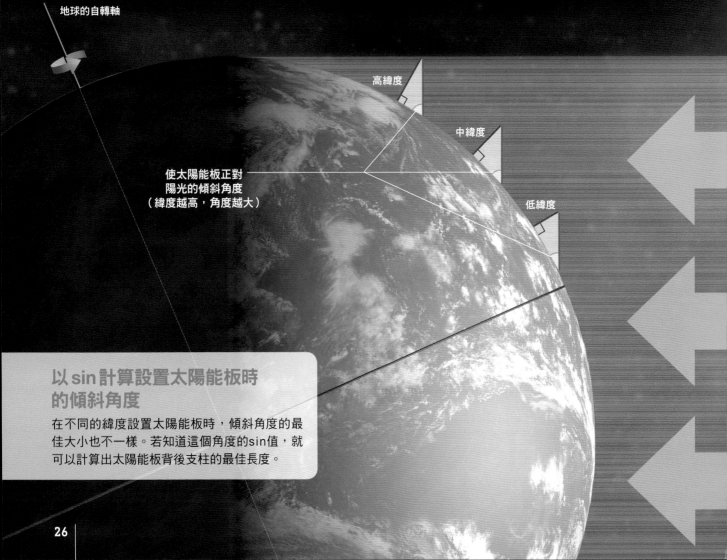

地球的自轉軸

高緯度

中緯度

使太陽能板正對
陽光的傾斜角度
（緯度越高，角度越大）

低緯度

以 sin 計算設置太陽能板時
的傾斜角度

在不同的緯度設置太陽能板時，傾斜角度的最
佳大小也不一樣。若知道這個角度的sin值，就
可以計算出太陽能板背後支柱的最佳長度。

太陽能板的縱長（直角三角形的斜邊長）＝1公尺

傾斜角 θ

支柱長度（直角三角形的高）＝ $\sin\theta$ 公尺

太陽光

日本朝南設置之太陽能板的最佳傾斜角度。札幌為35°、東京為30°、那霸為20°。只要知道每個角度的sin值，就可以計算出適當的支柱長度。

註：為避免反射光造成的光害，或者因為其他理由，可能會調整成不同角度。

札幌
（北緯43度）
35°

東京
（北緯36度）
30°

那霸
（北緯26度）
20°

用圓規和直尺量出「cos」的值！

第二個三角函數「cos」，cos源自於英文cosine，中文稱做「餘弦函數」。與sin相同，給定某個角度時，可以計算出對應的cos值。

如下圖，當直角三角形的一個角為 θ 時，該角的cos值寫作cos θ，定義為「直角三角形的底邊長除以斜邊長之數值」。如果斜邊長為 1 時，那麼底邊長便等於cos θ。或者說，斜邊長乘上cos θ 就會得到底邊長。

30°的cos值是多少？

與sin值的計算類似，讓我們試著量一量看「30°對應的cos值」是多少吧。如圖所示，畫出一個半徑為10公分的圓弧，然後拿圓規從圓弧最右端（旋轉的起始點 A）開始，逆時鐘旋轉30°。然後用直尺測量此時鉛筆筆尖所在的 B 點，與圓心間的橫向長度（粗綠線），應可得到8.7公分。這段長度除以半徑可得到「0.87」，也就是30°的cos值。數學上會寫成（cos 30° $= \frac{\sqrt{3}}{2} \fallingdotseq 0.87$）。

如何用圓規測量cos值？

用圓規測量cos值的方式如右圖所示。假設直角三角形中，一個非直角的角為 θ，那麼cos θ 便會等於〔底邊長〕÷〔斜邊長〕（如下圖）。

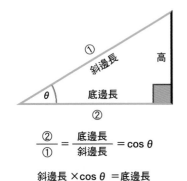

$$\frac{②}{①} = \frac{底邊長}{斜邊長} = \cos\theta$$

斜邊長 × cos θ ＝底邊長

cos的分母→分子，可對應到書寫體「c」的筆畫順序

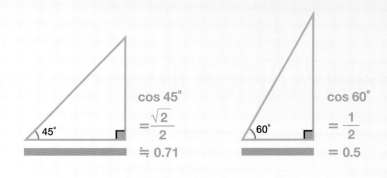

$$\cos 45° = \frac{\sqrt{2}}{2} ≒ 0.71$$

$$\cos 60° = \frac{1}{2} = 0.5$$

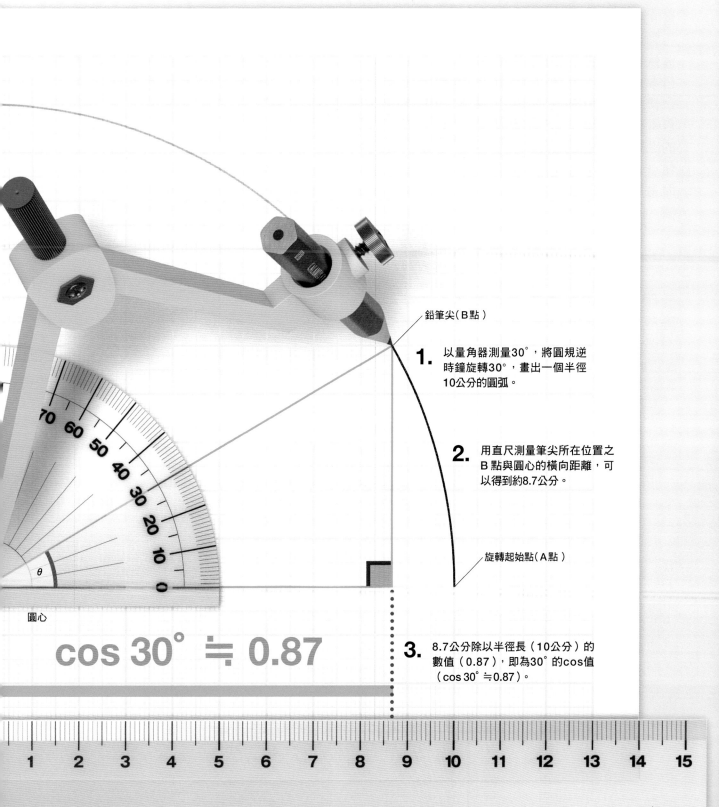

鉛筆尖（B點）

1. 以量角器測量30°，將圓規逆時鐘旋轉30°，畫出一個半徑10公分的圓弧。

2. 用直尺測量筆尖所在位置之B點與圓心的橫向距離，可以得到約8.7公分。

旋轉起始點（A點）

圓心

$$\cos 30° ≒ 0.87$$

3. 8.7公分除以半徑長（10公分）的數值（0.87），即為30°的cos值（cos 30° ≒ 0.87）。

θ

70 60 50 40 30 20 10 0

1 2 3 4 5 6 7 8 9 10 11 12 13 14 15

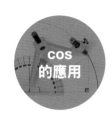

善用cos函數畫出精確地圖的伊能忠敬

在 沒有GPS，日本國內也沒有人知道什麼是三角測量的江戶時代，伊能忠敬（1745～1818）就是靠著cos這個三角函數，畫出了精確的日本地圖。

伊能忠敬用自己的雙腳走遍日本全國各地，測量各點之間的距離。他在測量距離時，並非以行走的步數換算成長度，而是用繩子或鎖鏈量測出正確數值。

伊能忠敬隨身攜帶的三角函數表

伊能忠敬在計算有坡度之區域距離時，會用到cos函數。他隨身攜帶著名為「八線表」的文件。八線表就是列有sin、cos、tan等數值的一覽表。

在有坡度的地方，兩點距離可視為直角三角形的斜邊長。

伊能忠敬用名為「象限儀」的工具測量這個直角三角形的傾斜角，再由八線表計算出對應的cos值，然後將斜邊長乘上這個cos值，便可計算出地圖上的距離（〔斜邊長〕×cos θ＝〔水平距離〕，參考下圖）。

使用cos函數，將斜邊距離換算成水平距離

cos函數能將坡道上的距離換算成水平距離。伊能忠敬行走各地時，隨時都攜帶著換算距離時必要的三角函數表。

1. 以象限儀對準拿著梵天（祭祀用器具，頂端有羽狀或球狀裝飾的長棒）的人的眼睛高度，測量地面傾斜角度。

象限儀
（長棒因重力自然垂下，讀取刻度便可知道象限儀的傾斜角度）

2. 使用「鐵鍊」測量斜面上的距離。

鐵鍊

傾斜角 θ

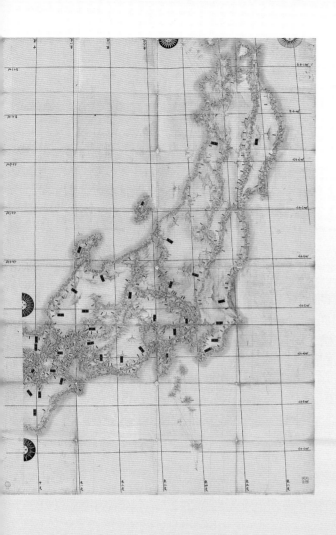

斜面距離

3. 以八線表計算出傾斜角對應的cos值。斜面距離乘上這個cos值後，便可換算成水平距離。

水平距離＝（斜面距離）× cos θ

用圓規和直尺量出「tan」的值!

第三個三角函數「tan」,源自於英文的tangent(切線的意思),中文稱做「正切函數」。與sin、cos相同,給定某個角度時,可以計算出對應的tan值。

如下圖,當直角三角形的一個角為θ時,該角的tan值寫做tanθ,定義為「直角三角形的高除以底邊長之數值」。如果底邊長為1時,那麼高便等於tanθ。

30°的tan值是多少?

讓我們試著量量看「30°對應的tan值」是多少吧!測量方式與sin及cos略有不同。

如圖所示,畫出一個半徑為10公分的圓弧,然後拿圓規從圓弧最右端(旋轉的起始點A)開始,逆時鐘旋轉30°,於此點做記號,再作直線連接圓心與該記號,並一直延伸到圓弧起始點的正上方,設這個點

終點為B,然後測量A點與B點的距離,應約為5.8公分。這段長度除以半徑可以得到「0.58」,也就是30°的tan值。數學上會寫成($\tan 30° = \frac{1}{\sqrt{3}} ≒ 0.58$)。

另外,如同前面所看到的,用直角三角形定義的三角函數(三角比)僅適用於0°至90°。不過,用圓規畫圓時,角度可以是任意大小。我們將在第4章中詳細介紹角度為任意大小時的三角函數。

如何用圓規測量tan值?

用圓規測量tan值的方式如右圖所示。假設直角三角形中,一個非直角的角為θ,那麼tanθ便會等於[高]÷[底邊長](如下圖)。

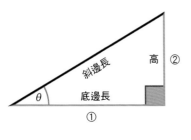

斜邊長　高 ②

底邊長

θ

①

$$\frac{②}{①} = \frac{高}{底邊長} = \tan θ$$

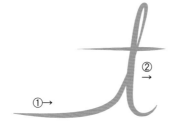

②
→

①→

tan的分母→分子,可對應到書寫體「t」的筆畫順序。

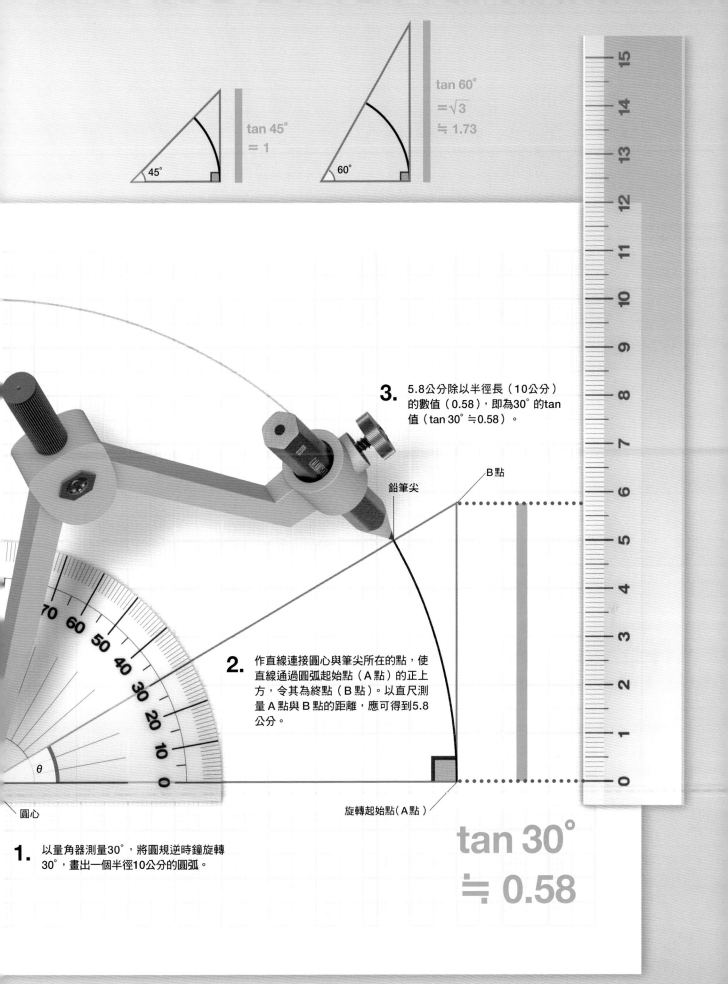

tan 45°
= 1

tan 60°
= √3
≒ 1.73

3. 5.8公分除以半徑長（10公分）的數值（0.58），即為30°的tan值（tan 30° ≒ 0.58）。

B點

鉛筆尖

2. 作直線連接圓心與筆尖所在的點，使直線通過圓弧起始點（A點）的正上方，令其為終點（B點）。以直尺測量A點與B點的距離，應可得到5.8公分。

θ

圓心

旋轉起始點（A點）

1. 以量角器測量30°，將圓規逆時鐘旋轉30°，畫出一個半徑10公分的圓弧。

tan 30°
≒ 0.58

輪椅用的斜坡，
傾斜角的tan需小於「$\frac{1}{12}$」

日本法律規定，輪椅用斜坡的梯度（傾斜角的tan）需在$\frac{1}{12}$以下。傾斜角度越大，對應的tan值也越大。

傾斜角 θ

**tan
的應用**

斜坡傾斜度可用tan值表示

在建立無障礙社會的過程中，tan函數有其重要意義。日本的「無障礙法」是建立適合老人與身障人士生活之社會準則。無障礙法中有規定，輪椅用斜坡的梯度必須要「小於$\frac{1}{12}$」。梯度$\frac{1}{12}$之坡道的垂直方向與水平方向的長度比為$\frac{1}{12}$。這也是tan值的定義。

具體而言，tan值為$\frac{1}{12}$的角度是多少度呢？我們可以用第168頁的三角函數表來算出這個角度。$\frac{1}{12}$換算成為小數時約為0.0833。$\tan 4° \fallingdotseq 0.0699$，$\tan 5° \fallingdotseq 0.0875$，故所求角度應在4°與5°之間（較精確的數

值約為4.8°）。也就是說，輪椅用斜坡必須比這個角度還要小。

坡道的標識
也是tan值

有一些日本的坡道會標有「10%」之類的道路標識。這裡的「10%」也是tan值。tan為10%，也就是0.1時，由三角函數表可以得到對應角度大小應在5°到6°之間（較精確的數值約為5.7°）。 🪐

梯度（tan 30°）
$= \frac{1}{\sqrt{3}} \fallingdotseq 0.58$

上方照片為車站內的輪椅用斜坡。日本法律規定，斜坡梯度（傾斜角的tan值）必須小於 $\frac{1}{12}$。右圖的道路標識上的10%（0.1），也是表示斜坡梯度的數值，與傾斜角的tan值一致。

tan θ

梯度（tan 4.8°）
$\fallingdotseq \frac{1}{12}$
$\fallingdotseq 0.0833$

傾斜角4.8°

填滿「數線」時的
必備工具──√ 與無理數

1 以上的整數「自然數」（natural number），以及由自然數組成的分數，稱做（正）「有理數」（rational number）。在西元前六世紀左右的古希臘數學家畢達哥拉斯認為，所有數都是有理數，任何數都可以用有理數來表示。然而畢達哥拉斯的弟子希帕索斯（Hippasus，約前500）卻發現了「無法以有理數表示的數」，那就是「正方

⊗ 無限延伸卻不循環的 √2 = 1.414⋯

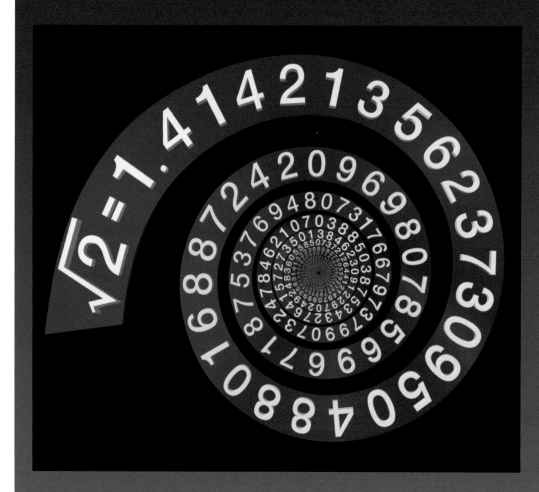

$\sqrt{2} = 1.41421356249807316988504880168872420969807731879...$

像是 $\frac{1}{3} = 0.33333\cdots$這種在小數點以下由固定數字無限循環下去的小數，稱做「循環小數」。另一方面，若將 √2 寫成小數，就得到1.41421356⋯如左圖般無限延伸下去，沒有中止的一天。而且，這個小數沒有循環的部分，沒辦法寫成由自然數組成的分數，故不屬於「有理數」，而是「無理數」。

形的對角線長度」。當正方形邊長為 1 時，對角線長度為「平方（相同兩數相乘）後等於 2 的數」，亦即「2 的平方根」，這個數寫做「$\sqrt{2}$」，讀做「根號 2」。希帕索斯發現 $\sqrt{2}$ 並不是有理數。

這個發現違背了畢達哥拉斯的教學內容，讓其他弟子大為震驚。傳言其他弟子為了隱匿這項發現，私底下淹死了希帕索斯。

像是 $\sqrt{2}$ 這種無法以有理數表示的數，稱做「無理數」（irrational number）。包括 3 的平方根（$\sqrt{3}=1.732\cdots$）、5 的平方根（$\sqrt{5}=2.236\cdots$），以及古希臘的人們就已知道的圓周率（$\pi=3.141\cdots$），都屬於無理數，無法以自然數的分數表示。

古希臘的人們在發現無理數時曾陷入混亂，不過最後仍接受了無理數的存在。他們引進了「實數（real number）」的概念，便將 0、負數，以及上述各種數值整合為實數。實數可以填滿整條「數線」。

無理數的計算與有理數的計算有數個不同的地方，需特別注意。以下整理了無理數間的加法、乘法、除法，請多練習這些計算方式。　　　　🪐

無理數的計算方法

1. 無理數的加法　（a>0，b>0時）

$$\sqrt{a} + \sqrt{b} \neq \sqrt{a+b}$$

2. 無理數的乘法　（a>0，b>0時）

$$\sqrt{a} \times \sqrt{b} = \sqrt{ab}$$

3. 無理數的除法　（a>0，b>0時）

$$\frac{\sqrt{a}}{\sqrt{b}} = \sqrt{\frac{a}{b}} = \frac{\sqrt{ab}}{b}$$

左圖整理了無理數的計算規則。無理數的加法與減法中，$\sqrt{}$（根號）內的數字不能直接加減（1）。$\sqrt{a}+\sqrt{b}$ 已是最簡單的形式。

另一方面，無理數的乘法中，可將兩數放進同一個根號內相乘（2）。無理數相除時，通常會將結果進行「分母有理化」（3）。「有理化」指的是藉由分數的變形，拿掉分母中的 $\sqrt{}$。因為分母從「無理數」變成了「有理數」，所以稱做「有理化」。有理化時，會將分子與分母同乘一個與分母相同的數（左式中，分子與分母同乘以 $\sqrt{b}$）。

不同條件下會是不同數值的變數「x」，以及數值固定的常數「a」

那 麼，三角函數中的「函數」，到底是什麼意思呢？本頁和次頁將介紹什麼是函數，以及函數中的「常數」與「變數」。

首先，請看這個式子「$y = ax + 5b$」，式中的「x」與「y」，以及「a」與「b」，皆為表示某個數的文字。

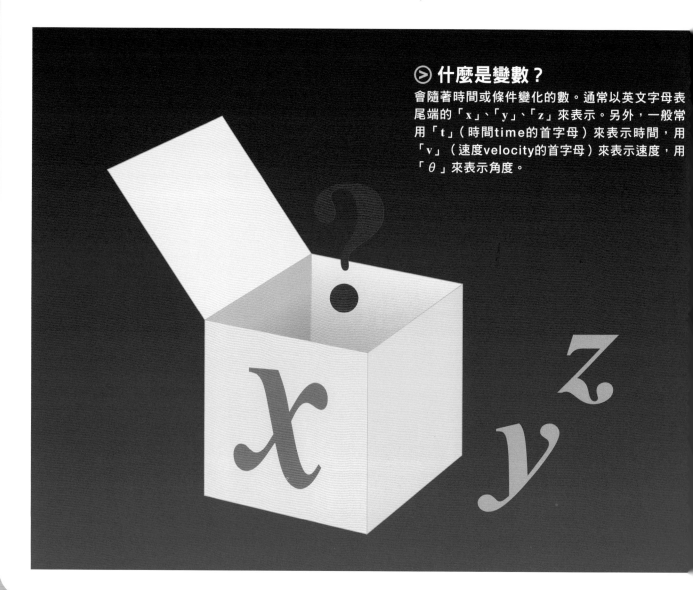

> ⊙ **什麼是變數？**
> 會隨著時間或條件變化的數。通常以英文字母表尾端的「x」、「y」、「z」來表示。另外，一般常用「t」（時間time的首字母）來表示時間，用「v」（速度velocity的首字母）來表示速度，用「θ」來表示角度。

像是「x」與「y」這種位於英文字母表後面的字母，主要用來表示「變數」。所謂變數，指的是會隨著時間與條件而變化，不固定的數。

舉例來說，假設超市雞蛋1盒10顆，價格為「x」。不同天去買雞蛋時，雞蛋的價格也不一樣，有時候是100元，有時候則會特價80元，所以x是變數。假設1顆雞蛋的價格是「y」，因為1盒雞蛋有10顆，故可寫成「$y = \frac{x}{10}$」的關係式。

y的數值會隨著x而變化，所以y也是變數。

另一方面，「a」與「b」這種位於英文字母表前方的字母，主要用來表示某個固定的數，稱做「常數」。舉例來說，假設超市的塑膠袋一直都賣「a」元。那麼買3盒雞蛋，1盒為「x」元時，合計金額「y」就會是「$y = 3x + a$」。雞蛋價格（x）是每天改變的變數，但塑膠袋價格（a）則維持一定（譬如5元）。

三角函數也一樣。以「$y = \sin\theta$」為例，式中的「y」與「θ」等文字皆屬於「變數」。θ可以代入「30°」或「60°」等角度。

以x、y表示變數，以a、b表示常數，這種表記方式源自於法國的數學家笛卡兒（René Descartes，1596～1650）。

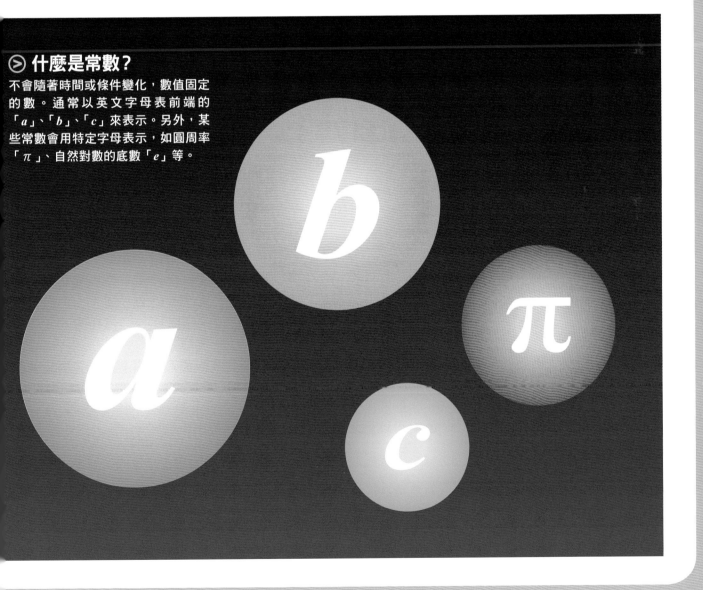

⊘ 什麼是常數？

不會隨著時間或條件變化，數值固定的數。通常以英文字母表前端的「a」、「b」、「c」來表示。另外，某些常數會用特定字母表示，如圓周率「π」、自然對數的底數「e」等。

代入一個數後，可以得到另一個數。這種對應關係稱做「函數」

前 頁專欄中提到，設雞蛋1盒價格為「x」，塑膠袋價格為「a」，那麼購買3盒雞蛋的合計金額「y」可表示為「$y＝3x＋a$」。

假設 A 超市的塑膠袋是 5元，那麼在 A 超市買3盒雞蛋的合計金額 y 便可表示為 $y＝3x＋5$。

假設某天的雞蛋價格為100元（$x＝100$）。那麼合計金額就是 $y＝3×100＋5＝305$（元）。只要確定雞蛋的價格 x，就可以決定唯一的合計金額 y。

如果兩個變數中，給定一個變數的數值後，就能決定另一個變數的數值，那麼這種對應關係就稱做「函數」。前面的例子「$y＝3x＋5$」中，若給定 x 的數值，另一個變數 y 的值也會確定下來，這種關係稱做「y 是 x 的函數」。

函數就像是一個神奇的箱子一樣，將一個數放入函數，經過某些計算後，可以得到一個計算結果（如右圖）。

以三角函數「$y＝\sin\theta$」為例，以「$30°$」代入「θ」，可以得到「$y＝\sin 30°＝\frac{1}{2}$」，另一個變數 y 的數值也跟著確定了下來。

函數這個詞誕生於17世紀

函數英語為「function」。function為「功能」、「作用」之意。第一個將函數稱做function的人，是微積分的創始者——萊布尼茲（Gottfried Wilhelm Leibniz，1646～1716）

y 是 x 的函數，可表示為「$y＝f(x)$」（讀做：f of x）。$f(x)$ 的 f 是function的首字母 f。這個 $f(x)$ 為 x 的函數的一般化形式，內容可以是任何函數，可以是「x」，可以是「$x^5＋4x^2－90$」，也可以是「x^{100}」。其中，當 $x＝1$ 時，y 的值可寫成「$y＝f(1)$」。

另外，有一個東西容易和函數混淆，那就是「方程式」（equation）。函數與方程式內都有「x」與「y」，且皆以「＝」連接左右兩邊，但兩者為不同的東西。

如前所述，函數指的是兩個變數（x 與 y）之間的對應關係。譬如前面提到的超市雞蛋例子中，「$y＝3x＋5$」就是一個函數。

另一方面，方程式則是為了求出滿足某個條件的未知數（譬如 x）而寫出來的等式。同樣以超市雞蛋為例，假設購買3盒雞蛋以及塑膠袋的合計金額（y）為305元，那麼計算1盒雞蛋（x）價格的式子可以寫成「$305＝3x＋5$」。這就是一個方程式。計算 x 值是多少的過程，稱做「解方程式」。而上述方程式的解為 $x＝100$。

⊙ 函數的概念

$$x \longrightarrow \boxed{\text{函數} \quad y = f(x)} \longrightarrow y$$

⊙ 具體的函數例子

$$x = 1 \longrightarrow \boxed{y = 3x + 2} \longrightarrow y = 5$$
$$x = 2 \longrightarrow \qquad\qquad\qquad \longrightarrow y = 8$$

$$x = 1 \longrightarrow \boxed{y = x^{100}} \longrightarrow y = 1$$
$$x = 2 \longrightarrow \qquad\qquad\qquad \longrightarrow y = 1.267\cdots \times 10^{30}$$

$$\theta = 30° \longrightarrow \boxed{y = \sin\theta} \longrightarrow y = \frac{1}{2}$$
$$\theta = 45° \longrightarrow \qquad\qquad\qquad \longrightarrow y = \frac{\sqrt{2}}{2}$$

三角函數在日本的發展史

執筆　佐藤健一
日本和算研究所理事長

說到三角函數，一般人應該會想到sin或cos之類的函數。三角函數源自於三角比（trigonometric ratio），而在日本江戶時代時，就已經有類似三角比的概念存在了。三角比是波斯的數學家阿爾·花剌子模（al-Khwarizmi，約780～約850，也譯做花拉子米）在思考直角三角形的兩邊比時所提出的概念。到了18世紀的歐洲，瑞士的數學家暨物理學家歐拉（Leonhard Euler，1707～1783，另譯為尤拉）提出了三角比的定義。

古時便有人製作「三角函數表」，列出與各個角度和與之對應的正弦值。這些三角函數表可以用在天文學、測量學上的計算。最古老的三角函數表是由古希臘天文學家喜帕恰斯製作的弦表，再來是托勒密寫在《天文學大成》內的表。

現在我們所使用的三角函數表誕生於歐洲。正弦函數的表由對數的發現者，蘇格蘭的納皮爾（John Napier，1550～1617）製作而成。如**圖1**所示，當AB=1、∠A＝α時，BC為α的正弦函數值。

這些知識透過歐洲傳教士傳入中國，被翻譯成了中文的《曆算全書》、《崇禎曆書》、《數理精蘊》，再流傳至日本。

即使進入了江戶時代，日本人仍未理解現代數學中「角」這個概念。日本和算中有所謂的「角術」計算方法，但這裡的角指的是「凸出」之意，與現代數學中的角意思不同。在中國的影響下，日本將周天（天球大圓）分成365.25度，並將一年分成365又4分之1天，稱做「四分曆」。相較之下，西方將周天分成360度，故古中國的1度比西方的1度略少一些。

江戶幕府的寬永7年（1630年），德川家光禁止了與基督教有關之《天學初函》等32種中文書籍進入日本，也就是歷史上的「御禁書」政策。被禁書籍中，有許多是由歐洲傳教士翻譯成中文的數學書，包括《測量法義》、《勾股義》、《幾何原本》、《同文算指》等。

當時有許多歐洲的數學書籍被翻譯成中文，這些書籍的發行量甚至還比中國自己的傳統數學書籍還要多。

另一方面，江戶初期的日本對於中譯版的歐洲書籍沒什麼興趣。直到第八代將軍德川吉宗時期，情況才有所改變。吉宗做了許多著名的改革，在學問振興上也做了很大的努力。吉宗對於在

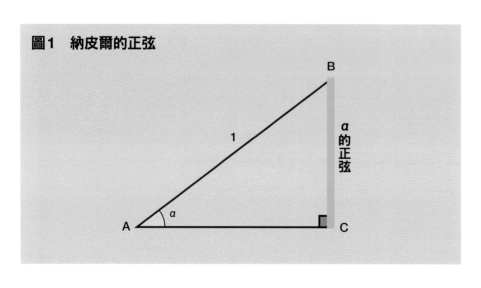

圖1　納皮爾的正弦

B

α的正弦

1

α

A　　　　　　　　　　C

中國出版的天文曆法學書籍很有興趣，並表現出改曆（改變使用的曆法）的意願。在經長崎進入日本的中國書籍中，吉宗對《曆算全書》最有興趣。

日本第一位建立起三角學的是江戶時代中期的數學家建部賢弘（1664～1739）。他將西方的1度稱做「1限」。或許是因為日本已有1度這個單位，所以改用其他的單位稱呼。而因為他是第八代將軍德川吉宗的曆法顧問，才有機會閱讀西方數學書籍。

建部賢弘的
《算歷雜考》

建部賢弘是德川幕府的右筆（日本中世、近代的武家祕書，文官）——建部直恒（1620～1702）的三男，於1664年出生於江戶。虛歲13歲時，與其兄建部賢明一同拜入甲府藩士關孝和的門下。關孝和在該年的12月發表《發微算法》一書，震驚當時的日本數學界。建部賢弘在關孝和的指導下，數學能力變得越來越強。29歲時，建部賢弘與關孝和一同侍奉甲府藩主。藩主德川綱豐（之後的德川家宣，第六代將軍）後來成為第五代將軍的繼承人，建部賢弘便隨之移居至江戶城西之丸，並與關孝和一同成為幕府直屬的士，職稱為納戶番（照料將軍起居、協助政務的官職）。

建部賢弘一共侍奉了第六代將軍德川家宣、第七代將軍德川家繼、第八代將軍德川吉宗，還成為吉宗的算曆（算法與曆法）顧問，備受重視，直到70歲前都不被允許退休隱居，而是一直在

表1 《算歷雜考》中的表

建部賢弘的《算歷雜考》中，以半徑5寸（直徑1尺）的圓為準，從1限到90限，每隔1限列出其對應的「半背」、「矢」、「半弦」長度。最初的1限至15限的數值如右表所示。若設角度為 θ（rad），半徑為 r（＝5寸），那麼半背相當於 $r\theta$（圓心角為 θ 的弧長）；矢相當於 $r(1-\cos\theta)$（八線中的正矢）；半弦相當於 $r\sin\theta$（八線中的正弦）。

限數（角度）	半背	矢	半弦
1限	0.087266462600	0.00076152421805	0.087262032187
2限	0.17453292520	0.0030458649045	0.17449748351
3限	0.26179938780	0.006852362272	0.26167978122
4限	0.34906585040	0.01217974871	0.34878236872
5限	0.43633232300	0.019026509541	0.43377871374
6限	0.52359877560	0.027390523159	0.52264231634
7限	0.61086523820	0.037269241793	0.60934671703
8限	0.69813170080	0.048659656293	0.69586550480
9限	0.78539816340	0.061558297525	0.78217232520
10限	0.87266462600	0.075961234940	0.86824088834
11限	0.95593108860	0.091864082762	0.9540448788
12限	1.0471975512	0.10926199633	1.0395584541
13限	1.1344640138	1.2814967607	1.1247552717
14限	1.2217304764	1.4852136862	1.2096094780
15限	1.3089989390	1.7037086855	1.2940952255

江戶城內執行勤務。也因此，建部賢弘沒有收任何直接弟子。

根據《德川實紀》（附錄卷十五）的記錄，當時有中國的船隻由長崎將《曆算全書》帶到了日本。於是吉宗命令建部賢弘翻譯這本書。在建部的推薦下，翻譯工作由東京銀座的官員中根元圭（1662～1733）進行。中根元圭交出譯本後卻說「這次拿到的《曆算全書》只是整本書的一小部分抄錄而已，要是沒有完整原書的話，還是看不懂書中內容。」於是吉宗便命令長崎奉行萩原美雅取得完整的《曆算全書》。中根元圭先為本書訓點（在書中標註文字讀法、加上標點符號），以紅筆修正錯字，再由建部賢弘花5年熟讀這本書，寫出序文，最後在享保18年（1733）時上呈給德川吉宗。

一般認為，建部賢弘之所以能熟悉三角學，就是因為他讀過中國的這本《曆算全書》。不過，這本書中並沒有三角函數表。可能是他在熟讀《曆算全書》的5年間，認為有此必要，才自行製作出了三角函數表。《算歷雜考》也被認為是建部賢弘為了看懂《曆算全書》而寫的。

在《算歷雜考》中有好幾個表。其中一個表是以直徑1尺的圓為準，列出1限至90限中，每隔1限的半背（弧長）、矢（見次頁圖3a，八線中的正矢）、半弦（見次頁圖3a，八線中的正弦）等長度（表1）。1限的半背可由圓周弧度的360等分求得，過去建部曾推導過求算圓周率的公式，可計算到小數點以下41位。計算半弦與矢的長度時，可由「倍術」計算出2倍角度時的數值，譬如知道

1限之弦的數值後，可依序算出2限之矢→4限之弦→8限之矢……。另外，「三双術」可用於算出三倍角度的數值。「併接術」則相當於現代三角函數的「和角公式」，可以用來求出更多數值。

中根元圭的《八線表算法解義》

當時除了《算歷雜考》之外，由中根元圭寫的《八線表算法解義》（由日本學士院等博物館收藏）也有提到三角學。中根元圭除了《曆算全書》之外，也讀過稍晚出刊的《數理精蘊》與《崇禎曆書》，所以他的書中用語和建部賢弘完全不同。

圖3a列出了該書所使用的八線，即「正矢」、「餘矢」、「正弦」、「餘弦」、「正切」、「餘切」、「正割」、「餘割」等八種線段。這八線都是以半徑1寸的圓為基準。

這本書也以表的形式列出了三角函數值，但不算完整。而且書中還提供了一些練習題目，解題時需用到這些三角函數值。以下就來介紹其中一個練習問題。

【問題】 直徑為8寸，矢為1寸的背（圓弧）是多少（**圖3b**）。
【答】 略大於5寸7分805
【計算方法】半徑4寸減去矢1寸，得3寸。3除以4可得餘弦值0.75。**表2**中，41°25′的餘弦值為0.7499187，41°24′的餘弦值為0.7501111，故餘弦值為0.75的角度介於41°24′與41°25′之間。將分轉換成度後，大約為41.4°。所求圓弧對應的圓心角

為41.4°×2＝82.8°。圓周長為8π，故所求圓弧為8π÷360×82.8≒5.7805……。

森正門的《割圓表》

在德川吉宗的時期，關孝和的數學繼承者，建部賢弘與他的弟子中根元圭在三角學上做了不少研究，但在之後的50年內，卻沒有人能繼承這些研究。建部賢弘等人擅長圓弧的計算，故很快便能接受三角學的概念。只要明白三角學的意義，這些題目就一點都不難。也因此，對於想挑戰更多難題的和算研究者來說，三

角學就顯得沒那麼吸引人了。

即使如此，在建部賢弘提出研究結果的50年後，又出現了對三角學有興趣的人。《曆算全書》中的「平三角舉要」與「弧三角舉要」都影響了日本幕末幾位著名的和算家。安島直圓（1732～1798）著有《弧三角》，坂部廣胖（1759～1824）著有《管窺弧度捷法》，會田安明（1747～1817）著有《八線表用法》等，這些書籍中都有提到三角學。

數學常被用來測量土地大小、兩地距離、河川寬度，測量時會用到「相似」的概念。從事測量

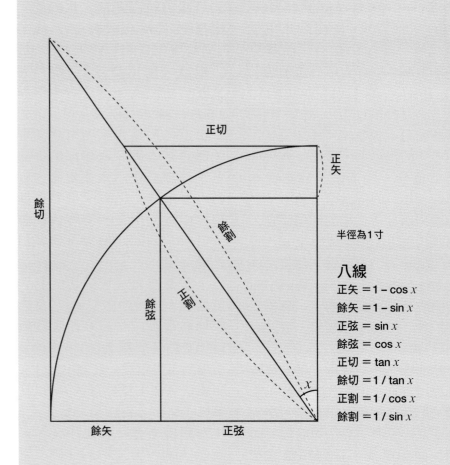

圖3a 《八線表算法解義》中所使用的「八線」

正切

正矢

餘切

餘割

半徑為1寸

餘弦

正割

八線
正矢＝1－cos x
餘矢＝1－sin x
正弦＝sin x
餘弦＝cos x
正切＝tan x
餘切＝1 / tan x
正割＝1 / cos x
餘割＝1 / sin x

餘矢

正弦

x

的人們都知道，三角學在測量工作上的便利性，不過用「相似」的方法進行測量時，可以量到更為精確的數字。

室町時代（1336～1573）時，有些書籍在未使用三角函數表的情況下，說明如何用自古以來流傳下來的方法，測量遠方物體的距離，這也叫做「南蠻流測量術」。以京都的保津川與高瀨川開挖工程而著稱的京都富商角倉了以（1554～1614）的弟弟，同時也是德川家康侍醫的吉田宗恂（1558～1610）寫過一本《三尺求圖數求路程求山高遠法》。這本書的內容在不久後也被寫進了砲術免許狀（槍砲課程結業證書）內。

使用三角函數表的測量方法之所以在幕末時代（1853～1869左右）復活，是因為此時的測量機械精度大幅提升，使三角函數表中的數值能計算得更為精確。在幕末的前一段時間，江戶時代的商人同時也是測量家的伊能忠敬（1745～1818）製作了日本沿岸的地圖，測量時便用到了三角學與八線表。而第一個刊載完整三角函數表的刊物，是阿州藩（亦稱阿波藩，今四國德島縣）森正門的《割圓表》。

幕末時代，來往於日本沿岸的外國船隻十分引人注目，親眼看到這些船隻的各國大名（日本諸侯國的領主）有所忌憚，連一般民眾也覺得受到威脅。位於四國東南部的阿波藩也是如此，所以森正門製作了《割圓表》。

《割圓表》的首卷、上卷、下卷等三本於安政5年（1858）刊行。書中有安政4年（1857）寫的序文。首卷有提到「平三角

圖3b 《八線表算法解義》中的問題

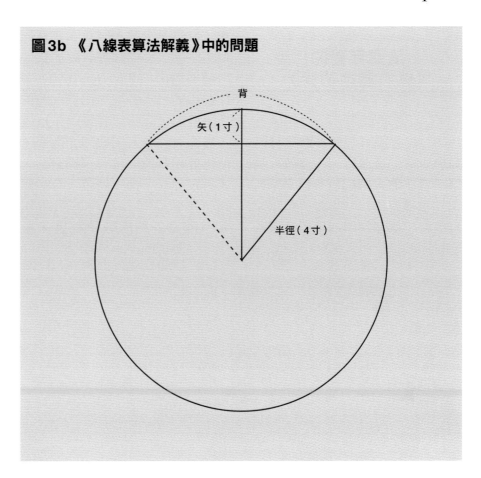

背

矢（1寸）

半徑（4寸）

表2
解圖3b之問題時會用到的表。

角	餘弦
41度24分	0.7501111
41度25分	0.7499187
41度26分	0.7497262

術」，開頭如下。

「設直角三角形如**圖4a**（次頁）所示，頂點為A、B、C，邊AB = a，AC = b，試回答如何求出∠B、∠C、BC。其中，a與b已知、∠A為直角」。

方法如**圖4b**所示。首先，以B點、C點為圓心，分別畫出半徑為1的圓。設B圓與線段AB交於D，通過D作平行於AC的直線交邊BC於E，那麼ED就是∠B的正切（tan）。

同樣的，設C圓與邊AC交於F，通過F作平行於AB的直線交邊BC於G，那麼GF就是∠C的

正切（tan）。因為△ABC與△DBE相似，所以

$$\frac{a}{b} = \frac{1}{ED} \quad \therefore \text{ED} = \frac{b}{a}$$

因為△ABC與△FGC相似，所以

$$\frac{a}{b} = \frac{GF}{1} \quad \therefore \text{GF} = \frac{a}{b}$$

a、b皆為一開始給定的數值，故我們可藉由以上方法求出ED與GF。ED為∠B的正切，故在八線表中尋找正切值為ED的角度，就是∠B；GF為∠C的正切，故在八線表中尋找正切值為GF的角度，就是∠C。

法道寺善的 《算法量地初步》

自文化文政時代（1804～1830）起，便有一些喜歡旅行的數學家會一邊旅行，一邊教人數學。現在的人們把這些數學家稱做「遊歷算家」。多數遊歷算家只會在一個諸侯國內定期巡迴各地，但也有少數遊歷算家會巡迴日本全國。譬如隸屬於關流長谷川道場的山口和（？～1850），他遍行於日本各地，南抵九州的島原群島，北達青森恐山。所達各處都有許多人向他請教數學，他也會和當地的數學家們對話，或者在神社、佛寺內留下算額記錄，還會寄信給江戶的長谷川寬，描述各地的數學程度、狀況。可以說是行程滿滿。

在《割圓表》出刊隔年的1858年，一位遊歷算家，同時也是關流宗統的內田五關的高徒，法道寺善（1820～1868）便遊歷了日本各地，拜訪各地的著名數學家。他身上沒有攜帶任何教學用的書籍，而是到了目的地才開始寫書。他在某個住宿地點，池田家留下的《算法量地初

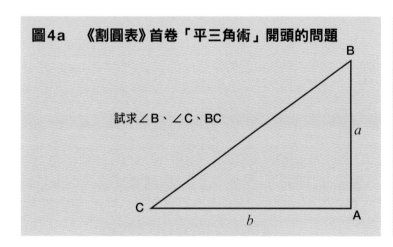

圖4a　《割圓表》首卷「平三角術」開頭的問題

試求∠B、∠C、BC

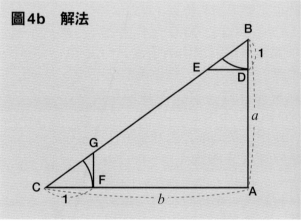

圖4b　解法

圖5　《算法量地初步》中描繪的測量工具（a～e）與使用範例（f）

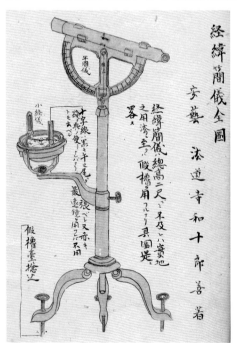

a. 經緯簡儀全圖

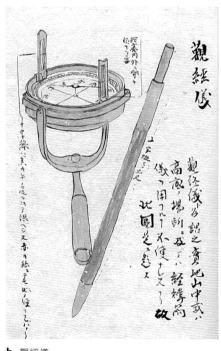

b. 觀經儀

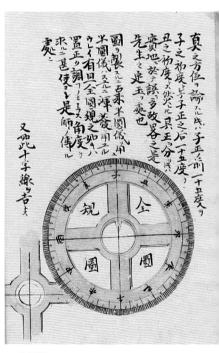

c. 全圓儀

步》，便是包含了三角學的測量書籍，書中提到了各種測量工具與使用範例。

第一個例子是求算停泊在遠處島嶼的異國船隻距離海岸有多遠（圖6，原圖為圖5f）。首先選定海岸的兩個點甲、乙，並用「水繩」測量甲乙間的距離（①）。接著在甲點放置「經緯簡儀」，乙點放置「目畈」（標記），用經緯簡儀測量∠船甲乙的角度大小（②）。再來將目畈移至甲點，經緯簡儀移至乙點，然後測量∠船乙甲的角度大小（③）。因為由船、甲、乙構成的三角形不一定是直角三角形，所以沒辦法算出甲與船的距離或乙與船的距離。不過書中有依三角中有一個直角、三角皆為銳角、三角中有一個鈍角等分成三種狀況，分別出題。

不論是哪種狀況，要算出答案都不困難，但書中卻沒有附上計算此題時必要的八線表以及解答。因為這本書是在森正門的《割圓表》後寫成，所以池田先生可能已經擁有《割圓表》了。或許池田先生就是帶著八線表來向法道寺善請教數學的。

圖6　測量異國船隻與岸邊的距離

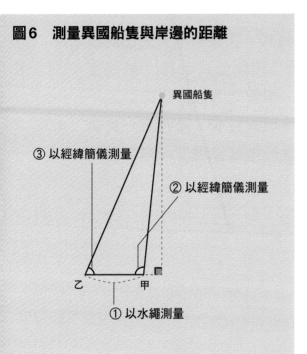

③ 以經緯簡儀測量

② 以經緯簡儀測量

異國船隻

乙　　甲

① 以水繩測量

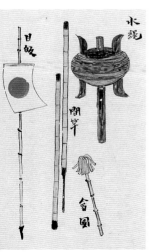

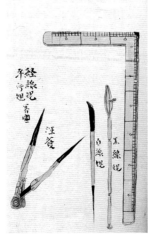

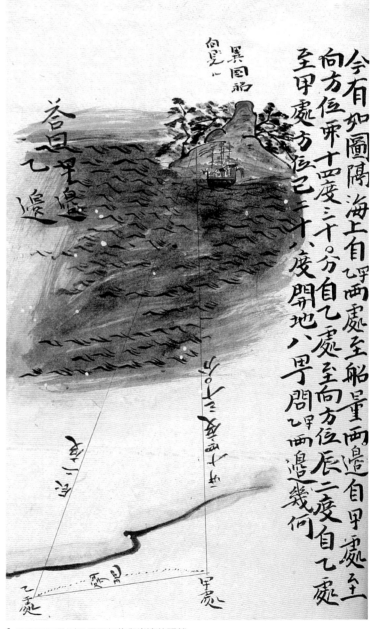

d. 目畈 間竿 水繩 合圖　　　**e.** 渾發 白線規 黑線規 曲尺　　　**f.** 用各種工具測量異國船隻與岸邊的距離

三角函數
重要公式

三角函數會用到各種公式。應該有不少人在高中時花了不少時間把「和角公式」和「餘弦定理」硬背下來吧。不過，乍看之下很困難的公式，用圖來表示時就會變得好理解許多。讓我們一步步說明這些公式吧！第3章最後還會附上一些練習問題，歡迎你試著做做看。

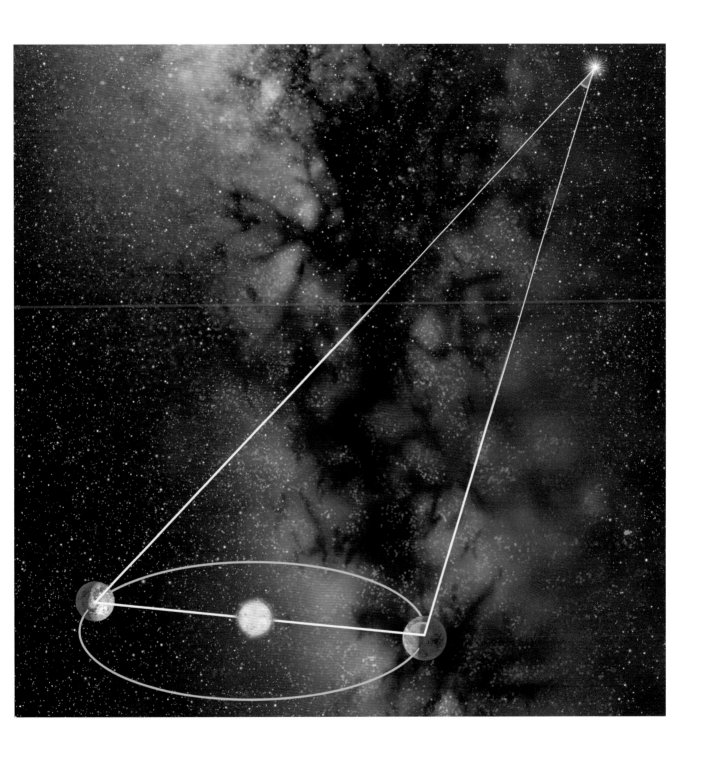

sin、cos、tan之間有著密切的關係

第2章中介紹了sin、cos、tan等三種三角函數。事實上,這三種三角函數之間有著相當密切的關係。

首先來看看sin與cos之間的關係。直角三角形中,有兩個角不是直角(如下圖)。由於三角形的內角和為180°,所以直角以外的兩個角角度和為90°。假設其中一個角的角度是θ,那麼另一個角的角度就是(90°$-\theta$),也稱做「餘角」。事實上,cos可說是「餘角的sin」。也就是說,sin(90°$-\theta$)=cosθ(如下圖)。相對的,cos(90°$-\theta$)=sinθ。

另外,直角三角形符合畢氏定理,故sin平方與cos平方相加後必定等於1(右頁上圖),這也就是sin與cos之間的重要關係。

sin除以cos 就會得到tan

tan也與sin及cos值有關。

事實上,tan會等於sin除以cos的數值(如右頁圖)。

知道這些關係之後,只要知道sin、cos、tan中的其中一個值,就可以計算出另外兩個值,相當方便。除了上述公式之外,其他三角函數的重要公式也會一併整理於本章最後。

$$\sin(90° - \theta) = \cos\theta$$
$$\cos(90° - \theta) = \sin\theta$$

sin、cos、tan 之間的關係

這3個三角函數之間,有三種重要關係,列舉如下。

當左下方的直角三角形斜邊長為1時,高(紅色)就是sinθ、底邊(綠色)則是cosθ。將這個直角三角形前後翻轉後可得到右下方的直角三角形。這個直角三角形的高為「θ的餘角(90°$-\theta$)的sin值,也就是sin(90°$-\theta$);底邊則是θ的餘角(90°$-\theta$)的cos值,也就是cos(90°$-\theta$)。左下三角形的底邊與右下三角形的高相等,故sin(90°$-\theta$)=cosθ;同樣的,由另一條邊可以得到cos(90°$-\theta$)=sinθ。

sinθ

餘角
(90°$-\theta$)

θ

前後翻轉

cosθ

sin(90°$-\theta$)

θ

餘角
(90°$-\theta$)

cos(90°$-\theta$)

$\sin^2\theta + \cos^2\theta = 1$

※將上方等式的兩邊同除以$\cos^2\theta$，再以本頁下方的$\tan\theta = \frac{\sin\theta}{\cos\theta}$代入，可以得到以下等式。

$$\tan^2\theta + 1 = \frac{1}{\cos^2\theta}$$

$1 \times 1 = 1$

$\sin\theta \times \sin\theta = \sin^2\theta$

$\cos\theta \times \cos\theta = \cos^2\theta$

斜邊為 1 之直角三角形的高為$\sin\theta$，底邊為$\cos\theta$。由畢氏定理可以得到$\sin^2\theta + \cos^2\theta = 1$。其中，$\sin^2\theta$與$\cos^2\theta$分別是「$\sin\theta$的平方」與「$\cos\theta$的平方」的意思。

$\tan\theta = \dfrac{\sin\theta}{\cos\theta}$

斜邊為 1 之直角三角形的高為$\sin\theta$，底邊為$\cos\theta$。因此，$\frac{\sin\theta}{\cos\theta}$這個分數會與$\frac{高}{底邊}$的比例一致，而這正是第32頁中的tan定義。所以，$\tan\theta = \frac{\sin\theta}{\cos\theta}$。

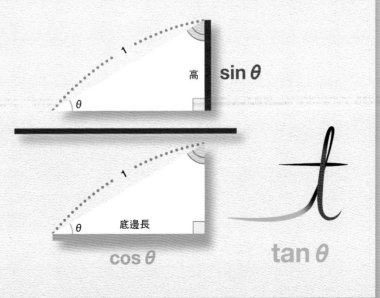

高　$\sin\theta$

底邊長

$\cos\theta$　　$\tan\theta$

用「餘弦定理」算出無法直接測量的兩點距離

高中數學中教的「餘弦定理」是三角函數中相當重要的定理。在說明什麼是餘弦定理之前,先來介紹這個定理可以用在哪些地方。

如插圖所示,假設我們想知道城市內兩個點 A、B 間的直線距離,但因 A、B 兩點間有障礙物,並無法直接測量距離。不過,如果 A、B 各有一條直線道路通過,且這兩條道路交於點 C,可以直接量出AC與BC的距離,也知道AC與BC的夾角是多少,這樣我們就可以用餘弦定理算出AB間的直線距離。

餘弦定理是畢氏定理的「推廣版」

餘弦定理如其名所示,是以cos(餘弦函數)為主角的定理。令三角形的三個角分別為 A、B、C,各角的對邊分別是 a、b、c(如左下圖所示)。對應到前面的例子,AB間的直線距離為 c,且 a 與 b 的長度已知。另外,已知兩直線道路之夾角 C 的大小,故可算出 C 的餘弦函數 $\cos C$。

餘弦定理為「$c^2 = a^2 + b^2 - 2ab \cos C$」。也就是說,在已知 a、b、$\cos C$ 的情況下,就可以算出 c(的平方)是多少。

若 C 是直角,因為$\cos 90° = 0$,故 $-2ab \cos C = 0$,於是餘弦定理就會轉變成「$c^2 = a^2 + b^2$」的形式。這就是直角三角形的畢氏定理。換言之,畢氏定理是餘弦定理的特例。或者反過來說,餘弦定理不只在直角三角形時成立,也廣泛適用於所有三角形,是畢氏定理的「推廣版」。

用「餘弦定理」計算出無法直接測量的距離

AC間的直線距離為500公尺,BC間的直線距離為800公尺。假設兩條直線道路的交會點 C 的角度為60°,由餘弦定理可以計算出,AB間的直線距離為700公尺。

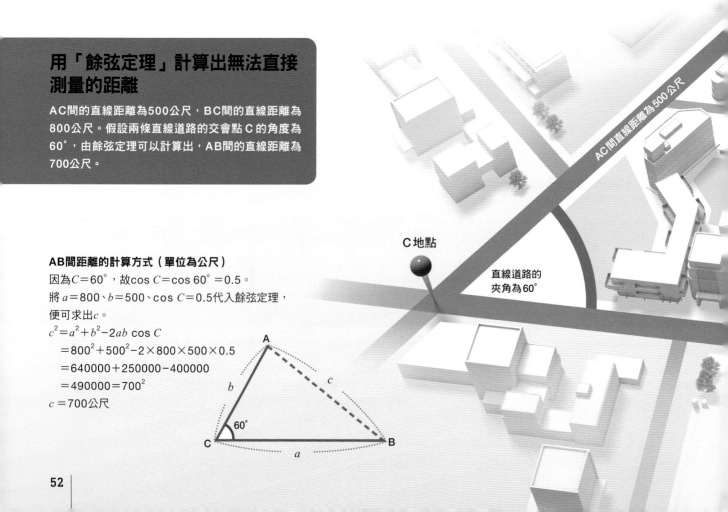

AB間距離的計算方式(單位為公尺)
因為$C = 60°$,故$\cos C = \cos 60° = 0.5$。
將 $a = 800$、$b = 500$、$\cos C = 0.5$代入餘弦定理,便可求出c。

$$c^2 = a^2 + b^2 - 2ab \cos C$$
$$= 800^2 + 500^2 - 2 \times 800 \times 500 \times 0.5$$
$$= 640000 + 250000 - 400000$$
$$= 490000 = 700^2$$
$$c = 700公尺$$

C 地點

AC間直線距離為500公尺

直線道路的夾角為60°

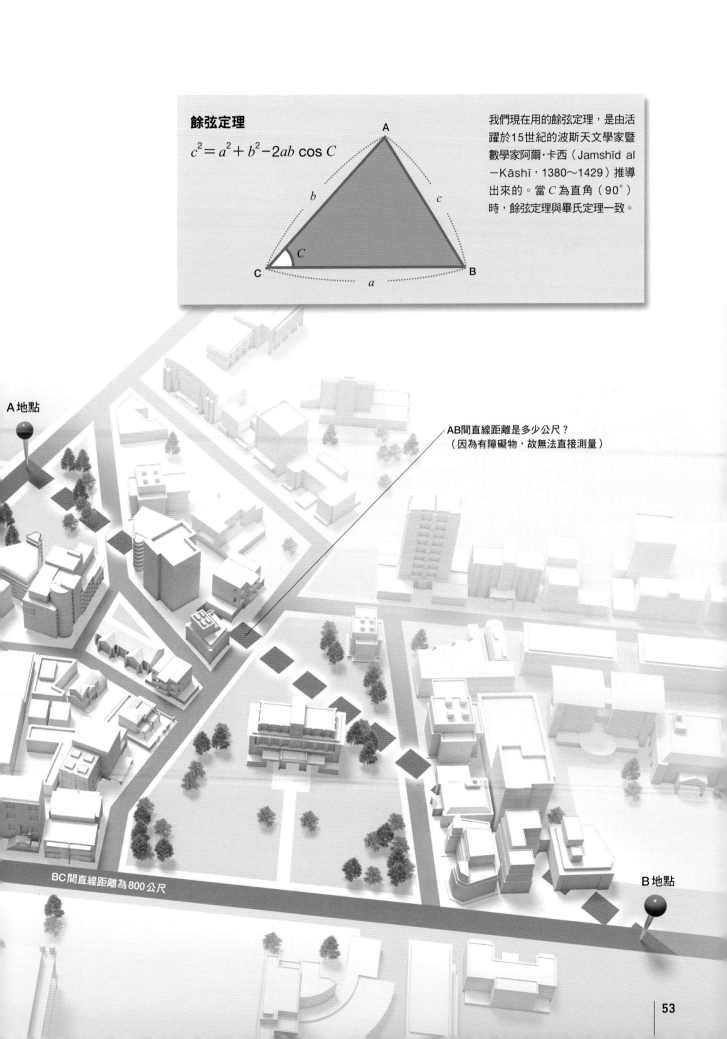

餘弦定理

$$c^2 = a^2 + b^2 - 2ab \cos C$$

我們現在用的餘弦定理，是由活躍於15世紀的波斯天文學家暨數學家阿爾‧卡西（Jamshīd al-Kāshī，1380～1429）推導出來的。當 C 為直角（90°）時，餘弦定理與畢氏定理一致。

A 地點

AB間直線距離是多少公尺？
（因為有障礙物，故無法直接測量）

BC間直線距離為800公尺

B 地點

用「正弦定理」測量遠處天體的距離

本節要介紹的是與餘弦定理並列為三角函數中重要定理的「正弦定理」。顧名思義，這是一個以sin（正弦函數）為主角的定理。

設三角形的三個角各為 A、B、C，各個角的對邊各為 a、b、c。那麼正弦定理可寫成「$\frac{a}{\sin A} = \frac{b}{\sin B} = \frac{c}{\sin C}$」。和餘弦定理相同，當我們想知道三角形某個邊的長度，卻無法直接測量時，便可利用正弦定理，藉由其他角的大小和其他邊的長度計算出來。

活躍於天文學中的正弦定理

想要測量遠方天體距離地球多遠時，正弦定理是個很好用的工具。

夏天的地球位置、冬天的地球位置，以及天體這三個點可以形成一個三角形（插圖）。地球夏天位置與冬天位置間的距離等於公轉軌道的直徑，是一個已知數值。從夏天或冬天的地球觀測該天體時的角度，為三角形的兩個角。將以上數值代入正弦定理的公式內，便可計算出地球與該天體之間的距離。

在太空中畫一個巨大的三角形，可計算出天體與我們的距離

夏天的地球、冬天的地球，以及遠方的天體，三點可形成一個巨大的三角形。將觀測該天體的角度，以及已知的地球公轉軌道直徑（夏天的地球與冬天的地球連接而成的邊），代入正弦定理中，便可計算出該星體與我們的距離[※]。

如何計算地球與天體間的距離

令天體的位置、夏天的地球位置、冬天的地球位置分別為 A、B、C，形成一個三角形，各角的對邊分別為 a、b、c。a 為地球公轉軌道直徑。設地球與該天體的距離為 b，那麼由正弦定理可以得到 $\frac{a}{\sin A} = \frac{b}{\sin B}$。只要觀測得到 A 與 B 的角度，由 $b = a \times \frac{\sin B}{\sin A}$ 便可計算出 b。

欲求算之距離（b）

冬天的地球位置

C — C

太陽

公轉軌道的直徑（a）

※：從地球看到的天體方向，與從太陽看到的天體方向的差異（夾角），稱做「周年視差」（annual parallax）。對於離地球相當遠的天體而言，會因周年視差及該天體與地球的距離呈反比而變小。這個性質可以讓我們在不使用正弦定理的情況下，直接由周年視差求出該天體與地球的距離。

A

距離地球遙遠的天體

A

正弦定理 $\dfrac{a}{\sin A} = \dfrac{b}{\sin B} = \dfrac{c}{\sin C} = 2r$

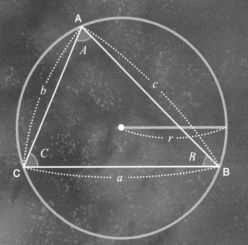

正弦定理是波斯的數學家在大約10世紀左右發現的定理。假設三角形ＡＢＣ的外接圓半徑為 r，那麼 $\dfrac{a}{\sin A} = \dfrac{b}{\sin B} = \dfrac{c}{\sin C} = 2r$ 這個等式會成立。

B

B

夏天的地球位置

和角公式

用「和角公式」，可求出兩個角度相加後的三角函數

在角度為30°、45°、60°的情況時，我們可簡單求出sin、cos、tan的值。因為包含這些角度的三角形，其邊長之比可以快速求得。那麼，非30°、45°、60°之角度的sin、cos、tan值，又該如何計算呢？

在這裡要介紹一個相當有用的公式「和角公式」。這個公式可以計算出來兩個角度相加之後的三角函數值（如下圖所示）。以cos 15°為例，cos 15°＝cos（60°－45°）＝cos 60° cos 45°＋sin 60° sin 45°＝$\frac{1}{2}$×$\frac{\sqrt{2}}{2}$＋$\frac{\sqrt{3}}{2}$×$\frac{\sqrt{2}}{2}$≒0.5×0.71＋0.87×0.71≒0.97。

古希臘的托勒密製作「弦表（三角函數表）」（下表）時，就是用相當於現代和角公式的方式，計算出各個角度的三角函數值。

用「和角公式」求出各種角度的三角函數值

和角公式是計算兩個角度相加後的三角函數值。由這個公式可以計算出各種角度的三角函數值。古希臘的天文學家就是利用相當於現代和角公式的方式，製作出弦表。

📡 從托勒密定理推導出「和角公式」

托勒密在《天文學大成》中有提到如何製作弦表。如圖所示，在圓裡面內接一個以圓直徑為其邊之四邊形。那麼由托勒密定理（21頁介紹），我們可以推導出現今所稱的和角公式。由托勒密定理可得以下關係

AD×BC
＝AC×BD
－AB×CD

這裡的AC是角α對應的弦，可寫為crd α，其他邊也可以用同樣的方式表示，故上式可改寫為

120×crd（α－β）
＝crd α×crd（180°－β）－crd β×crd（180°－α）

因為crd θ＝2×圓半徑×sin $\frac{\theta}{2}$，故上式可以用sin與cos改寫成以下形式（令α＝2α'，β＝2β'）。

$\sin(\alpha'-\beta')=\sin\alpha'\cos\beta'-\cos\alpha'\sin\beta'$

同理（將α'改成90－α'）可得

$\cos(\alpha'+\beta')=\cos\alpha'\cos\beta'-\sin\alpha'\sin\beta'$

半徑 60

《天文學大成》中的弦表

下表為托勒密《天文學大成》中的「弦表」第1頁。弦表以半徑為60的圓為準，列出了各個圓心角所對應的弦長，本質上與三角函數表相同。下表是從0.5°（∠'）起，每隔0.5°的弦長，一直到12°。整張弦表則有列出至180°止各個角度的弦長。

48   ΚΛΑΤΔΙΟΤ ΠΤΟΛΕΜΑΙΟΤ

ια'. Κανόνιον τῶν ἐν κύκλῳ εὐθειῶν.

περιφε-ρειῶν	εὐθειῶν			ἑξηκοστῶν			
L'	ο	λα	κε	ο	α	β	ν
α	α	β	ν	ο	α	β	ν
αL'	α	λδ	ιε	ο	α	β	ν
β	β	ε	μ	ο	α	β	ν
βL'	β	λζ	δ	ο	α	β	μη
γ	γ	η	κη	ο	α	β	μη
γL'	γ	λϑ	νβ	ο	α	β	μη
δ	δ	ια	ις	ο	α	β	μζ
δL'	δ	μβ	μ	ο	α	β	μζ
ε	ε	ιδ	δ	ο	α	β	μς
εL'	ε	με	κζ	ο	α	β	με
ς	ς	ις	μϑ	ο	α	β	μδ
ςL'	ς	μη	ια	ο	α	β	μγ
ζ	ζ	ιϑ	λγ	ο	α	β	μβ
ζL'	ζ	ν	νδ	ο	α	β	μα
η	η	κβ	ιε	ο	α	β	μ
ηL'	η	νγ	λε	ο	α	β	λϑ
ϑ	ϑ	κδ	νά	ο	α	β	λη
ϑL'	ϑ	νς	ιγ	ο	α	β	λζ
ι	ι	κζ	λβ	ο	α	β	λε
ιL'	ι	νη	μϑ	ο	α	β	λγ
ια	ια	λ	ε	ο	α	β	λβ
ιαL'	ιβ	α	κα	ο	α	β	λ
ιβ	ιβ	λβ	ις	ο	α	β	κη

（左側每5列標記：5、10、15、20、25）

和角公式

$$\sin(\alpha + \beta) = \sin\alpha\cos\beta + \cos\alpha\sin\beta$$

$$\sin(\alpha - \beta) = \sin\alpha\cos\beta - \cos\alpha\sin\beta$$

$$\cos(\alpha + \beta) = \cos\alpha\cos\beta - \sin\alpha\sin\beta$$

$$\cos(\alpha - \beta) = \cos\alpha\cos\beta + \sin\alpha\sin\beta$$

$$\tan(\alpha + \beta) = \frac{\tan\alpha + \tan\beta}{1 - \tan\alpha\tan\beta}$$

$$\tan(\alpha - \beta) = \frac{\tan\alpha - \tan\beta}{1 + \tan\alpha\tan\beta}$$

用圖解釋和角公式

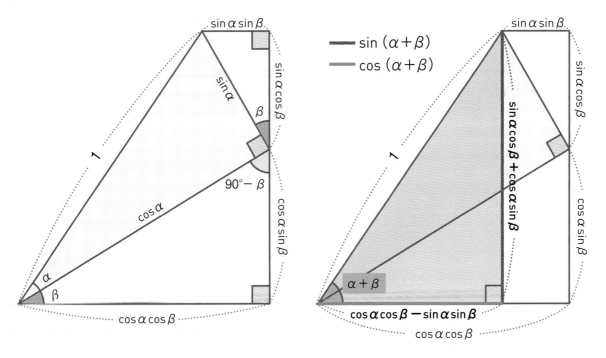

考慮上圖般的梯形，可幫助我們理解「和角公式」如何計算兩角度相加後的三角函數。首先，假設梯形左側的邊長為 1，左下角的兩個角度分別為 α 與 β，那麼梯形各邊長度便可用 $\sin\alpha$、$\cos\beta$ 等三角函數值來表示，如上方左圖。

由梯形的各邊長度，可算出上方右圖中深色直角三角形的兩股長度。因為梯形左側邊長為 1，左下角度為（$\alpha + \beta$），故深色直角三角形的高為 $\sin(\alpha + \beta)$，底邊為 $\cos(\alpha + \beta)$，由這兩個數值可以得到 $\tan(\alpha + \beta)$ 的公式。另外，若將 β 換成 $-\beta$，便可得到 $\sin(\alpha - \beta)$ 與 $\cos(\alpha - \beta)$ 的公式。

證明「餘弦定理」

餘弦定理在非直角三角形的三角形中也成立，可以說是畢氏定理的「推廣版」。若已知直角三角形的兩邊邊長，用畢氏定理可以計算第三邊的邊長。相對的，如同我們在第52頁中看到的，即使三角形不是直角三角形，只要已知兩邊邊長，也可以藉由餘弦定理計算出第三邊的邊長。

餘弦定理的歷史相當久遠，古希臘數學家歐幾里得的數學書籍《幾何原本》中，便提到了相當於餘弦定理的問題。以下就來看看如何證明餘弦定理吧。

1.

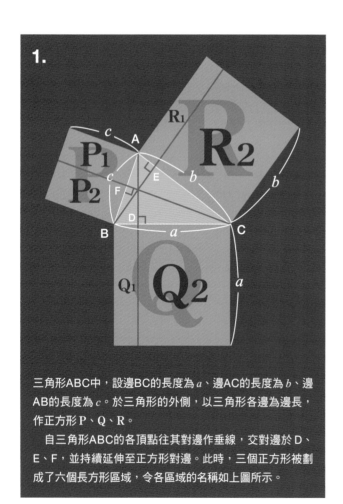

三角形ABC中，設邊BC的長度為 a、邊AC的長度為 b、邊AB的長度為 c。於三角形的外側，以三角形各邊為邊長，作正方形P、Q、R。

自三角形ABC的各頂點往其對邊作垂線，交對邊於D、E、F，並持續延伸至正方形對邊。此時，三個正方形被劃成了六個長方形區域，令各區域的名稱如上圖所示。

以下將計算各個長方形的面積。**2-1**要算的是 Q_2 的面積、**2-2**要算的是 R_2 的面積。

2-1.

直角三角形ACD中，角C的 cos 值可寫成

$$\cos C = \frac{CD}{AC}，$$ 移項可得 $CD = AC \cos C$

因為 $AC = b$，故

$$CD = b \cos C$$

由於正方形 Q 的邊長為 a，故 Q_2 的面積為

$$Q_2 = a \times b \cos C = ab \cos C$$

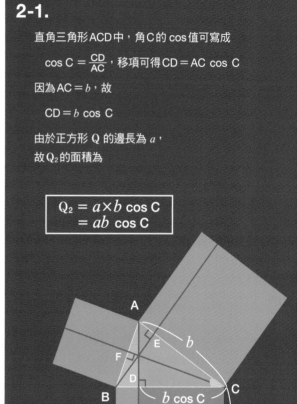

3.

由**2-1**，**2-2**可以得到 $R_2 = Q_2$。用類似的方式，可以得到 $P_1 = R_1$、$P_2 = Q_1$。接著把注意力放在正方形 P 上，因為 P 的面積為 c^2，故以下等式成立。

$$c^2 = P_1 + P_2 = R_1 + Q_1$$

2-2.

直角三角形BCE中，角C的 cos 可寫成

$\cos C = \dfrac{CE}{BC}$，移項可得 CE = BC cos C

因為 BC = a，故

CE = a cos C

由於正方形 R 的邊長為 b，
故 R_2 的面積為

$$R_2 = b \times a \cos C$$
$$= ab \cos C$$

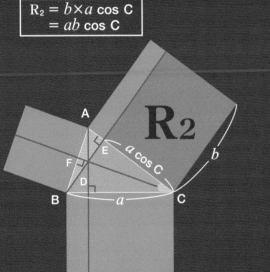

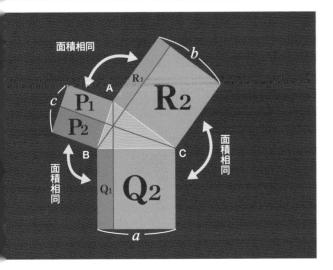

接著把注意力放在正方形 Q 與正方形 R 上。

4.

Q 的面積為 a^2，由 **2-1** 可以得到以下等式。

$$Q_1 = Q - Q_2 = a^2 - ab \cos C$$

R 的面積為 b^2，由 **2-2** 可以得到以下等式。

$$R_1 = R - R_2 = b^2 - ab \cos C$$

在 **3** 中，我們得到

$$c^2 = R_1 + Q_1$$

將前面的 R_1 與 Q_1 代入上式，可以得到以下結果。

$$c^2 = R_1 + Q_1$$
$$= (a^2 - ab \cos C) + (b^2 - ab \cos C)$$
$$= a^2 + b^2 - 2ab \cos C$$

也就是說，以下等式成立。

餘弦定理

$$c^2 = a^2 + b^2 - 2ab \cos C$$

∠A 與∠B 也可經同樣的方式計算，得到以下等式。

$$a^2 = b^2 + c^2 - 2bc \cos A$$
$$b^2 = a^2 + c^2 - 2ac \cos B$$

以上就是餘弦定理的證明。　　🪐

8

證明「正弦定理」

正弦定理描述的是三角形內角的正弦函數（sin）以及其對邊長的關係。懂得如何使用這個定理後，便可求出各種三角形的面積。接著就來介紹如何證明這個定理吧。

1.

三角形ABC中，設邊BC的長度為 a、邊AC的長度為 b、邊AB的長度為 c。自三角形ABC的各頂點往其對邊作垂線，交對邊於D、E、F。

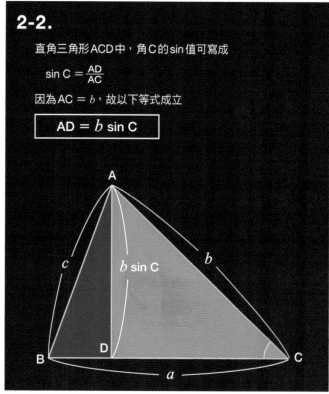

有兩種方法可以計算出邊AD的長度，說明如下。**2-1**是用三角形ABD來算，**2-2**則是用三角形ACD來算。

2-1.

直角三角形ABD中，角B的sin值可寫成

$$\sin B = \frac{AD}{AB}$$

因為 AB $= c$，故以下等式成立

$$\boxed{AD = c \sin B}$$

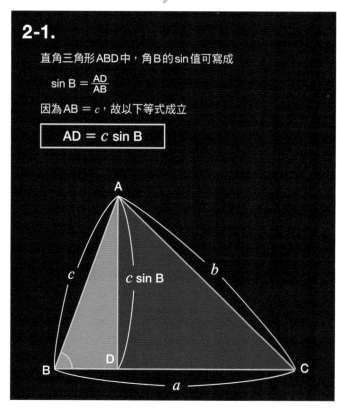

2-2.

直角三角形ACD中，角C的sin值可寫成

$$\sin C = \frac{AD}{AC}$$

因為 AC $= b$，故以下等式成立

$$\boxed{AD = b \sin C}$$

3.

由 **2-1**、**2-2**，可得到以下等式

$$c \sin B = b \sin C$$

等號兩邊同除以 b、c，可得

$$\frac{\sin B}{b} = \frac{\sin C}{c}$$

同樣的步驟亦適用於邊 a 與角 A，
故可得到以下等式

正弦定理

$$\frac{\sin A}{a} = \frac{\sin B}{b} = \frac{\sin C}{c}$$

$$或 \quad \frac{a}{\sin A} = \frac{b}{\sin B} = \frac{c}{\sin C}$$

以上證明結束。

　正弦定理可以導出簡單的三角形面積公式，如 **4** 的說明。

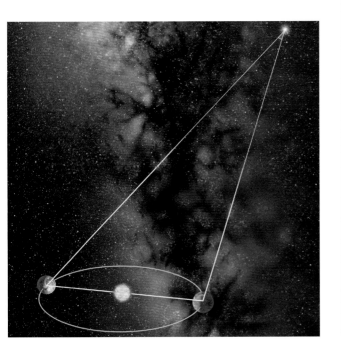

4.

設上例中的三角形ABC面積為 S，因為三角形面積為
（底）×（高）÷ 2，故

$$S = BC \times AD \div 2$$

其中，

$$BC = a$$
$$AD = c \sin B \quad （由 \textbf{2-1}）$$

代入後得

$$S = a \times c \sin B \div 2$$

即

$$S = \frac{1}{2} ac \sin B$$

若改將「AB」或「AC」設為底邊，同樣的公式也會成立，
故

$$S = \frac{1}{2} bc \sin A$$

$$S = \frac{1}{2} ab \sin C$$

以上結果可整理如下

三角形的面積公式

$$S = \frac{1}{2} bc \sin A$$

$$= \frac{1}{2} ac \sin B$$

$$= \frac{1}{2} ab \sin C$$

也就是說，只要知道兩個邊的長度，以及這兩個邊的夾
角，就可以算出三角形的面積。

使用餘弦定理
證明「托勒密定理」

古希臘的天文學家托勒密曾經證明過，圓內接四邊形ABCD的各邊邊長有著「AC×BD＝AB×DC＋BC×AD」的關係（第21頁）。為什麼四邊形的各邊有這樣的關係呢？一起來看看要怎麼證明吧。

圓內接四邊形的特徵

證明這個定理的關鍵在於「圓周角」和「餘弦定理」。圓周角指的是圓周上1點與圓周上另外2個點相連後形成的夾角（**1**）。同一個弧所對應的圓周角大小相同（**2**），不過這裡不談怎麼證明。另外，同一個弧所對應的圓心角，是圓周角的2倍，這又稱做「圓周角定理」。

由圓周角定理可以導出圓內接四邊形的有趣特徵。**3**的圓內接四邊形ABCD中，弧DCB對應的圓周角為∠A，弧DAB對應的圓周角為∠C。由圖中可以看出，這兩個弧的圓心角相加後，會得到360°。因為圓周角的大小是圓心角的一半，故可得知∠A與∠C相加後會得到180°。

餘弦定理與托勒密定理

在**4**、**5**中，對於△ABD與△BCD，以餘弦定理求算BD的邊長時，答案分別包含了cos A與cos C。由**3**的「∠A＋∠C＝180°」，以及「cos（180°－θ）＝－cos θ」這個關係式（參考第74頁），可以推導出**6**的結果。

以上就是證明「托勒密定理」的過程。

1.弧與圓周角、圓心角

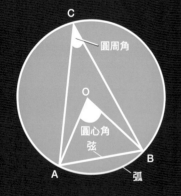

圓上1點與圓周上另外2個點相連後形成的夾角稱做「圓周角」。將這2點分別與圓心相連，所得到的夾角稱做「圓心角」。圓周的一部分稱做「弧」，圖中的∠ACB（∠C）與∠AOB分別為弧AB（或是弦AB）所對應的圓周角、圓心角。

2.圓周角的定理

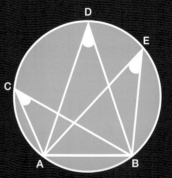

同一個弧所對應的各個圓周角皆相等（∠C＝∠D＝∠E）。另外，比較同一個弧所對應的圓心角與圓周角，可以知道圓心角是圓周角的2倍，這又叫做「圓周角定理」。

3.圓內接四邊形的特徵

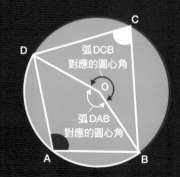

由圓周角定理可以知道，圓內接四邊形的對角相加為180°。（∠A＋∠C＝180°、∠B＋∠D＝180°）。

4. 如下圖所示，三角形 ABD 中
令 AB $= a$，AD $= d$
代入餘弦定理，可得

$$BD^2 = a^2 + d^2 - 2ad \cos A$$

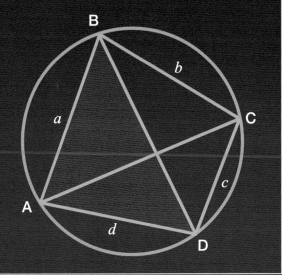

5. 如下圖所示，三角形 BCD 中
令 BC $= b$，DC $= c$
代入餘弦定理，可得

$$BD^2 = b^2 + c^2 - 2bc \cos C$$

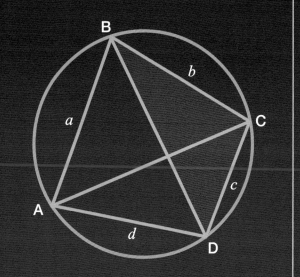

6. 由 **3** 可以得到

$$\angle A + \angle C = 180°$$

即「$\angle A = 180° - \angle C$」關係式成立。
故

$$\cos A = \cos(180° - C)$$
$$= -\cos C$$

將以上結果代入 **4** 的式子，
可得

$$BD^2 = a^2 + d^2 + 2ad \cos C$$

上式與 **5** 的式子聯立消去 $\cos C$ 後，可得

$$(ad + bc)BD^2 = (ab + cd)(ac + bd)$$

同樣的，由 AC 的長度可得到以下等式

$$(ab + cd)AC^2 = (ad + bc)(ac + bd)$$

將以上兩式相乘後可得

$$(ab + cd)(ad + bc)AC^2 \cdot BD^2$$
$$= (ab + cd)(ad + bc)(ac + bd)^2$$

整理後可得

$$AC \times BD = ac + bd$$

也就是

$$AC \times BD = AB \times DC + BC \times AD$$

三 角函數練習問題

Q1

如右圖所示，設 θ 為右圖三角形ABC的一個角，試求sin θ 與 cos θ 的值。另外，請由第168頁的三角函數表，估計 θ 大約是幾度。其中，$\sqrt{13} ≒ 3.606$。

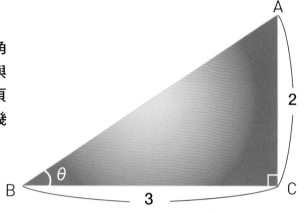

Q2

假設站在距離樹幹 8 公尺處的地點仰望樹木頂端時，仰角為50°。眼睛高度為1.5公尺，那麼樹木的高度為幾公尺呢？請參考第168頁的三角函數表。

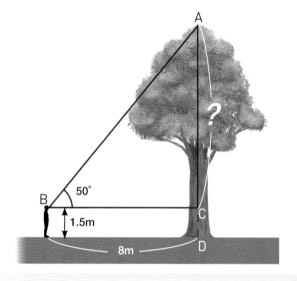

Q3

有一條纜車線路直達山頂。纜車線路全長為625公尺，傾斜角度為35°。那麼山的高度（右圖的AC）應為多少公尺呢？另外，纜車起點到山頂的水平距離（右圖的BC）又是多少公尺呢？

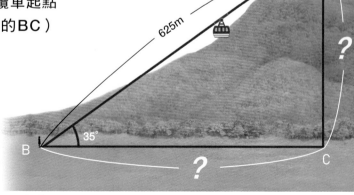

解答在第66～69頁

請將以下三角函數轉換成 0° 到45° 間之角度的三角函數。

1. sin 84°　　　　　**2.** cos 59°

設tan θ = 2，試求sin θ 與cos θ 的值。
其中，$\sqrt{5}$≒2.236，0° < θ < 90°。

Q6

試求三邊長分別為「13、8、7」之三角形的面積 S。

Q7

設右圖三角形ABC中，∠A
＝60°、∠C＝75°、AC長
度為 8，試求BC的長度。

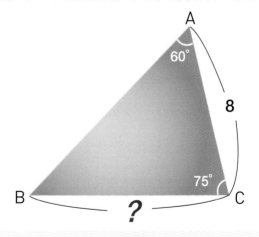

設sin α = $\frac{4}{5}$、cos β = $\frac{8}{17}$，試求sin（α＋β）的值。
其中，0° < α <90°，0° < β <90°。

A1

由畢氏定理可以知道，邊 AB 符合以下等式

$$AB^2 = 2^2 + 3^2$$
$$= 13$$

因此 AB 長度為

$$AB = \sqrt{13}$$

由 sin 與 cos 的定義可得

$$\sin \theta = \frac{2}{\sqrt{13}}$$

$$\fallingdotseq 0.555$$

$$\cos \theta = \frac{3}{\sqrt{13}}$$

$$\fallingdotseq 0.832$$

最後，由第168頁的三角函數表中，尋找最接近 sin θ ≒0.555的 θ，可得 θ

約 34°

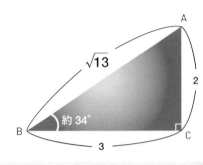

A2

首先，算出 AC 的長度。由 tan 的定義可以知道

$$\tan 50° = \frac{對邊}{鄰邊} = \frac{AC}{BC}$$

其中，BC ＝ 8。另外，由第 168 頁的三角函數表可以知道，tan 50° ＝ 1.19 故

$$1.19 = \frac{AC}{8}$$

因此，

$$AC = 1.19 \times 8 = 9.52$$

所以，樹高 AD 為

9.52 ＋ 1.5 ＝ **11.02 公尺**

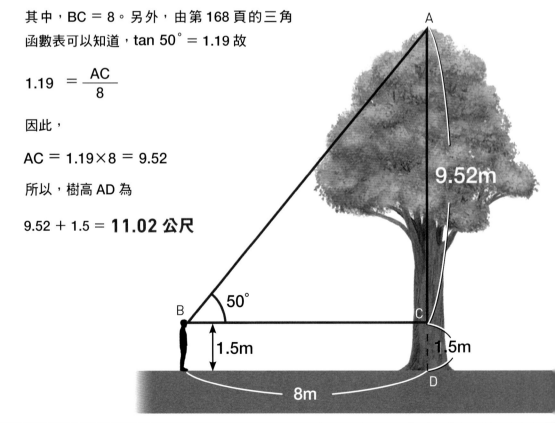

A3

由 sin 與 cos 的定義可以知道

$$\sin 35° = \frac{對邊}{斜邊} = \frac{AC}{AB} \text{ , } \cos 35° = \frac{鄰邊}{斜邊} = \frac{BC}{AB}$$

AB = 625，由第 168 頁的三角函數表可以知道，

sin 35° = 0.57，cos 35° = 0.82，故

$$0.57 = \frac{AC}{625} \text{ , } 0.82 = \frac{BC}{625}$$

所以

山高 AC 為，625×0.57 = **356.3 公尺**

水平距離 BC 為，625×0.82 = **512.5 公尺**

A4

1. 由第 50 頁的重要公式

　　$\sin(90° - \theta) = \cos \theta$

　　可得

　　$\sin 84° = \sin(90° - 6°)$

　　　　　　 = **cos 6°**

2. 由第 50 頁的重要公式

　　$\cos(90° - \theta) = \sin \theta$

　　可得

　　$\cos 59° = \cos(90° - 31°)$

　　　　　　 = **sin 31°**

A5

將 $\tan \theta = 2$ 代入第 51 頁的重要公式

$$\tan^2 \theta + 1 = \frac{1}{\cos^2 \theta}$$

可得

$$2^2 + 1 = \frac{1}{\cos^2 \theta}$$

計算後可得

$$\cos^2 \theta = \frac{1}{5}$$

$0° < \theta < 90°$ 時，
$\cos \theta$ 為正值，故

$$\cos \theta = \frac{1}{\sqrt{5}} \fallingdotseq \mathbf{0.447}$$

將 $\cos^2 \theta = \frac{1}{5}$ 代入第 51 頁的重要公式

$$\sin^2 \theta + \cos^2 \theta = 1$$

計算後可得

$$\sin^2 \theta + \frac{1}{5} = 1$$

計算後可得

$$\sin^2 \theta = \frac{4}{5}$$

$0° < \theta < 90°$ 時，
$\sin \theta$ 為正值，故

$$\sin \theta = \frac{2}{\sqrt{5}} \fallingdotseq \mathbf{0.894}$$

A6

令 $\triangle$ ABC 中
「$a = BC = 13$，$b = AC = 8$，
$c = AB = 7$」。
第 52 頁的餘弦定理
$$a^2 = b^2 + c^2 - 2bc \cos A，$$
可整理成
$$\cos A = \frac{b^2 + c^2 - a^2}{2bc}$$

將各邊邊長代入後，可得到

$$\cos A = \frac{8^2 + 7^2 - 13^2}{2 \times 8 \times 7}$$

$$= \frac{-56}{112}$$

$$= -\frac{1}{2}$$

將答案代入「$\sin^2 A + \cos^2 A = 1$」，可得

$$\sin^2 A + \left(-\frac{1}{2} \right)^2 = 1$$

計算後可得

$$\sin^2 \theta = \frac{3}{4}$$

$\sin$ 在 $0°$ 到 $180°$ 之間為正值，
故
$$\sin \theta = \frac{\sqrt{3}}{2}$$

由第 61 頁提到的三角形面積公式可得

$$S = \frac{1}{2} bc \sin A$$

$$= \frac{1}{2} \cdot 8 \cdot 7 \cdot \frac{\sqrt{3}}{2}$$

$$= \mathbf{14\sqrt{3}}$$

A7

首先算出∠B的大小。

∠A = 60°，故∠C = 75°

∠B = 45°

由第60頁的正弦定理可得

$$\frac{BC}{\sin A} = \frac{AC}{\sin B}$$

將數值代入後可得

$$\frac{BC}{\sin 60°} = \frac{8}{\sin 45°}$$

因此

$$BC = \sin 60° \times \frac{8}{\sin 45°}$$

$$= \frac{\sqrt{3}}{2} \times 8 \div \frac{\sqrt{2}}{2}$$

$$= \frac{\sqrt{3}}{2} \times 8 \times \frac{2}{\sqrt{2}} \times \frac{\sqrt{2}}{\sqrt{2}}$$

$$= \mathbf{4\sqrt{6}}$$

A8

將 $\sin \alpha = \frac{4}{5}$ 代入第51頁的重要公式

$\sin^2 \alpha + \cos^2 \alpha = 1$，

可得

$$\left(\frac{4}{5}\right)^2 + \cos^2 \alpha = 1$$

計算後可得

$$\cos^2 \alpha = 1 - \left(\frac{4}{5}\right)^2$$

$$= \frac{9}{25}$$

當 0° < α < 90° 時，cos 為正值
故

$$\cos \alpha = \sqrt{\frac{9}{25}} = \frac{3}{5}$$

同樣的，

將 $\cos \beta = \frac{8}{17}$ 代入第51頁的重要公式

$\sin^2 \beta + \cos^2 \beta = 1$，可得

$$\sin^2 \beta + \left(\frac{8}{17}\right)^2 = 1$$

計算後可得

$$\sin^2 \beta = 1 - \left(\frac{8}{17}\right)^2$$

$$= \frac{225}{289}$$

當 0° < β < 90° 時，sin 為正值，
故

$$\sin \beta = \sqrt{\frac{225}{289}} = \frac{15}{17}$$

將這些數值代入第56頁的重要公式

$$\sin(\alpha + \beta) = \sin \alpha \cos \beta + \cos \alpha \sin \beta$$

可得

$$\sin(\alpha + \beta)$$

$$= \left(\frac{4}{5}\right) \times \left(\frac{8}{17}\right) + \left(\frac{3}{5}\right) \times \left(\frac{15}{17}\right)$$

$$= \frac{32}{85} + \frac{45}{85}$$

$$= \mathbf{\frac{77}{85}}$$

從「三角形」到「波」

在 第2章中，我們將sin、cos、tan定義為直角三角形的邊長比（三角比），故角度範圍限制在0°到90°之間。第4章中會拿掉這個限制，用「單位圓」來定義sin、cos、tan的大小，並觀察角度改變時，三角函數的性質會有什麼樣的變化。

協助（第 72 ～ 87 頁）　礒田正美
執筆（第 94 ～ 103 頁）　和田純夫

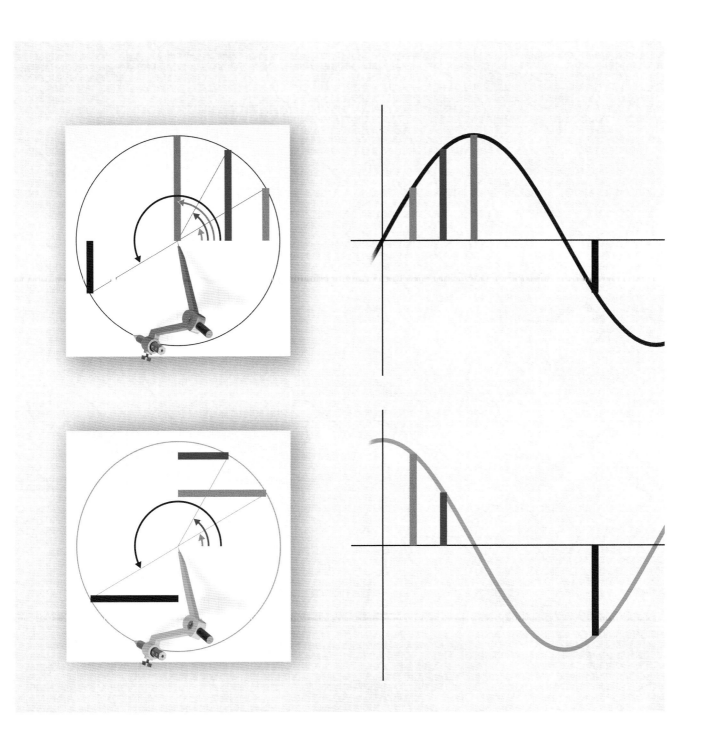

用單位圓定義三角函數

前面我們用直角三角形來定義三角函數，第 4 章中則會改用圓來定義。讓我們來看看角度大於 90°，或者角度為負數時，三角函數是多少吧！

首先，考慮「座標平面」。座標平面的橫軸稱做「x 軸」，縱軸稱做「y 軸」。x 軸與 y 軸交於原點 O（**1**）。在這個座標平面上，以原點為圓心，畫一個半徑為 1 的圓，這個圓就叫做「單位圓」。

接著，考慮單位圓上一個逆時鐘旋轉的點 P。假設點 P 從 x 為 1、y 為 0 的點，也就是點（1,0）出發，逆時鐘旋轉 30°，與點 A 重合。此時 x 值為 $\cos 30°$（$=\frac{\sqrt{3}}{2}$），y 值為 $\sin 30°$（$=\frac{1}{2}$）。若點 P 逆時鐘旋轉 45°，則 x 值為 $\cos 45°$（$=\frac{\sqrt{2}}{2}$），y 值為 $\sin 45°$（$=\frac{\sqrt{2}}{2}$）。若旋轉 60°，則 x 值為 $\cos 60°$（$=\frac{1}{2}$），y 值為 $\sin 60°$（$=\frac{\sqrt{3}}{2}$）。

當點 P 在單位圓上旋轉 θ 角時，定義 $\cos \theta$ 為此時點 P 的 x 值，$\sin \theta$ 為此時點 P 的 y 值（**2**）。並以此時點 P 的 x 與 y，定義 $\tan \theta$ 為 $\frac{y}{x}$ ※。就這樣，三角函數不再受限於直角三角形的角度，不管角度有多大，都可以定義出該角的三角函數，即使角度為負值也一樣（**3**）。

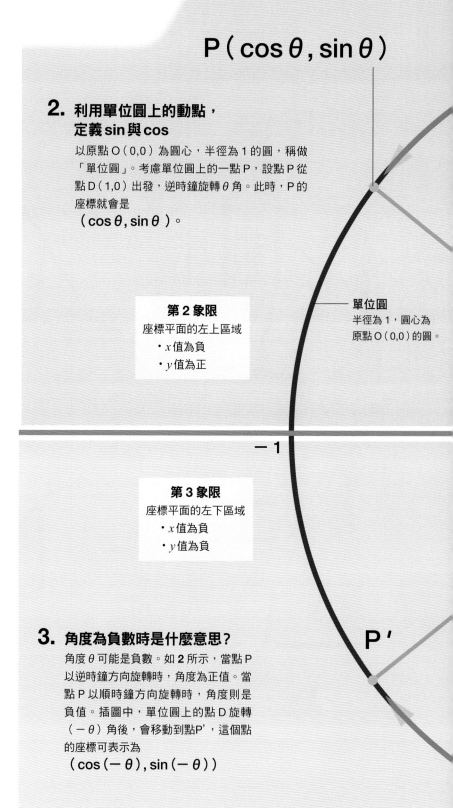

$$P(\cos\theta, \sin\theta)$$

2. 利用單位圓上的動點，定義 sin 與 cos

以原點 O（0,0）為圓心，半徑為 1 的圓，稱做「單位圓」。考慮單位圓上的一點 P，設點 P 從點 D（1,0）出發，逆時鐘旋轉 θ 角。此時，P 的座標就會是

$$(\cos\theta, \sin\theta)。$$

第 2 象限
座標平面的左上區域
・x 值為負
・y 值為正

單位圓
半徑為 1，圓心為原點 O（0,0）的圓。

-1

第 3 象限
座標平面的左下區域
・x 值為負
・y 值為負

3. 角度為負數時是什麼意思？

角度 θ 可能是負數。如 **2** 所示，當點 P 以逆時鐘方向旋轉時，角度為正值。當點 P 以順時鐘方向旋轉時，角度則是負值。插圖中，單位圓上的點 D 旋轉（$-\theta$）角後，會移動到點 P'，這個點的座標可表示為

$$(\cos(-\theta), \sin(-\theta))$$

P'

※：$x = 0$ 時，$\tan \theta$ 無法定義。

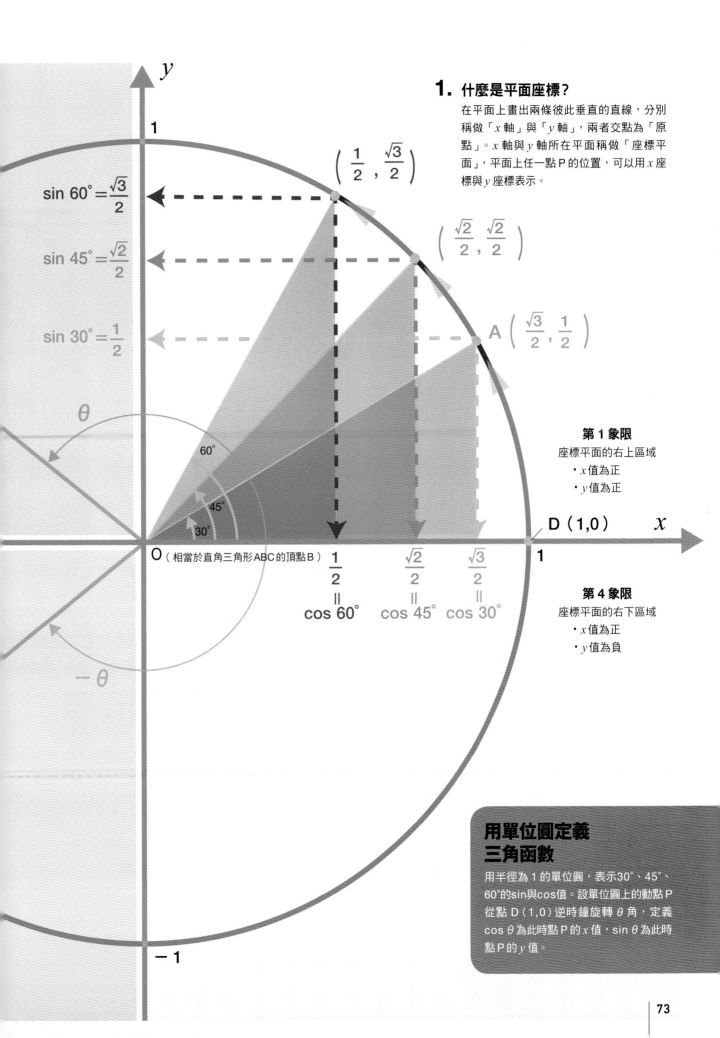

1. 什麼是平面座標？

在平面上畫出兩條彼此垂直的直線，分別稱做「x軸」與「y軸」，兩者交點為「原點」。x軸與y軸所在平面稱做「座標平面」，平面上任一點P的位置，可以用x座標與y座標表示。

$\sin 60° = \dfrac{\sqrt{3}}{2}$

$\sin 45° = \dfrac{\sqrt{2}}{2}$

$\sin 30° = \dfrac{1}{2}$

$\left(\dfrac{1}{2} , \dfrac{\sqrt{3}}{2} \right)$

$\left(\dfrac{\sqrt{2}}{2} , \dfrac{\sqrt{2}}{2} \right)$

A$\left(\dfrac{\sqrt{3}}{2} , \dfrac{1}{2} \right)$

θ

$60°$

$45°$

$30°$

$-\theta$

O（相當於直角三角形ABC的頂點B）

$\dfrac{1}{2}$
‖
$\cos 60°$

$\dfrac{\sqrt{2}}{2}$
‖
$\cos 45°$

$\dfrac{\sqrt{3}}{2}$
‖
$\cos 30°$

D（1,0）

x

1

第 1 象限

座標平面的右上區域
・x值為正
・y值為正

第 4 象限

座標平面的右下區域
・x值為正
・y值為負

用單位圓定義
三角函數

用半徑為1的單位圓，表示30°、45°、60°的sin與cos值。設單位圓上的動點P從點D（1,0）逆時鐘旋轉θ角，定義$\cos\theta$為此時點P的x值，$\sin\theta$為此時點P的y值。

探討各種角度的 sin、cos

在 前頁中提到，當單位圓上的動點 P 旋轉一個角度「θ」時，$\cos\theta$ 為點 P 的 x 值，$\sin\theta$ 為點 P 的 y 值。

由以上規則，可以得到角度大於 90°，或者角度為負數時的三角函數值。以第 2 象限上的某個點 S（$\cos(180°-\theta)$, $\sin(180°-\theta)$）（$0°<\theta<90°$）為例。這個點是以 y 軸為對稱軸，將點 P（$\cos\theta$, $\sin\theta$）左右翻轉後得到的點，所以點 S 的座標也可以寫成為（$-\cos\theta$, $\sin\theta$）。即

$\cos(180°-\theta)=-\cos\theta$，
$\sin(180°-\theta)=\sin\theta$

如果改將點 P 逆時鐘旋轉 90°，得到 R 點，那麼 R 點座標為（$\cos(\theta+90°)$, $\sin(\theta+90°)$）。插圖中的直角三角形皆為全等三角形，故 R 的 x 座標會等於 P 的 y 座標的相反數「$-\sin\theta$」，R 的 y 座標會等於 P 的 x 座標「$\cos\theta$」。即

$\cos(\theta+90°)=-\sin\theta$，
$\sin(\theta+90°)=\cos\theta$

依此類推，可得知插圖中第 1～第 4 象限的各點座標，皆可以簡單表示為 $\pm\cos\theta$ 與 $\pm\sin\theta$（$0°<\theta<90°$）。

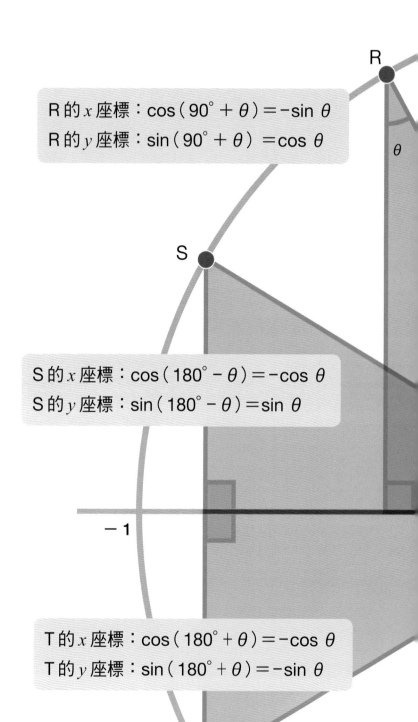

R 的 x 座標：$\cos(90°+\theta)=-\sin\theta$
R 的 y 座標：$\sin(90°+\theta)=\cos\theta$

S 的 x 座標：$\cos(180°-\theta)=-\cos\theta$
S 的 y 座標：$\sin(180°-\theta)=\sin\theta$

-1

T 的 x 座標：$\cos(180°+\theta)=-\cos\theta$
T 的 y 座標：$\sin(180°+\theta)=-\sin\theta$

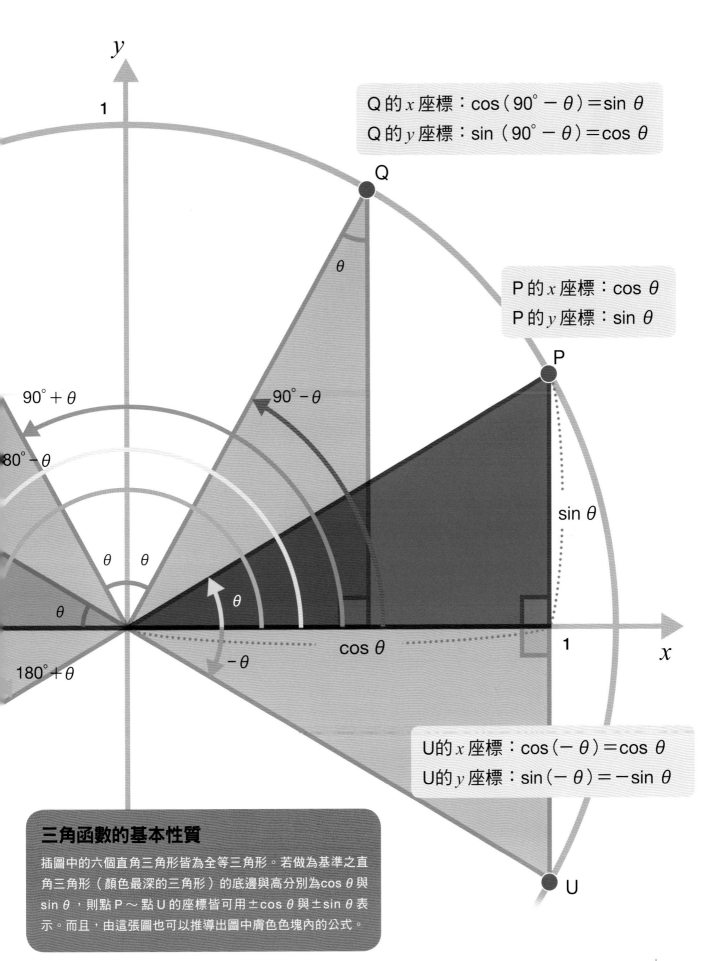

Q 的 x 座標：$\cos(90° - \theta) = \sin\theta$
Q 的 y 座標：$\sin(90° - \theta) = \cos\theta$

P 的 x 座標：$\cos\theta$
P 的 y 座標：$\sin\theta$

U的 x 座標：$\cos(-\theta) = \cos\theta$
U的 y 座標：$\sin(-\theta) = -\sin\theta$

三角函數的基本性質

插圖中的六個直角三角形皆為全等三角形。若做為基準之直角三角形（顏色最深的三角形）的底邊與高分別為$\cos\theta$與$\sin\theta$，則點 P～點 U 的座標皆可用$\pm\cos\theta$與$\pm\sin\theta$表示。而且，由這張圖也可以推導出圖中膚色色塊內的公式。

10

「座標」結合了數學式與圖形

座標是平面上某個點與原點的「縱向距離」及「橫向距離」，相當於地圖上的「緯度」及「經度」。座標的概念由17世紀的法國數學家，笛卡兒以及費馬（Pierre de Fermat，1601～1665）提出。

數學領域中，一般稱原點上的橫軸為「x 軸」，原點上的縱軸為「y 軸」，以 x 值與 y 值所組成的數對來表示一個點的座標。舉例來說，原點 O 的 x 與 y 皆為 0，故原點座標為 $(x,y) = (0,0)$。

x 軸與 y 軸將座標分成四個

座標與象限

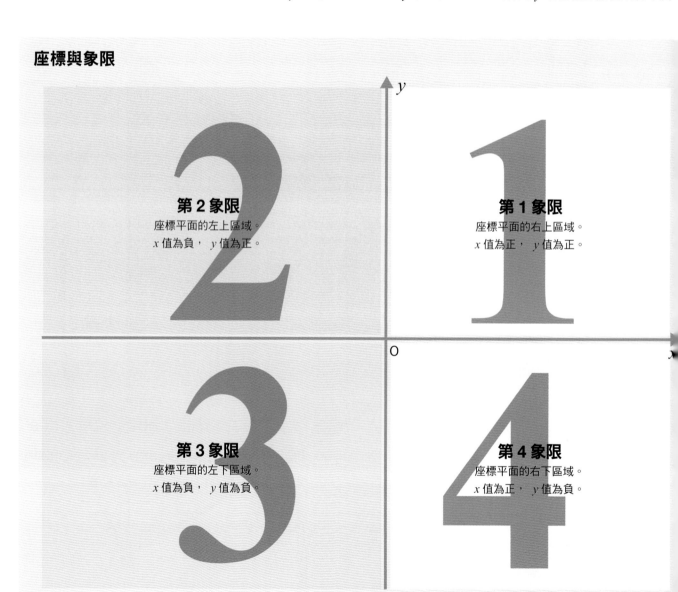

第 2 象限
座標平面的左上區域。
x 值為負，y 值為正。

第 1 象限
座標平面的右上區域。
x 值為正，y 值為正。

第 3 象限
座標平面的左下區域。
x 值為負，y 值為負。

第 4 象限
座標平面的右下區域。
x 值為正，y 值為負。

部分。如左頁下插圖所示，各個部分的名稱分別為第 1 象限至第 4 象限。

在座標這個框架下，我們可以將一條直線寫成 x 與 y 的式子。舉例來說，假設有一條直線通過 $(x, y) = (0, 0)$、$(1, 1)$、$(2, 2)$、$(3, 3)$、……等座標點，那麼這條直線上各點的 x 值與 y 值皆相等，故這條直線可以用「$y = x$」的方式來表示（下面圖 **1**）。

不只是直線，就連曲線也可以用 x 與 y 的式子來表示。比方說，通過 $(x, y) = (0, 0)$、$(1, 1)$、$(2, 4)$、$(3, 9)$、……等座標點的曲線，可以寫成「$y = x^2$」（下面圖 **2**）。而通過 $(x, y) = (1, 10)$、$(2, 5)$、$(4, 2.5)$、$(5, 2)$、……等座標點的曲線，則可寫成「$y = \frac{10}{x}$」（下面圖 **3**）。

我們也可以用一條式子來表示座標上的圓。譬如以原點 O 為圓心，半徑為10的圓，可以寫成「$x^2 + y^2 = 100$」（下面圖 **4**）。　🪐

座標與各種圖形

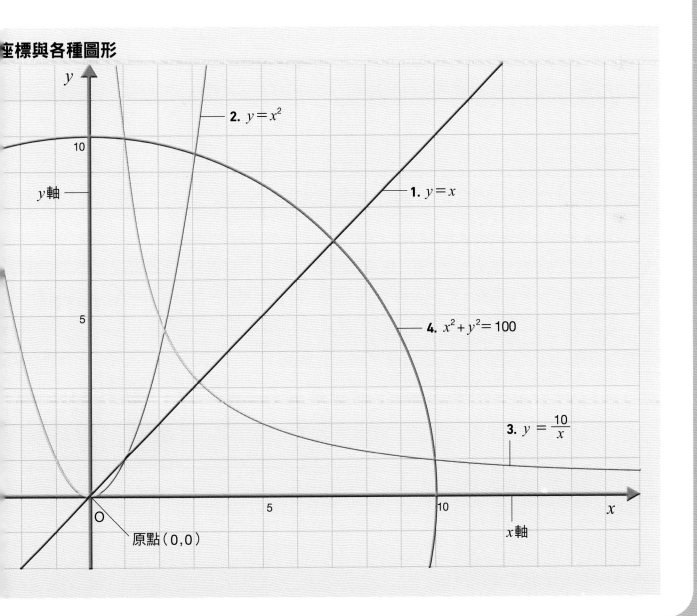

y

10

y軸

2. $y = x^2$

1. $y = x$

5

4. $x^2 + y^2 = 100$

3. $y = \frac{10}{x}$

O

原點（0,0）

5

10

x軸

x

用圓弧長度
表示角度的「弧度法」

前 面我們都是使用30°、60°之類的方式來表示角度大小。這種表示法中，假設轉一圈的角度為360°，取其360分之1作為角度的單位，稱做「度數法」。事實上，數學領域中還有另一種表示角度的方法，稱做「弧度法」。

弧度法是以「長度」來表示角度，或者說是「令該角度為單位圓之圓心角時所對應到的弧長」。舉例來說，圓心角360°所對應到的圓弧為整個圓周，而圓周長為「直徑×π」（π 為圓周率）。半徑為

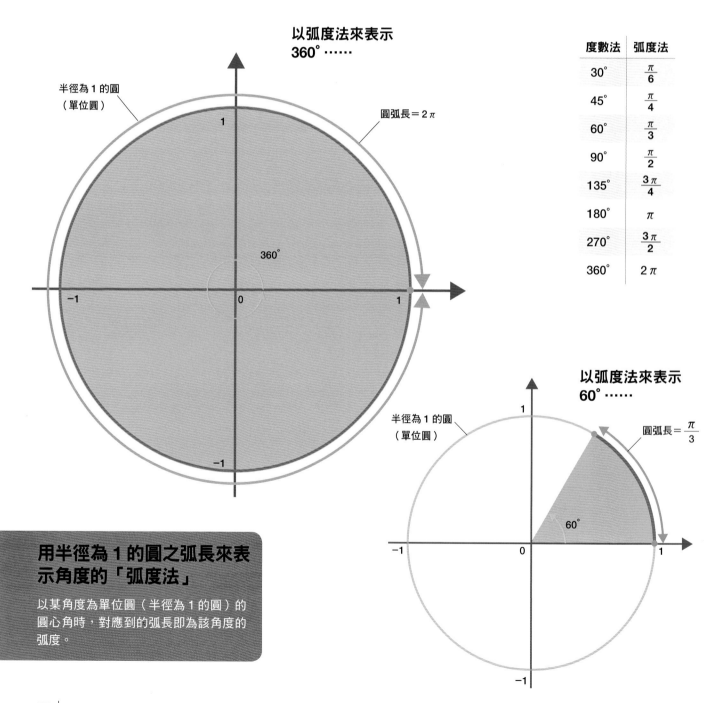

以弧度法來表示 360°⋯⋯

半徑為1的圓
（單位圓）

圓弧長＝2π

360°

度數法	弧度法
30°	$\frac{\pi}{6}$
45°	$\frac{\pi}{4}$
60°	$\frac{\pi}{3}$
90°	$\frac{\pi}{2}$
135°	$\frac{3\pi}{4}$
180°	π
270°	$\frac{3\pi}{2}$
360°	2π

以弧度法來表示 60°⋯⋯

半徑為1的圓
（單位圓）

圓弧長＝$\frac{\pi}{3}$

60°

用半徑為1的圓之弧長來表示角度的「弧度法」

以某角度為單位圓（半徑為1的圓）的圓心角時，對應到的弧長即為該角度的弧度。

1時，直徑為2，圓周長為 2π。因此，360° 可以用弧度法表示為「2π」。此時的角度單位不是「度」，改稱做「radian」（rad），不過通常會省略「radian」這個單位。

那麼，180° 改用弧度法表示時會是多少呢？單位圓中，圓心角為180° 的扇形弧長為 $2\pi \times \frac{180°}{360°} = \pi$，故180° 為弧度的 π。另外，60° 為 $2\pi \times \frac{60°}{360°} = \frac{\pi}{3}$。

改用弧度法來表示角度時，便可將扇形的弧長與面積改寫成更為簡單的形式。半徑為 r、圓心角為 θ 的扇形，弧長為圓周長 2πr 乘上 $\frac{\theta}{2\pi}$，等於「rθ」；面積為圓面積 $r^2\pi$ 乘上 $\frac{\theta}{2\pi}$，等於「$\frac{1}{2}r^2\theta$」。

在數學與物理領域中，一般會用弧度法來表示角度。本書之後的章節中，也會視情況而使用弧度法來表示角度。

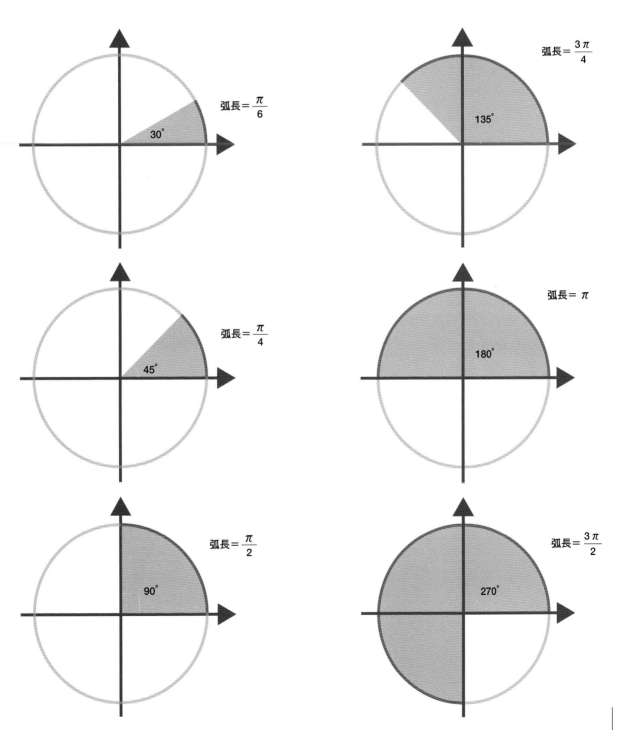

弧長 = $\frac{\pi}{6}$ （30°）

弧長 = $\frac{3\pi}{4}$ （135°）

弧長 = $\frac{\pi}{4}$ （45°）

弧長 = π （180°）

弧長 = $\frac{\pi}{2}$ （90°）

弧長 = $\frac{3\pi}{2}$ （270°）

將sin與cos的變化畫成圖後
會出現「波」!

角度增加時,sin值會如何變化呢?

在0°時的sin值(sin 0°)為0。$\sin 30° = \frac{1}{2} = 0.5$,$\sin 60° = \frac{\sqrt{3}}{2} \doteqdot 0.87$。由此可見,隨著角度的增加,sin值也會越來越大,90°的sin值為1。超過90°後,sin值會越來越小,180°的sin值為0。

過了180°繼續旋轉,點(圓規的鉛筆筆尖)會來到圓心的下方(x軸下方),故sin值會變成負數。270°的sin值為-1,而360°(1周)的sin值會變回0。

▌sin與cos畫成圖後會 ▌得到「波」

若以橫軸為角度,將sin的變化畫成圖,可以得到「波」的形狀(如右頁)。由cos的變化畫成的圖也呈現波浪狀。旋轉與波乍看之下沒有關聯,三角函數卻能將兩者連結在一起。

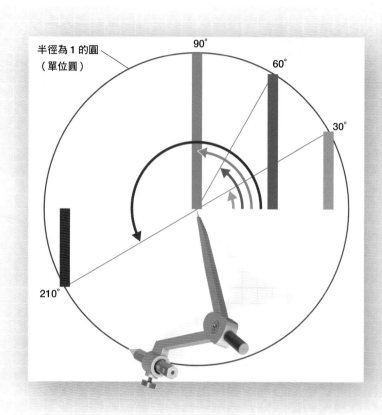

半徑為1的圓
(單位圓)

90°
60°
30°
210°

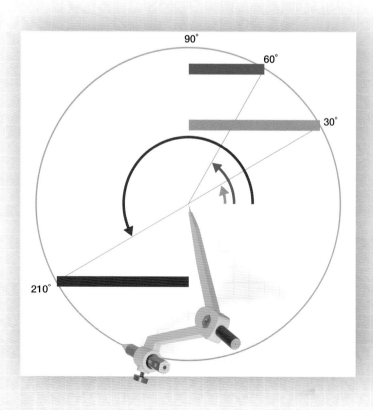

90°
60°
30°
210°

由旋轉產生的
sin波與cos波

上方為單位圓上以逆時鐘方向旋轉之動點的縱向位置(sin)變化,下方則是動點的橫向位置(cos)變化。兩者畫成圖後,呈現出了相同形狀的波。

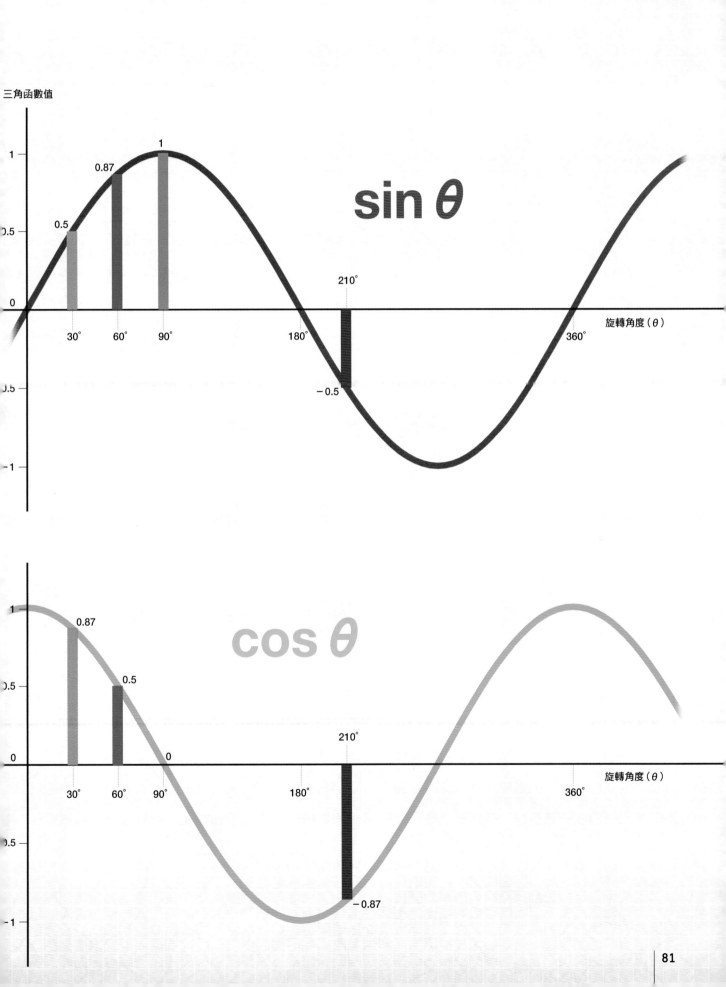

將 tan 的變化畫成圖

角度增加時，tan值會如何
變化呢？

0°的tan值（tan 0°）為0，
tan 30° = √3 ≒ 0.58，tan 45°
= 1，tan 60° = √3 ≒ 1.73，越
接近90°，tan值就會越來越
大，直到趨近於無限大（＋
∞）。超過90°以後，tan值會
從負無限大（－∞）開始，逐
漸增加。到了180°時又會回
到0。

若將tan值的變化畫成以角
度為橫軸的變化圖，可得到右
頁上方圖形。雖然沒有sin或
cos那樣的「波」，卻也有一定
的週期。

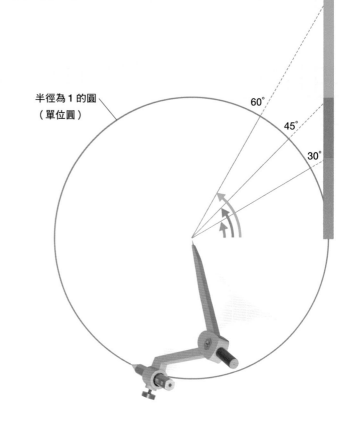

半徑為1的圓
（單位圓）

60°
45°
30°

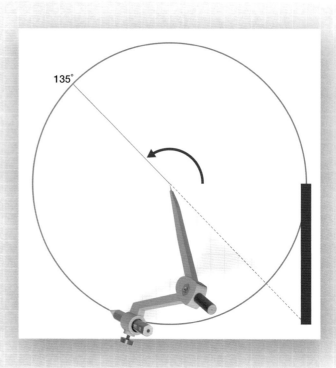

135°

由旋轉產生的 tan 軌跡

在單位圓上以逆時鐘方向旋轉之動點與圓心連成的
直線，與旋轉起始點往正上方（或者是正下方）延
長之直線的交點在縱向上的位置（tan）變化。畫
成圖後，可以得到一個以180°為週期，持續變化的
曲線。

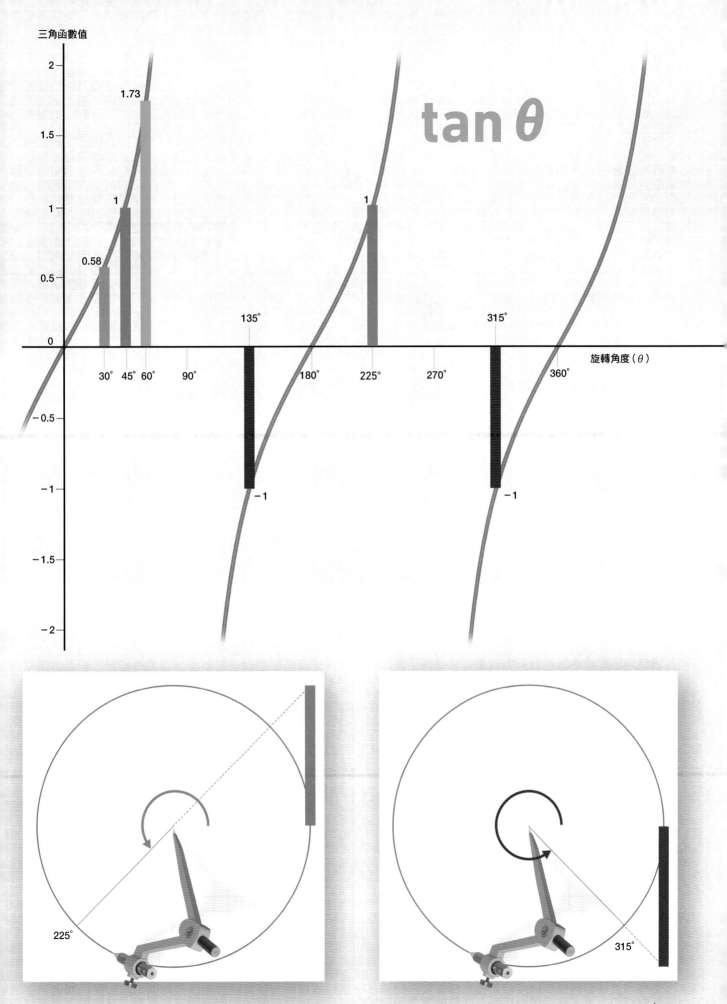

tan θ

三角函數值

旋轉角度（θ）

「彈簧的振動」也和三角函數有關

將彈簧的上端固定住,在下端掛上一重物(如圖)。將重物往下拉再放開,彈簧會反覆伸縮,使重物的位置上下振動。

　隨著時間的變化,重物的位置會如何改變呢?若以重物位置為縱軸,時間為橫軸,將兩者畫成圖,可以得到一個波的圖形。這和我們在第80頁中看到的sin圖形相同。旋轉運動與「彈簧的振動」乍看之下毫無關聯,三角函數卻將兩者連結在一起。

單擺的振動也與三角函數有關

　三角函數不只隱藏在彈簧的振動中。事實上,「單擺的振動」也與三角函數有關。將單擺的運動畫成圖之後,也會得到sin波的圖形(右頁下方的插圖)。

　彈簧、單擺的振動在物理學上稱做「簡諧運動」(simple harmonic motion)。若將簡諧運動的物體位置變化寫成數學式,式中一定會出現三角函數的sin。因此,由簡諧運動產生的波,也被稱做「sin波」(正弦波)。

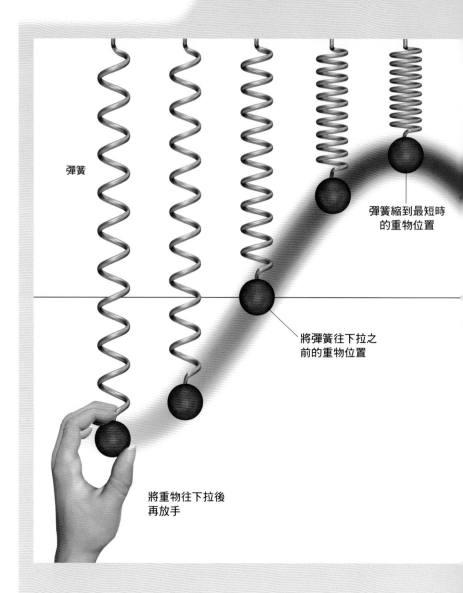

彈簧

彈簧縮到最短時的重物位置

將彈簧往下拉之前的重物位置

將重物往下拉後再放手

彈簧與單擺的振動都隱含著sin波

若將彈簧振動中的重物位置變化畫成圖,可以得到上方紅線般的波。這個波和我們在第80頁中看到的sin波基本上是一樣的。單擺的振動軌跡,也會形成這種形狀的波。

若記錄彈簧的振動（上下運動），可得到下圖般的波狀圖形。這與sin的圖形基本上是一樣的，故也稱做「sin波」。

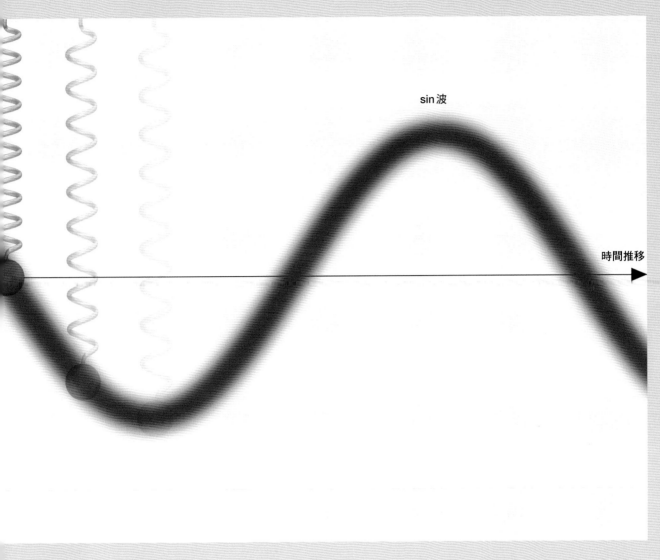

sin波

時間推移

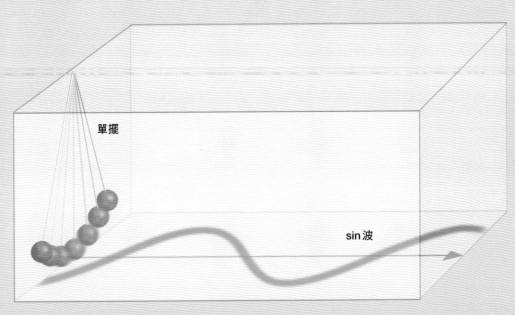

單擺

sin波

以振動中單擺的位置為縱軸，以時間為橫軸，可以畫出sin波。不過，只有在單擺擺動幅度夠小時，單擺的振動才會接近sin波。

不管是聲音還是光，都隱含著三角函數。
三角函數是分析「波」的必要工具

我們每天所看到與聽到的「光」與「聲音」，其實都和三角函數有關。

聲音是空氣振動時釋放至周圍的波。若將空氣的振動畫成圖的話，會得到波的形狀。這個波正是前頁中看到的sin波。

sin波中，一個波峰到下一個波峰的距離稱做「波長」（如右圖）。聲音越低，波長就越長，波的振動比較和緩。相反的，聲音越高，波長就越短，波形看起來擁擠許多。

光波也是sin波。不同色光有著不同的波長

與聲音相同，光也是一種波。陽光通過三稜鏡（由玻璃製成的三角柱狀工具）時，會分成紅、黃、綠、紫等色光。紅光的波長最長，紫光的波長最短。波長不同的光，看起來的顏色也不一樣。

波不只存在於聲音與光，也出現在手機的電磁波、地震的震波等等。在工程上使用、分析這些波時，都必須用到三角函數。

聲音與光都是sin波

左頁為聲波，右頁為光波。兩種都是能表示為「sin波」的波動。

樂器（鐵琴）

聲音每差一個八度（從低音Do到相鄰的高音Do），聲波的波長會變為原來的一半。下方是單純的sin波，但實際上的鐵琴聲波有著更複雜的形狀。

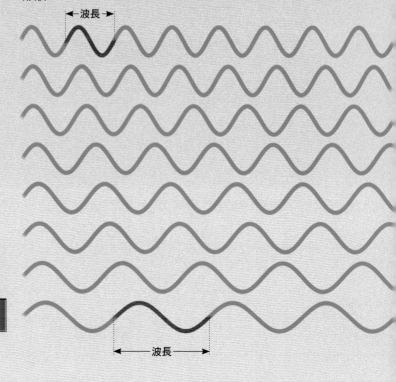

Do（波長為0.65公尺）

Si（波長為0.69公尺）

La（波長為0.77公尺）

Sol（波長為0.87公尺）

Fa（波長為0.97公尺）

Mi（波長為1.03公尺）

Re（波長為1.16公尺）

Do（波長為1.30公尺）

←波長→

←——波長——→

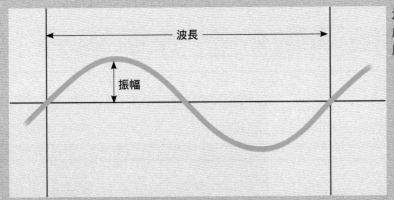

波由波峰與波谷的交互排列而成。一個波峰加上一個波谷的長度稱做「波長」。波峰的高度稱做「振幅」。

陽光看起來是白光，實際上是由紅光到紫光等各種色光所組成的光線。白光通過三稜鏡後，會分散成各種顏色的色光。

白光

各種顏色的光

越接近紅光，波長越長；越接近紫光，波長越短。

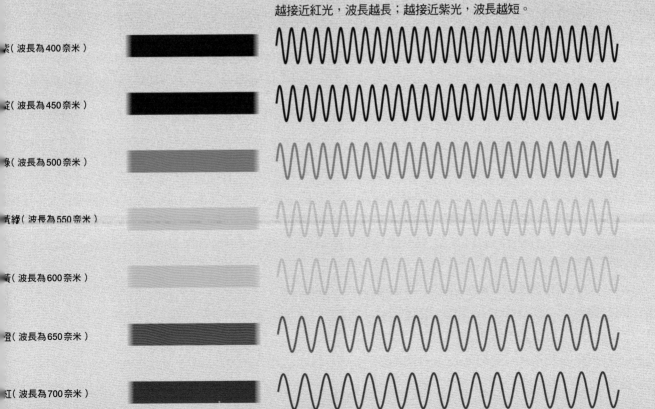

紫（波長為400奈米）

靛（波長為450奈米）

藍（波長為500奈米）

青綠（波長為550奈米）

黃（波長為600奈米）

橙（波長為650奈米）

紅（波長為700奈米）

註：奈米為10億分之1公尺

三角函數的微分與積分

這個世界上存在著許多「波」，像是光波、聲波、電磁波等。觀察這些波如何「變化」，可以幫助我們理解光與聲音的性質。這些波的變化速率，可以由「微分」計算出來。

發明微分方法的是英國自然哲學家牛頓（Isaac Newton，1643～1727）與德國數學家萊布尼茲（Gottfried Wilhelm Leibniz，1646～1716）。sin與cos等三角函數微分後會得到什麼呢？所謂「微分」，意思是「計算變化率」，亦即「計算圖形的傾斜程度」。更精準的說，就是計算圖形上某個點的「切線」斜率。函數的切線簡單來說是指與該函數僅切於一點的直線。另外，直線的斜率則是 y 座標增加量與 x 座標增加量的比，即 $\frac{y}{x}$。

sin函數的斜率變化，可以用cos函數來表示

接著，讓我們來仔細看看「$y = \sin x$」的圖形吧（右方插圖上半部）。圖中，x 從 0 增加至 $\frac{\pi}{2}$ 時，斜率逐漸降低，到 $\frac{\pi}{2}$ 時變為 0（與 x 軸平行）；x 從 $\frac{\pi}{2}$ 增加至 $\frac{3\pi}{2}$ 時，斜率先減少後增加，到 $\frac{3\pi}{2}$ 時又回到 0；x 從 $\frac{3\pi}{2}$ 增加至 2π 時，斜率則持續增加。

試著在另一個座標圖上畫出切線斜率的變化，可以得到「$y = \cos x$」（右方插圖下半部）。事實上，sin函數的微分確實是cos函數（將在下一節中證明）。那麼，cos函數的微分會是什麼呢？其實，「$y = \cos x$」微分後，

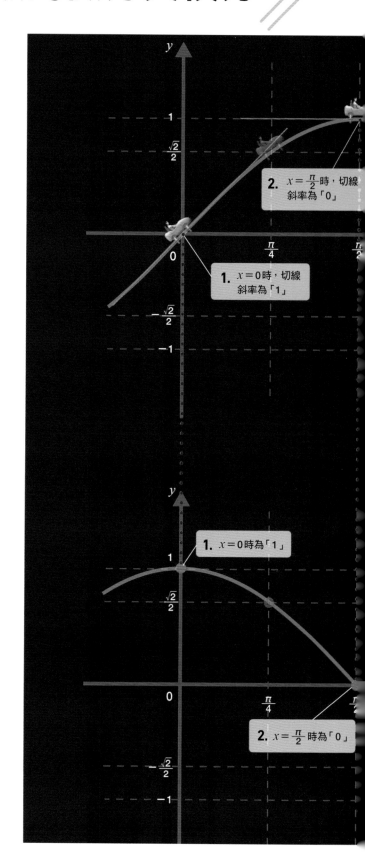

1. $x = 0$ 時，切線斜率為「1」

2. $x = \frac{\pi}{2}$ 時，切線斜率為「0」

1. $x = 0$ 時為「1」

2. $x = \frac{\pi}{2}$ 時為「0」

⊙ 觀察 sin 函數曲線的斜率變化

上半部的圖是以雲霄飛車來比擬「$y = \sin x$」的曲線，圖中顯示出了各點的切線。下半部的圖則是以上圖的切線斜率為縱座標所畫出來的圖形。由此可以看出「$y = \sin x$」微分後，會得到「$y = \cos x$」。

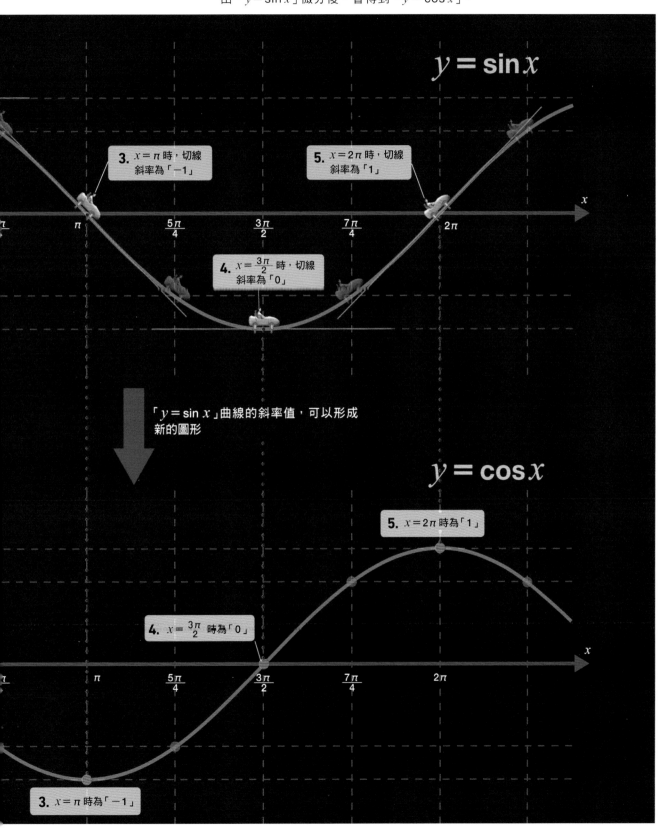

$y = \sin x$

3. $x = \pi$ 時，切線斜率為「−1」

5. $x = 2\pi$ 時，切線斜率為「1」

4. $x = \dfrac{3\pi}{2}$ 時，切線斜率為「0」

π　π　$\dfrac{5\pi}{4}$　$\dfrac{3\pi}{2}$　$\dfrac{7\pi}{4}$　2π　x

「$y = \sin x$」曲線的斜率值，可以形成新的圖形

$y = \cos x$

5. $x = 2\pi$ 時為「1」

4. $x = \dfrac{3\pi}{2}$ 時為「0」

π　π　$\dfrac{5\pi}{4}$　$\dfrac{3\pi}{2}$　$\dfrac{7\pi}{4}$　2π　x

3. $x = \pi$ 時為「−1」

可以得到「$y=-\sin x$」。

試著計算sin 函數的微分

接著，讓我們試著計算看看「$y=\sin x$」的微分吧。如同我們在前面看到的。計算函數微分時，需算出某個點的切線斜率。

以下方的插圖 **a** 為例，該如何畫出點 A（$x,\sin x$）的切線呢？首先，考慮點 A 在曲線上往右（x 正向）移動「h」後得到的點 B，點 B 座標應為（x

$+h,\sin(x+h)$）。此時，連接點 A 與點 B 的直線AB斜率應為

$$\frac{\sin(x+h)-\sin x}{h}$$

直線AB並非點 A 的切線。不過，若將點 B 沿著「$y=\sin x$」的曲線逐漸靠近 A，那麼直線AB就會越來越趨近於點 A 的切線（插圖 **b**）

當點 A 與點 B 無限靠近時，點 A 與點 B 的水平距離 h 就會無限趨近於 0。也就是說，「當 h 無限趨近於 0」時，「直線AB的斜率」就會無限趨近於「點

A 切線的斜率」。以上敘述可以使用「極限」符號（$\lim\limits_{h\to 0}$）表示如下。

點 A 的切線斜率

$$=\lim_{h\to 0}\frac{\sin(x+h)-\sin x}{h}$$

故「$y=\sin x$」微分後的函數（$\sin x$）′可寫成

$$(\sin x)'=\lim_{h\to 0}\frac{\sin(x+h)-\sin x}{h}\quad(1)$$

1.展開

$$(\sin x)'=\lim_{h\to 0}\frac{\sin(x+h)-\sin x}{h}$$

由 sin 的和角公式（第56

⊜ 計算切線斜率

藉由「極限」的概念，可計算出「$y=\sin x$」曲線上的點A切線斜率。當異於點A的一點B沿著曲線「$y=\sin x$」靠近點A時，AB連線的斜率就會趨近於點 A 的切線斜率。

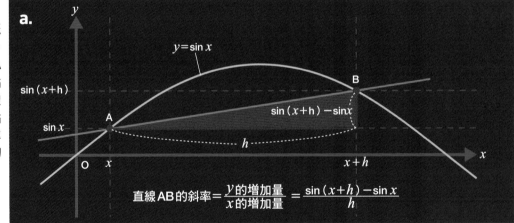

a.

$$直線AB的斜率=\frac{y的增加量}{x的增加量}=\frac{\sin(x+h)-\sin x}{h}$$

點 B 沿著「$y=\sin x$」靠近點 A。

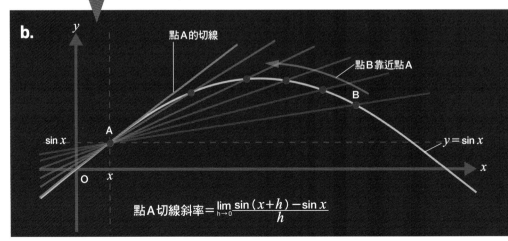

b.

$$點A切線斜率=\lim_{h\to 0}\frac{\sin(x+h)-\sin x}{h}$$

頁），可將式（1）的「sin（$x+h$）」項變形成

$$\sin(x+h) = \sin x \cos h + \cos x \sin h$$

代入式（1）後可得

$$
\begin{aligned}
(\sin x)' &= \lim_{h \to 0} \frac{\sin x \cos h + \cos x \sin h - \sin x}{h} \\
&= \lim_{h \to 0} \frac{\sin x (\cos h - 1) + \cos x \sin h}{h}
\end{aligned}
$$

接著將此式分成兩式相加，分別將不含 h 的部分（$\sin x$）與（$\cos x$）提到 $\lim\limits_{h \to 0}$ 之外，可以變形成

$$
(\sin x)' = (\sin x) \times \lim_{h \to 0} \frac{\cos h - 1}{h} + (\cos x) \times \lim_{h \to 0} \frac{\sin h}{h} \quad (2)
$$

2. 求出 $\lim\limits_{h \to 0} \dfrac{\sin h}{h}$

首先來看看式（2）的後項 $\lim\limits_{h \to 0} \dfrac{\sin h}{h}$。如果直接以 0 代入 h，$\dfrac{\sin h}{h}$ 會變成 $\dfrac{0}{0}$，無法計算。因此，需經本頁右上角的步驟，推導出

$$\lim_{h \to 0} \frac{\sin h}{h} = 1 \quad (3)$$

3. 求出 $\lim\limits_{h \to 0} \dfrac{\cos h - 1}{h}$

接著來看看式（2）的前項 $\lim\limits_{h \to 0} \dfrac{\cos h - 1}{h}$。這個式子和前一個式子一樣，如果直接以 0 代入 h，$\dfrac{\cos h - 1}{h}$ 會變成 $\dfrac{0}{0}$，無法計算，故需變形如下。

$$
\frac{\cos h - 1}{h} = \frac{(\cos h - 1)(\cos h + 1)}{h(\cos h + 1)}
$$

分母分子同乘上（$\cos h + 1$）

> 計算 $\lim\limits_{h \to 0} \dfrac{\sin h}{h}$

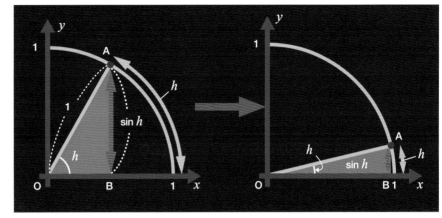

以原點 O（0,0）為圓心，畫出半徑為 1 的圓弧。連接圓心 O 與圓弧上一點 A，設線段 OA 與 x 軸夾角（圓心角）為 h（rad）。此時，弧長為「h」。另外，點 A 對 x 軸做垂線，交 x 軸於點 B 時，線段 AB 長為「$\sin h$」。

如右圖所示，使 h 趨近於 0（$h \to 0$），那麼線段 AB 的長（$\sin h$）就會無限趨近於弧長（h），即 $\sin h \to h$。

也就是說，$\lim\limits_{h \to 0} \dfrac{\sin h}{h} = 1$ 等式成立。

$$
\begin{aligned}
&= \frac{\cos^2 h - 1}{h(\cos h + 1)} \\
&= \frac{-\sin^2 h}{h(\cos h + 1)} \\
&= \underbrace{\frac{\sin h}{h}}_{①} \times \underbrace{\frac{-\sin h}{\cos h + 1}}_{②}
\end{aligned}
$$

因為 $\sin^2 h + \cos^2 h = 1$

若使式中的 h 趨近於 0，由式（3）可以知道 ① 會趨近於 1；② 將會變成 $\dfrac{-0}{1+1}$，故會趨近於 0。因此，

$$
\begin{aligned}
\lim_{h \to 0} \frac{\cos h - 1}{h} &= \underbrace{\lim_{h \to 0} \frac{\sin h}{h}}_{1} \times \underbrace{\lim_{h \to 0} \frac{-\sin h}{\cos h + 1}}_{0} \\
&= 0 \quad (4)
\end{aligned}
$$

將式（3）與式（4）代入式（2），可以得到「$y = \sin x$」微分後的函數（$\sin x$）' 為

$$
\begin{aligned}
(\sin x)' &= (\sin x) \times 0 + (\cos x) \times 1 \\
&= \cos x
\end{aligned}
$$

也就是說，$\sin x$ 微分後會得到 $\cos x$。

三角函數的積分

「積分」與「微分」互為表裡。簡單來說，積分就是計算曲線與 x 軸所包圍起來之區域的面積。以下就讓我們來看看三角函數在積分後會得到什麼樣的函數吧。

如同前一節中提到的，將「$y = \sin x$」微分後，可以得到「$y = \cos x$」。而將「$y = \cos x$」微分後，可得「$y = -\sin x$」。因此，sin 函數與 cos 函數可以藉由微分彼此互換。

繼續微分下去的話又會怎麼變呢？「$y = -\sin x$」微分後可以得到「$y = -\cos x$」，「$y = -$

cos x」微分後可以得到「y ＝ sin x」。也就是說，三角函數的微分有著以下規則

$$\sin x \rightarrow \cos x \rightarrow -\sin x$$
$$\rightarrow -\cos x \rightarrow \sin x$$

每 4 次微分循環一輪。

下方插圖為各個函數的圖形。請您試著由插圖確認 sin 函

數某個點的切線斜率變化會是 cos 函數，cos 函數的切線斜率變化則會是 sin 函數。

另外，積分與微分互為逆運算，故「y ＝ sin x」經多次積分後可得

$$\sin x \rightarrow -\cos x \rightarrow -\sin x$$
$$\rightarrow \cos x \rightarrow \sin x$$

試求三角函數與 x 軸圍起來的面積

接著讓我們來看如何算出 sin 函數與 x 軸圍起來的面積。

1. 計算「$\int_0^{\frac{\pi}{2}} \sin x \, dx$」

⊙ 微分與積分為表裡一體

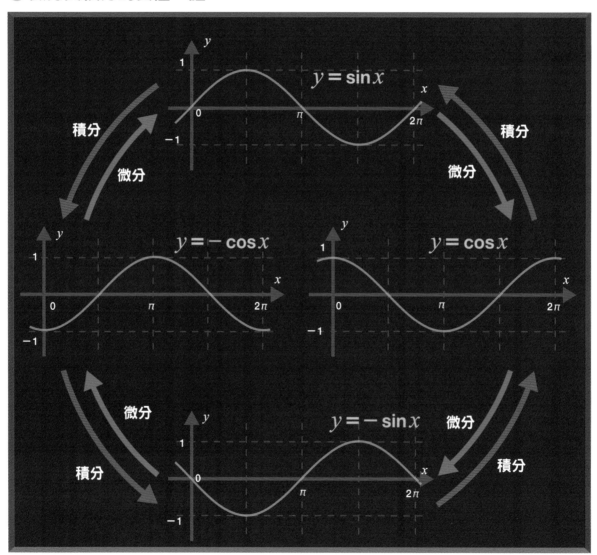

上圖為三角函數之微積分關係。將「y ＝ sin x」微分四次時，依序可得到「y ＝ cos x」、「y ＝ −sin x」、「y ＝ −cos x」，最後回到「y ＝ sin x」。另外，因為積分是微分的逆運算，故將「y ＝ sin x」積分四次時，會反方向繞一圈，最後仍回到「y ＝ sin x」。

首先要計算的是當 x 在 0 到 $\frac{\pi}{2}$ 的範圍內時，$y = \sin x$ 與 x 軸圍出來的面積（下圖的紫色範圍）。

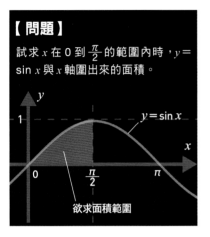

【問題】

試求 x 在 0 到 $\frac{\pi}{2}$ 的範圍內時，$y = \sin x$ 與 x 軸圍出來的面積。

欲求面積範圍

欲求 $y = \sin x$ 圍出來的面積時，需計算 $y = \sin x$ 的積分。微分與積分互為逆運算，故「求 $y = \sin x$ 的積分」，就相當於「尋找一個微分後會得到 $y = \sin x$ 的函數」。

由前節內容可以知道，「$y = -\cos x$」微分後會得到「$y = \sin x$」。故「$y = \sin x$」積分後會得到「$y = -\cos x$」。

積分一個函數時，需使用「$\int$」（integral）與「dx」等符號。「$y = \sin x$ 的積分為 $y = -\cos x$」的敘述可用數學式表示如下。

$$\int \sin x \, dx = -\cos x + C$$

（其中，C 為積分常數，有可能為任何數值）

這叫做積分中的「不定積分」。因為沒有指定積分範圍，面積不固定，所以在名稱

前加了「不定」這個稱呼。

這裡要求的是 x 在 0 到 $\frac{\pi}{2}$ 之間的積分。寫算式時，會在「$\int$」的上下兩端寫出積分範圍，如下所示。寫有範圍的積分，稱做「定積分」（definite integral）。

$$\int_0^{\frac{\pi}{2}} \sin x \, dx$$

（定積分在積分過程中會消去常數 C，故答案不會有 C）

計算定積分時，會將上界值（本例中為 $\frac{\pi}{2}$）代入積分後得到的函數值，減去下界值（本例中為 0）代入積分後得到的函數值，所得的差就是答案。故答案為 1（如下圖）。

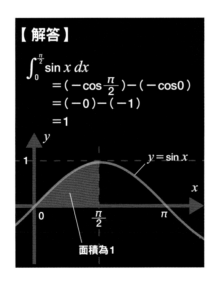

【解答】

$$\int_0^{\frac{\pi}{2}} \sin x \, dx$$
$$= (-\cos \frac{\pi}{2}) - (-\cos 0)$$
$$= (-0) - (-1)$$
$$= 1$$

面積為 1

也就是說，在 x 為 0 到 $\frac{\pi}{2}$ 的範圍內，$y = \sin x$ 與 x 軸圍起來的面積為「1」。

2.「$\int_0^{2\pi} \sin x \, dx$」之值為 0

接著來算算看 $y = \sin x$ 之曲線整體的積分吧。要注意的是，在計算積分時，x 軸下方的部分會被視為是"負的面積"。由曲線的形狀就可以看出，$y = \sin x$ 在 0 到 2π 之間的積分為「0」。

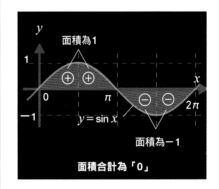

面積合計為「0」

3.「$\int_0^{2\pi} \cos x \, dx$」之值為 0

再來，$y = \cos x$ 的曲線與 $y = \sin x$ 的曲線僅差在橫軸方向位移了 $\frac{\pi}{2}$ 故 $y = \cos x$ 在 0 至 2π 間的積分也是「0」。🪐

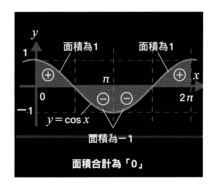

面積合計為「0」

三角函數與振動的物理學

「等速率圓周運動」、「簡諧運動」、「交流電路」分別是什麼

描述振動現象時，常會用到各種三角函數。本節中將詳細解說振動現象的基礎「等速率圓周運動」、最基本的振動「簡諧運動」、以及振動的應用之一「交流電路」。讓我們一起來探究這些在高中物理教科書中出現的物理現象吧！

執筆　和田純夫
原日本東京大學專任講師

簡單來說，振動就是一種來回移動的運動方式。單擺的擺動，掛著重物之彈簧的運動都是簡單的振動例子。振動現象廣泛的存在於我們的周圍，譬如物體發出聲音，就是因為振動而使空氣跟著搖動。

振動確實是一種來回移動的運動方式，不過，振動的方式有很多種。其中，可以寫成三角函數（sin或cos）形式的振動便稱做「簡諧運動」（simple harmonic motion，SHM），是最基本的振動。本文中提到振動時，如無特別說明，都是指簡諧運動。

等速率圓周運動

若想要瞭解振動的數學，得先從等速率圓周運動（uniform circular motion）開始講起。當一物體沿著圓周以一定速率運動時，稱做等速率圓周運動。雖然這並不是振動，但如果只看等速率圓周運動在橫軸方向上的投影，便是一個振動，縱軸方向上的投影也是一樣。也就是說，將兩個振動組合起來時，可得到一個等速率圓周運動（圖1）。

如何表示圓周上的點

那麼，如何寫出等速率圓周運動的具體數學式呢？首先，在 xy 平面上，以原點 O 為圓心，畫一個半徑為 a 的圓，考慮

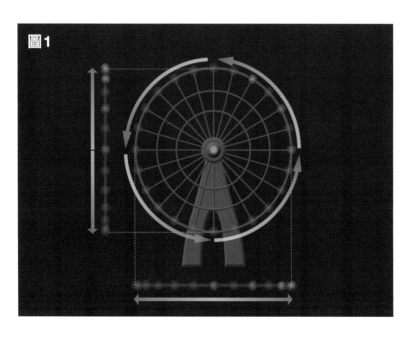

圖1

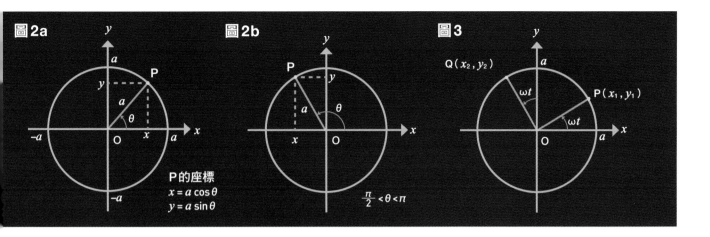

圖2a P的座標
$x = a\cos\theta$
$y = a\sin\theta$

圖2b $\dfrac{\pi}{2} < \theta < \pi$

圖3 $Q(x_2, y_2)$　$P(x_1, y_1)$

圓周上以一定速率移動的一個動點（**圖2a**）。假設在某個時間點，動點位於**圖2a**的 P 位置，且動點從 x 軸轉動到點 P 時，轉動角度為 θ（theta）。那麼 P 的座標 (x, y) 可以寫成

$$\frac{x}{a} = \cos\theta, \quad \frac{y}{a} = \sin\theta$$

故

$$x = a\cos\theta, \quad y = a\sin\theta \quad (1)$$

圖2a中，P 位於第 1 象限（x 與 y 皆為正的區域）內，$0 < \theta < \dfrac{\pi}{2}$（$=90°$），不過這點不需特別強調。當點 P 移動到第 2 象限時（**圖2b**），$\dfrac{\pi}{2} < \theta < \pi$（$90° < \theta < 180°$），此時

$$\cos\theta < 0, \quad \sin\theta > 0$$

而 (x, y) 也確實位於第 2 象限。繼續增加 θ，P 會移動到第 3 象限、第 4 象限，直到 $\theta = 2\pi$（$= 360°$）剛好繞圓周一圈。若再增加 θ，P 就會在圓周上繼續轉圈圈。

隨著時間的經過，點的位置會如何改變

隨著時間的經過，點 P 會跟著移動，角度 θ 也會跟著改變。為了表現出這種改變，這裡需引入角速度 ω（omega）與初始角度 θ_0 的概念。ω 可表示單位時間內的角度增加量，也就是角度的變化速率（角速度）。而 θ_0 則是時間 $t = 0$ 時的角度大小。時間經過 t 時，角度會增加 ωt，故此時的角度可寫成

$$\theta = \omega t + \theta_0 \quad (2)$$

另外，P 轉一圈需要的時間稱做週期，通常會以大寫 T 來表示。一圈的角度為 2π，故

$$2\pi = \omega T$$

即

$$T = \frac{2\pi}{\omega} \quad (3)$$

這條數學式表示，該點以 ω 的角速度劃過 2π 的角度時，需耗費 T 的時間。

圓周運動的超前、滯後

接著來看看初始角度 θ_0。試比較以下兩種情況。

運動 1：時間 $t = 0$ 時，從 x 軸上的點 $(a, 0)$ 出發。

運動 2：時間 $t = 0$ 時，y 軸上的點 $(0, a)$ 出發。

兩者的 ω 相同。也就是說，兩個運動都是在圓周上以相同的速率運動。假設運動 1 的動點為 P，運動 2 的動點為 Q，並設 P 的座標為 (x_1, y_1)，Q 的座標為 (x_2, y_2)。運動 1 中，$t = 0$ 時的角度 θ 為 0，故 $\theta_0 = 0$，即 $\theta = \omega t$，故在時間為 t 時，

$$x_1 = a\cos\omega t, \quad y_1 = a\sin\omega t \quad (4)$$

另一方面，運動 2 在 $t = 0$ 時的角度為 $\dfrac{\pi}{2}$，故 $\theta_0 = \dfrac{\pi}{2}$，即 $\theta = \omega t + \dfrac{\pi}{2}$，故在時間為 t 時，

$$\begin{aligned} x_2 &= a\cos\left(\omega t + \frac{\pi}{2}\right) \\ &= -a\sin\omega t \\ y_2 &= a\sin\left(\omega t + \frac{\pi}{2}\right) \\ &= a\cos\omega t \end{aligned} \quad (5)$$

（以上用到了第171頁右上方的公式）。

圖3 列出了 P 與 Q 的運動方式。由於兩者的角速度相同，故 OP 與 OQ 永遠都會彼此垂直。也就是說，OQ 永遠會領先 OP 四分之一圈，這種情況可以描述成 OQ「超前 $\dfrac{\pi}{2}$」。不過，我們也可以將 OQ 看成是落後 OP 四分

之三圈，故也可以描述成OQ「滯後$\frac{3\pi}{2}$」，此時$\theta_0=-\frac{3\pi}{2}$，座標位置可寫成

$$x_2=a\cos\left(\omega t-\frac{3\pi}{2}\right) \\ y_2=a\sin\left(\omega t-\frac{3\pi}{2}\right) \tag{6}$$

不過由三角函數公式，可以知道（6）與（5）的意義相同。

一般而言，θ_0不同的兩個等速率圓周運動中，會令θ_0較大者為「超前」（領先另一個）。然而，因為三角函數中，θ_0加減2π仍會得到同樣的角度[※1]，故θ_0較大者可定為「超前」，也可減去2π定為「滯後」。不過，如果規定θ_0在$-\pi<\theta_0\leqq\pi$（絕對值小於180°）的範圍內，便可確定哪個是「超前」，哪個是「滯後」了。以下若無特別說明，皆限定$-\pi<\theta_0\leqq\pi$。

等速率圓周運動的「速度向量」

接著要談的是等速率圓周運動的速度向量。所謂的向量，是有方向，也有大小的量。速度向量的方向為點運動的方向，大小則等於速率大小。**圖4a**中描繪了物體移動到P_1、P_2、P_3等位置時的速度向量。向量的方向等於運動的方向，為各個P_i的切線方向。

P運動時，切線方向也會跟著改變。也就是說，OP_i旋轉時，速度向量也會跟著旋轉。若將速度向量集中到一個點上，會得到**圖4b**。速度向量的大小保持一定（＝P的速率v），但方向會一直改變。速度向量的末端會在半徑為v的圓周上旋轉。物體旋轉一周時，速度向量也會旋轉一周。

將速度向量分解成橫、縱兩個分量，可以得到(v_x,v_y)。由**圖4b**可以知道，物體在P_1，速度向量指向點p_1。因為切線與半徑方向OP_1垂直，故op_1方向的角度θ'為

$$\theta'=\theta+\frac{\pi}{2}$$

也就是說

$$\begin{aligned} v_x &= v\cos\theta' \\ &= v\cos\left(\theta+\frac{\pi}{2}\right) \\ &= -v\sin\theta \\ v_y &= v\sin\theta' \\ &= v\sin\left(\theta+\frac{\pi}{2}\right) \\ &= v\cos\theta \end{aligned} \tag{7}$$

換言之，速度向量的角度變化超前（領先）了位置的角度變化，超前幅度為$\frac{\pi}{2}$或90°。

位置(x,y)與速度(v_x,v_y)之

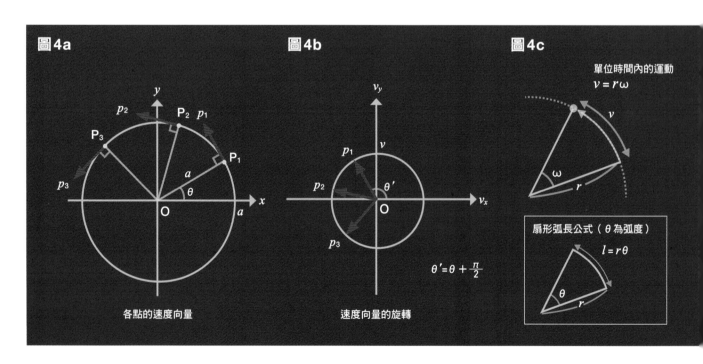

圖4a 各點的速度向量

圖4b 速度向量的旋轉　$\theta'=\theta+\frac{\pi}{2}$

圖4c 單位時間內的運動 $v=r\omega$
扇形弧長公式（θ為弧度）　$l=r\theta$

※1：圓周上的動點在繞行一周後會回到原來的位置，故點P（$a\cos\theta$，$a\sin\theta$）與繞行n周後的點P'（$a\cos(\theta+2n\pi)$，$a\sin(\theta+2n\pi)$）位置相同（n為整數。當n為負數時，為「滯後」n周的點）。也就是說，以下等式成立：$\sin(\theta+2n\pi)=\sin\theta$、$\cos(\theta+2n\pi)=\cos\theta$、$\tan(\theta+2n\pi)=\tan\theta$。

間存在微分關係。位置座標對時間的微分為速度，故可得到下式[2]

$$v_x = \frac{dx}{dt}$$

$$v_y = \frac{dy}{dt} \qquad (8)$$

事實上，由 $\theta = \omega t + \theta_0$，可以得到 $x = a \cos(\omega t + \theta_0)$，微分後得

$$\frac{dx}{dt} = a \frac{d}{dt} \cos(\omega t + \theta_0)$$
$$= -a\omega \sin(\omega t + \theta_0)$$
$$= -v \sin\theta \qquad (9)$$

與式（7）的 v_x 完全相同。這個過程中，我們用到了第170頁所介紹的微分關係，以及速度與角速度的關係式 $v = a\omega$（**參考圖 4c**）。v_y 也可以利用同樣的方式計算而得。還可以反過來，由式（7）推導出來三角函數的微分公式。

圓周運動的合成

再來要談的是兩個圓周運動的合成。假設有兩個點 P 與 Q 以同樣的角速度 ω，繞行同一個圓心進行等速率圓周運動。即使兩圓半徑不同，初始角度也不同，只要兩者的 ω 相同，旋轉時，P 與 Q 就會一直保持相同的夾角。

$t = 0$ 時，P 與 Q 的位置如**圖 5**所示。令某個特定時間點的 $t = 0$，使 P 的初始角度為 0，此時 Q 的旋轉超前 P 的程度為 θ_0。合成向量 OP 與 OQ 後，可得到 OR（以 OP 及 OQ 為兩邊

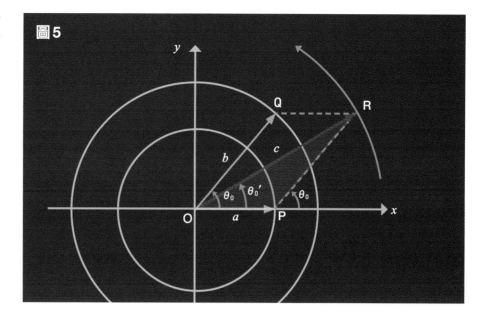

圖5

長，作一平行四邊形，對角線即為 OR）。

在 P 與 Q 旋轉時，R 也會以同樣的角速度 ω 旋轉，這就是圓周運動的合成。三個向量旋轉時的角速度都是 ω，故彼此間的角度差（相位差）不會因為時間的經過而改變，是這個合成的一大重點。

具體來說，假設 P、Q、R 的圓周運動的半徑分別為 a、b、c，由餘弦定理可以知道，三角形 OPR 中，

$$c^2 = a^2 + b^2 - 2ab \cos(\pi - \theta_0)$$

令 R 的初始角度為 $\theta_0{}'$，由正弦定理可以得到

$$\frac{c}{\sin(\pi - \theta_0)} = \frac{b}{\sin\theta_0{}'}$$

（其中 $\theta_0 > 0$）故

$$\sin\theta_0{}' = \frac{b}{c} \sin(\pi - \theta_0)$$

$$= \frac{b}{c} \sin\theta_0$$

（使用第171頁右方，從上算來第 4 個公式）。以上公式等一下會用於說明交流電路，而在說明交流電路時，θ_0 通常會等於 $\frac{\pi}{2}$（即 OP 與 OQ 垂直），故

$$c^2 = a^2 + b^2$$
$$\sin\theta_0{}' = \frac{b}{c}$$

即 $\quad \tan\theta_0{}' = \frac{b}{a} \qquad (10)$

若想計算出角度 $\theta_0{}'$ 的大小，可使用（11）式般的「反三角函數」（第104頁）。

$$\theta_0{}' = \tan^{-1}\frac{b}{a} \qquad (11)$$

另外，當 $\theta_0{}' < 0$ 時（Q 為滯後時），

$$\sin\theta_0{}' = -\frac{b}{c}$$

即

$$\tan\theta_0{}' = -\frac{b}{a}$$

以上就是圓周運動的說明，接著來談談振動吧。

從圓周運動到振動

假設我們只關注等速率圓周運動中的橫向移動，橫軸為 x 軸，並設定圓心位於 $x=0$（圖

2）。此時物體的 x 座標會介於 $x=-a$ 與 $x=a$ 之間移動。若寫成數學式，由式（1）與式（2）可以得到

$$x = a \cos\theta$$
$$= a \cos(\omega t + \theta_0) \qquad (12)$$

同樣的，縱向移動可以寫成

$$y = a \sin\theta$$
$$= a \sin(\omega t + \theta_0) \qquad (12')$$

這兩種運動都屬於簡諧運動。a 為振動的幅度稱做振幅。而 $\theta = \omega t + \theta_0$ 在圓周運動中是角度，在振動中則稱做相位。θ_0 是時間為 0 時的相位，稱做初始相位。另外，ω 在圓周運動中是角度的變化率，也就是角速度，在振動中則是相位的變化率，也就是角頻率（原因如下）。ωt 每增加 2π 時，剛好會完成一次振動，而完成一次振動需要的時間（週期）為 T，故

$$\omega t = 2\pi$$

即

$$T = \frac{2\pi}{\omega} \qquad (13)$$

當然，這與圓周運動中，角速度與週期的關係式相同。

這裡以垂掛重物之彈簧的上下運動為例，說明振動是怎麼回事（圖6a）。彈簧的伸縮量越大，需要的力量也越大，假設彈簧伸縮量與力量成正比（這稱做「虎克定律」），那麼，重物的運動方式剛好會是簡諧運動，可以表示成三角函數的形式。重物的上下運動，會和圓周運動的縱向投影（y 座標）相同。

圖6b為單擺的例子。重物的左右運動，會與下方圓周運動的橫向投影（x 座標）相同。不過，當單擺的振幅偏大時，便不會完全一致。因為嚴格來說，作用在重物上的力不會和振盪角度成正比。不過在物理

	圓周運動	振動
θ	角度	相位
ω	角速度 （角度的變化率）	角頻率 （相位的變化率）

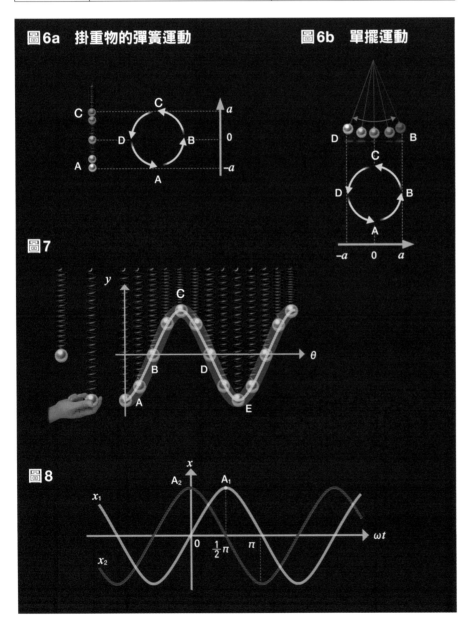

圖6a　掛重物的彈簧運動

圖6b　單擺運動

圖7

圖8

習題中，通常會將單擺的振盪也視為簡諧運動。

若將**圖6a**的重物振動過程畫成圖，可以得到**圖7**。A～D相當於**圖6**圓周運動中的A～D，E則代表轉了一圈後回到A。也就是說，從A到E剛好是振動的一個來回，也是圓周運動中繞行一圈。來回振動一次需花費時間T，稱做振動的週期。另外，單位時間內的振動次數 f（也稱做頻率）為T的倒數，由式（13）可以得到

$$f = \frac{1}{T} = \frac{\omega}{2\pi}$$

即

$$\omega = 2\pi f \qquad (14)$$

ω 相當於換算成角度時的頻率，故稱做角頻率。

相位的超前、滯後

本節中將說明什麼是相位的超前、滯後，分別對應到圓周運動的超前、滯後。

試一試比較以下兩個振動的數學式。

$$x_1 = a\sin\omega t$$
$$x_2 = a\cos\omega t$$
$$= a\sin\left(\omega t + \frac{\pi}{2}\right)$$

將這兩個振動畫成圖後，可以得到**圖8**。兩者形狀相同，但左右位置有偏移。比方說，x_1 的 A_1 對應到 x_2 的 A_2。A_2 在 A_1 的左方 $\frac{\pi}{2}$ 處，越左邊表示越早發生，故 x_2 為「超前」的波，相位「差了 $\frac{\pi}{2}$」，或者說是「x_2 超前 x_1 的程度為 $\frac{\pi}{2}$」（「x_1 滯後 x_2 的程度為 $\frac{\pi}{2}$」）。

另外，2π 相當於1個週期的相位，故 $\frac{\pi}{2}$ 相當於4分之1個週期，也就是 $\frac{T}{4}$，所以也可以說 x_1 與 x_2 的相位差了 $\frac{T}{4}$。

以上敘述也都適用於圓周運動。振動的相位差可對應到圓周運動的角度差，所以這也是理所當然的事。振動與圓周運動在位置與速度上也互相對應。振動中的物體速度，可由位置對時間的微分求得。圓周運動的速度已在式（7）中列出，對照後便可瞭解到兩者的對應關係。

舉例來說，假設 $x = a\cos\theta$，由式（9）可以知道，

$$v_x = -v\sin\theta$$
$$= v\sin(\theta + \pi)$$
$$= v\cos\left(\theta + \frac{\pi}{2}\right)$$

也就是說，速度 v_x 的相位比位置 x「超前了 $\frac{\pi}{2}$」。$x = a\sin\theta$ 也一樣。微分之後，振動相位都會超前 $\frac{\pi}{2}$。

交流電

最後要談的是上述原理的應用，振動的電流，也就是交流電。直流電是一直朝著固定方向流動的電流，交流電則是依循一定的週期，改變流動方向的電流。

交流電有很多種，不過多數交流電都可以用正弦函數表示，流動方向呈平滑的週期性變化。這樣的電流稱做正弦波交流電。

單位時間內電流方向改變的次數，稱做頻率。振動的角頻

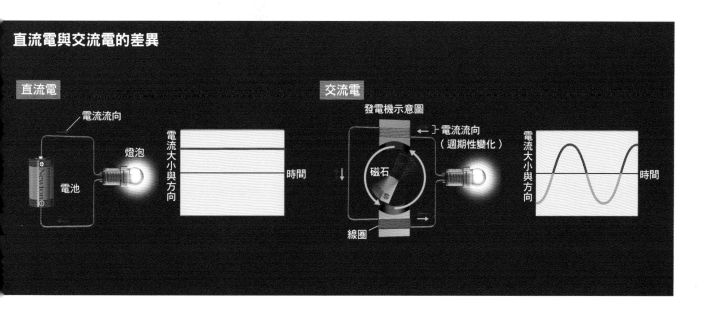

直流電與交流電的差異

直流電　電流流向　燈泡　電流大小與方向　時間　電池

交流電　發電機示意圖　電流流向（週期性變化）　磁石　線圈　電流大小與方向　時間

率 ω 與頻率 f 間的關係如式（14）所示。每秒頻率的單位為 Hz（赫茲），因為某些歷史原因，東日本的交流電頻率為 50Hz，西日本則是 60Hz。

一開始，先介紹交流電源與一個電路元件（電阻、電容、電感）所形成的簡單電路。在以下討論中，電源的電壓（這裡稱做 $V_源$）皆為

$$V_源 = V_0 \sin \omega t \qquad (15)$$

電阻

圖**9a**為電源與電阻值為 R 之電阻所組成的電路。若電阻服從歐姆定律——$V = IR$，則電流 I_R 為

$$\begin{aligned} I_R &= \frac{V_源}{R} \\ &= \frac{V_0}{R}\sin \omega t \end{aligned} \qquad (16)$$

由於電流與電壓只差了一個係數 R，並沒有相位上的差異（圖 **10a**）。

電容

圖**9b**為電源與電容所組成的電路。電容所儲存的電荷與電壓成正比。如果電流為直流電，電壓固定的話，電容很快就會儲滿電荷。此時電容產生的電壓會與電源電壓達成平

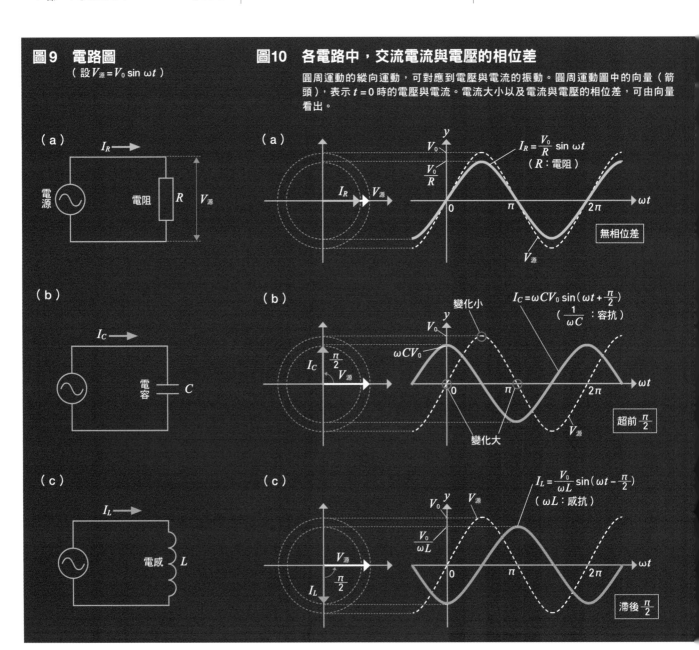

圖9　電路圖
（設 $V_源 = V_0 \sin \omega t$）

圖10　各電路中，交流電流與電壓的相位差

圖周運動的縱向運動，可對應到電壓與電流的振動。圖周運動圖中的向量（箭頭），表示 $t = 0$ 時的電壓與電流。電流大小以及電流與電壓的相位差，可由向量看出。

（a）

（b）

（c）

（a）$I_R = \frac{V_0}{R}\sin \omega t$（$R$：電阻）　無相位差

（b）$I_C = \omega C V_0 \sin\left(\omega t + \frac{\pi}{2}\right)$（$\frac{1}{\omega C}$：容抗）　超前 $\frac{\pi}{2}$　變化小　變化大　$\omega C V_0$

（c）$I_L = \frac{V_0}{\omega L}\sin\left(\omega t - \frac{\pi}{2}\right)$（$\omega L$：感抗）　滯後 $\frac{\pi}{2}$

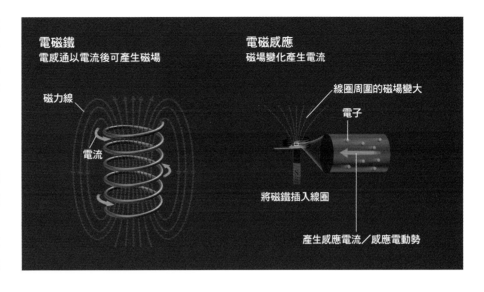

電磁鐵
電感通以電流後可產生磁場

磁力線

電流

電磁感應
磁場變化產生電流

線圈周圍的磁場變大

電子

將磁鐵插入線圈

產生感應電流／感應電動勢

衡，使電流停止流動。如果電流是交流電，為了達成電壓平衡，電容所儲存的電荷大小與正負會不斷改變，使電流保持流動（若要改變電容內的電荷，必須讓電荷流入或流出）。

那麼，電流會如何變化呢？電壓變動最大時（也就是電壓＝0附近），電容的電荷變化量也最大，故此時電流最大（**圖10b**）。相反的，當電壓最大時，電壓的變化量最小，故此時電流幾乎為0。

由此可知，電壓的變化與電流的變化可畫成**圖10b**。兩者相位差為 $\frac{\pi}{2}$（4分之1週期），電流為超前波。

寫成數學式時，因為電流與電壓的變化率（微分）成正比，故

電流 ＝ 電容 C × 電壓的微分

C 為比例係數，表示電容的性能。就像圓周運動中，位置對時間微分後得到速度時，相較位置相位會超前 $\frac{\pi}{2}$ 一樣，電壓微分後的電流相較電壓相位也會超前 $\frac{\pi}{2}$，若電壓如式（15）所示，那麼流經電容的電流I_C就會是

$$I_C = \omega C V_0 \cos\omega t$$
$$= \omega C V_0 \sin\left(\omega t + \frac{\pi}{2}\right) \quad (17)$$

電感

圖9c為電源與電感所組成的電路。電感是導線繞成線圈後的樣子，電阻 R 小到可以忽視。因此，在一定的電流下，$V=RI$ 所造成的電位下降也可以忽視。不過，電感會產生磁場，隨著電流的改變，磁場會跟著改變，感應產生相反方向的電壓，稱做感應電動勢（「法拉第電磁感應定律」）。**圖9c**的電路中，感應電動勢與交流電源的電壓達成平衡。也就是說，電路中有電感時，與電容相反，電流的微分會與電壓成正比。可寫成數學式如下

電壓 ＝ 電感 L
     × 電流的微分 （18）

L 為比例係數，表示電感的性能寫成電感。就像圓周運動中，位置對時間微分後得到速度時，相較位置相位會超前 $\frac{\pi}{2}$ 一樣，電流微分後的電壓，相較電流相位也會超前 $\frac{\pi}{2}$。如果以電流來看，則電壓會滯後 $\frac{\pi}{2}$（**圖10c**）。若電壓如式（15）所示，那麼流經電感的電流 I_L 就會是

$$I_L = -\frac{V_0}{\omega L}\cos\omega t$$
$$= \frac{V_0}{\omega L}\sin\left(\omega t - \frac{\pi}{2}\right) \quad (19)$$

請你試著由式（18）確認式（19）成立。

並聯

試將以上內容應用在兩個電路元件並聯的情況（**圖11**）。以電阻與電容的並聯為例，接上式（15）的電源（**圖11a**）。總電流 I 為各個元件之電流（I_R 與 I_C）的總和，故只要將式（16）與式（17）合成之後，就可以得到總電流 I 了。這裡的合成電流可想成是圓周運動的合成（**圖5**）。不過**圖5**的 θ_0 是 $\pm\frac{\pi}{2}$，**圖5**的 $\theta_0{}'$ 才是**圖11a**的 θ_0。

同樣的，電阻與電感並聯時，將式（16）與式（19）合成即可（**圖11b**）；電感與電容並聯時，將式（17）與式（19）合成即可（**圖11c**）。
要注意的是，如果

$$\omega L = \frac{1}{\omega C}$$

即

$$\omega^2 = \frac{1}{LC} \quad (20)$$

成立的話，電感與電容的並聯電路中，總電流會是0。也就是說，當 ω 等於特殊值時，即使接上電源，也不會產生電流。

為什麼會發生這種事呢？原因將在談完「串聯」情況後再做說明。

串聯

接下來是兩個元件串聯的情況（圖12）。並聯時，會用給與電壓來算出個別元件的電流。串聯時則相反，因為同一時間流經各個元件的電流相同，故 $I = I_0 \sin \omega t$，各元件的電壓可由式（16）～（19）反推得到

$$V_R = R I_0 \sin \omega t$$
$$V_C = \frac{I_0}{\omega C} \sin \left(\omega t - \frac{\pi}{2} \right)$$
$$V_L = \omega L I_0 \sin \left(\omega t + \frac{\pi}{2} \right)$$

將各元件的電壓合成後可得到總電壓，並以此推導出總電壓（與電源電壓相同）與電流的關係。推導過程列於圖12。這裡的 θ_0 為電壓相位超前電流的程度（並聯的 θ_0 則是電流相位超前電壓的程度）。

電流中同時有三種元件時，計算方式也一樣，結果如圖12所示。雖然有些複雜，卻是高中物理學課本中的著名公式。

共振

最後來談談式（20）成立時的情況。滿足這個條件的 ω 稱做共振（角）頻率，寫做 ω_0。

當 $\omega = \omega_0$ 時，如果 C 與 L 串聯（圖12c），那麼電壓會等於0。也就是說，即使電源電壓為0，電路仍會因為 $\omega = \omega_0$ 而存在電流振盪。實際上，因為電路本身有電阻，所以這種電流振盪會逐漸衰減（如同圖12的最後一條式子，存在電阻時，就需要一定的電壓才能維持電流振盪，故電壓不會是0），在沒有電阻的理想狀況下，電流就會永遠振盪下去。這類似於沒有阻力或摩擦力的彈簧或單擺，會以固定頻率永遠振動下

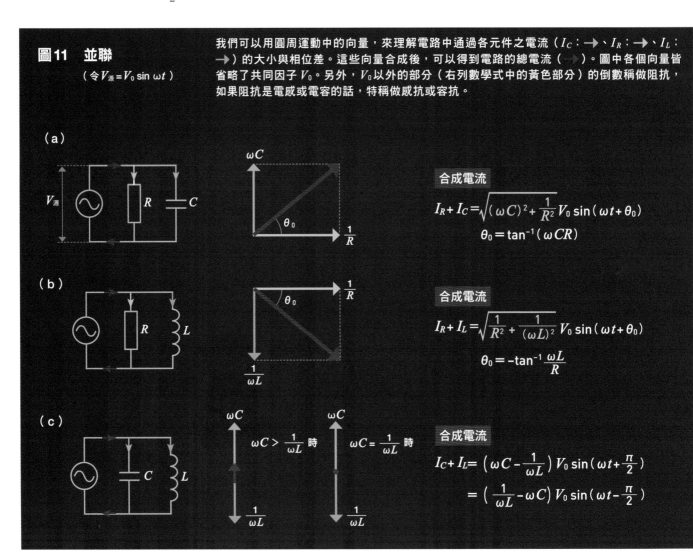

圖11　並聯
（令 $V_源 = V_0 \sin \omega t$）

我們可以用圓周運動中的向量，來理解電路中通過各元件之電流（I_C：→、I_R：→、I_L：→）的大小與相位差。這些向量合成後，可以得到電路的總電流（→）。圖中各個向量皆省略了共同因子 V_0。另外，V_0 以外的部分（右列數學式中的黃色部分）的倒數稱做阻抗，如果阻抗是電感或電容的話，特稱做感抗或容抗。

（a）

合成電流

$$I_R + I_C = \sqrt{(\omega C)^2 + \frac{1}{R^2}} \, V_0 \sin(\omega t + \theta_0)$$
$$\theta_0 = \tan^{-1}(\omega C R)$$

（b）

合成電流

$$I_R + I_L = \sqrt{\frac{1}{R^2} + \frac{1}{(\omega L)^2}} \, V_0 \sin(\omega t + \theta_0)$$
$$\theta_0 = -\tan^{-1}\frac{\omega L}{R}$$

（c）

$\omega C > \frac{1}{\omega L}$ 時　　$\omega C = \frac{1}{\omega L}$ 時

合成電流

$$I_C + I_L = \left(\omega C - \frac{1}{\omega L} \right) V_0 \sin\left(\omega t + \frac{\pi}{2} \right)$$
$$= \left(\frac{1}{\omega L} - \omega C \right) V_0 \sin\left(\omega t - \frac{\pi}{2} \right)$$

去一樣。

前面提到，當並聯電路的頻率等於共振頻率時，不會有電流流過。這種現象的原因可以用前面的永久振盪來說明。並聯電路與電源之間確實沒有電流流動，但並聯電路內部的電容與電感間仍存在永久振盪的電流。這個電流的電壓與電源電壓會達成平衡，使得電源與電路間的電流為0。

共振僅發生在特殊的振盪頻率，不過這種特殊性可衍生出多種應用，譬如從一系列的波（無線電波等）中擷取出特定頻率的訊號。

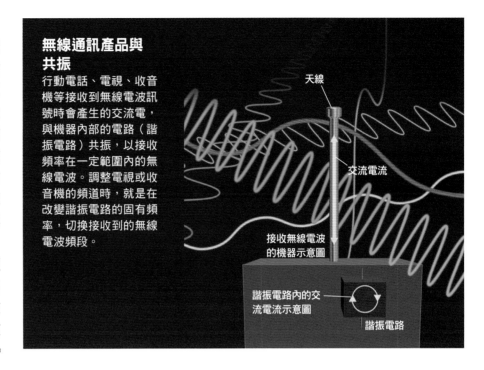

無線通訊產品與共振

行動電話、電視、收音機等接收到無線電波訊號時會產生的交流電，與機器內部的電路（諧振電路）共振，以接收頻率在一定範圍內的無線電波。調整電視或收音機的頻道時，就是在改變諧振電路的固有頻率，切換接收到的無線電波頻段。

天線
交流電流
接收無線電波的機器示意圖
諧振電路內的交流電流示意圖
諧振電路

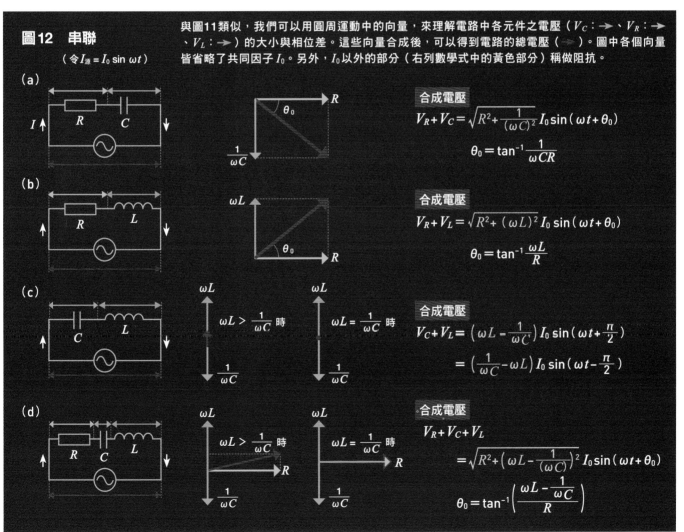

圖12　串聯

（令 $I_{電} = I_0 \sin \omega t$）

與圖11類似，我們可以用圓周運動中的向量，來理解電路中各元件之電壓（V_C：→、V_R：→、V_L：→）的大小與相位差。這些向量合成後，可以得到電路的總電壓（→）。圖中各個向量皆省略了共同因子 I_0。另外，I_0 以外的部分（右列數學式中的黃色部分）稱做阻抗。

(a)

合成電壓

$$V_R + V_C = \sqrt{R^2 + \frac{1}{(\omega C)^2}}\, I_0 \sin(\omega t + \theta_0)$$

$$\theta_0 = \tan^{-1} \frac{1}{\omega CR}$$

(b)

合成電壓

$$V_R + V_L = \sqrt{R^2 + (\omega L)^2}\, I_0 \sin(\omega t + \theta_0)$$

$$\theta_0 = \tan^{-1} \frac{\omega L}{R}$$

(c)

$\omega L > \frac{1}{\omega C}$ 時　　$\omega L = \frac{1}{\omega C}$ 時

合成電壓

$$V_C + V_L = \left(\omega L - \frac{1}{\omega C}\right) I_0 \sin\left(\omega t + \frac{\pi}{2}\right)$$

$$= \left(\frac{1}{\omega C} - \omega L\right) I_0 \sin\left(\omega t - \frac{\pi}{2}\right)$$

(d)

$\omega L > \frac{1}{\omega C}$ 時　　$\omega L = \frac{1}{\omega C}$ 時

合成電壓

$$V_R + V_C + V_L$$

$$= \sqrt{R^2 + \left(\omega L - \frac{1}{(\omega C)}\right)^2}\, I_0 \sin(\omega t + \theta_0)$$

$$\theta_0 = \tan^{-1}\left(\frac{\omega L - \frac{1}{\omega C}}{R}\right)$$

三角函數的反函數
「反三角函數」

對 於兩個變數 x、y 來說，如果決定 x 的值後，會有唯一的 y 值與之對應，便稱 y 是 x 的函數。反過來說，反函數就是將 x 與 y 交換，由 y 值求出與之對應的 x 值的函數。函數一般會寫成 $f(x)$，反函數則會寫成 $f^{-1}(x)$。

以 $y=2x-5$ 這個函數為例，整理後可得 $x=\frac{y+5}{2}$，x 與 y 交換後可以得到 $y=\frac{x+5}{2}$，所以 $f(x)=2x-5$ 的反函數為 $f^{-1}(x)=\frac{x+5}{2}$。

因為將函數中的 x 與 y 交換後會得到反函數，故函數 $f(x)$ 與反函數 $f^{-1}(x)$ 的圖形會以直線 $y=x$ 為對稱軸，呈鏡像對稱。

由直角三角形的邊長比求出角度的函數

那麼，三角函數的反函數該如何定義呢？若先決定 y 的數值，再找出符合 $y=\sin x$ 的 x 的話，x 有多個可能值，如**圖1**所示。

所以在定義三角函數的反函數時，需限制 x 的範圍（定義域），使得 x 與 y 為 1 對 1 的關係。

舉例來說，如果將定義域限制在 $-\frac{\pi}{2} \leq x \leq \frac{\pi}{2}$ 內的話，$y=\sin x$ 中的 x 與 y 就是 1 對 1 的關係，使我們能定義出它的反函數。這個反函數可寫成 $y=\text{Arcsin }x$ 或 $y=\sin^{-1}x$。

同樣的，如果將 $y=\cos x$ 的定義域限制在 $0 \leq x \leq \pi$ 內，便可以定義其反函數為 $y=\text{Arccos }x$ 或 $y=\cos^{-1}x$；若將 $y=\tan x$ 的定義域限制在 $-\frac{\pi}{2} \leq x \leq \frac{\pi}{2}$，便可定義其反函數為 $y=\text{Arctan }x$ 或 $y=\tan^{-1}x$。

這些函數合稱為「反三角函數」。它們的圖形（**圖2**）與原三角函數以直線 $y=x$ 為對稱軸，呈鏡像對稱。順帶一提，

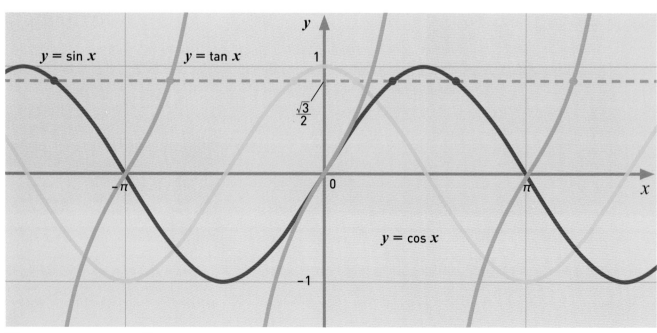

圖1 三角函數的圖形。$y=\frac{\sqrt{3}}{2}$ 可對應到多個 x。

Arc這個前綴詞是弧的意思。

三角函數是由角度求出直角三角形邊長比的函數，而反三角函數則是由邊長比求出角度的函數。因此，已知直角三角形的邊長時，便可以用反三角函數求出另外兩個角的角度。

$$\theta = \text{Arcsin}\frac{對邊}{斜邊}$$

$$\theta = \text{Arccos}\frac{鄰邊}{斜邊}$$

$$\theta = \text{Arctan}\frac{對邊}{鄰邊}$$

反三角函數的微分

接著來看看反三角函數的微分是什麼吧。

考慮 $y = \text{Arcsin}\,x$ 的微分 y'（$= \frac{dy}{dx}$）。此時 $x = \sin y$，將等式兩邊分別對 y 微分，可以得到

$$\frac{dx}{dy} = \frac{d}{dy}\sin y \qquad (1)$$

由第91頁的內容可以得到

$$\frac{d}{dy}\sin y = (\sin y)' = \cos y$$

將其代入(1)式可以得到

$$\frac{dx}{dy} = \cos y \qquad (2)$$

因為 $\sin y^2 + \cos y^2 = 1$，且 $-\frac{\pi}{2} \leqq y \leqq \frac{\pi}{2}$，$\cos y \geqq 0$，故

$$\cos y = \sqrt{1-\sin^2 y} = \sqrt{1-x^2} \quad (3)$$

由(2)、(3)可以得到

$$\frac{dx}{dy} = \sqrt{1-x^2}$$

因此可求出

$$y' = \frac{dy}{dx} = \frac{1}{\frac{dx}{dy}} = \frac{1}{\sqrt{1-x^2}}$$

同樣的方式也可用於計算 $y = \text{Arccos}\,x$ 或 $y = \text{Arctan}\,x$ 的微分，整理如右。　☄

$y = \text{Arcsin}\,x$ 時 $y' = \dfrac{1}{\sqrt{1-x^2}}$

$y = \text{Arccos}\,x$ 時 $y' = \dfrac{-1}{\sqrt{1-x^2}}$

$y = \text{Arctan}\,x$ 時 $y' = \dfrac{1}{1+x^2}$

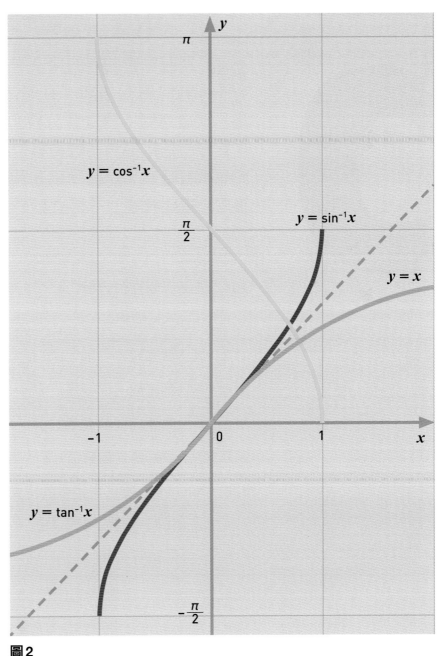

圖2
反三角函數的圖。因為定義域限制在一定範圍內，故 x 與 y 有1對1關係。

三角函數與傅立葉分析

從 智慧語音助理的聲音辨識，到數位圖像的資料壓縮技術，在理工領域的多個子領域，都會用到「傅立葉分析」這個「工具」。傅立葉分析是以三角函數為基礎的數學技巧，可用於解析各種波與訊號。第 5 章中，讓我們來看看應用數學的代表——傅立葉分析是怎樣的工具。

協助　竹內 淳、三谷政昭（第124～129頁）／山岸順一（第136～137頁）／
　　　平松正顯（第140～141頁）

執筆　前田京剛（第124～129頁）／梶原浩一（第138～139頁）／三谷
　　　政昭（第130～135頁）

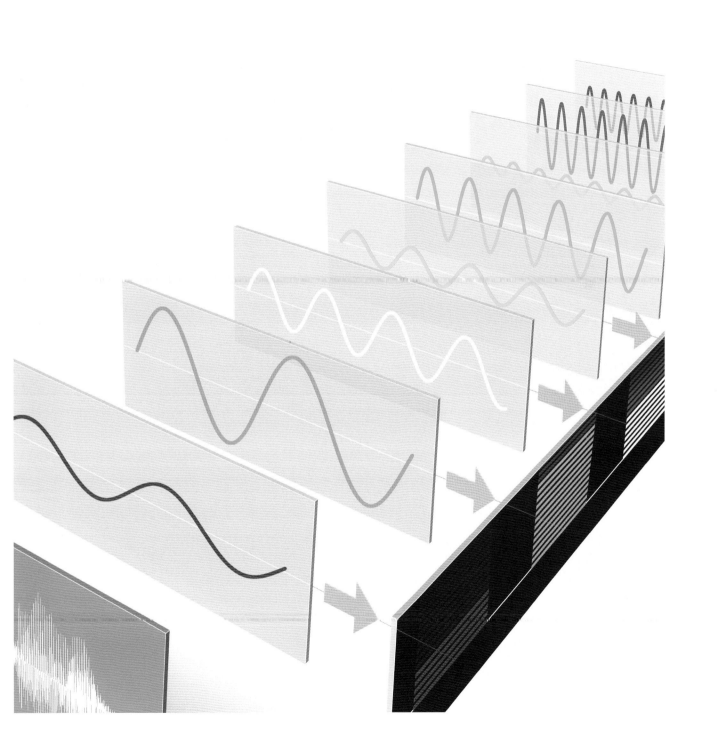

有助於人類聲音和樂器聲音
之分析的「傅立葉分析」

在大型書店的理工書籍專區，常可看見一整排以「傅立葉分析」（Fourier analysis）為書名的書籍。不管是科學領域，還是工程領域，傅立葉分析以及其數學基礎「傅立葉級數」、「傅立葉轉換」都扮演著重要角色。在大學的理工學系，通常會在大一或大二時教授相關的數學知識。

為什麼科學與工程領域如此重視傅立葉分析呢？傅立葉分析的基礎，也就是「傅立葉級數展開」與「傅立葉轉換」又分別是什麼呢？

如何用波形表示人聲？

在談什麼是傅立葉分析之前，先把焦點放在我們的聲音上。我們之所以能發出聲音，是因為喉嚨與聲帶的振動，帶動了空氣的振動。而空氣的振動傳到對方的耳朵

聲音是「空氣密度的波」

在音響上施加電壓後，電壓的變化波形會被轉換成「振動板」的振動。振動板往前移動時，前方的空氣密度會增加，往後移動時，前方空氣密度會降低。在振動板的反覆振動下，空氣的振動波就會以聲音的形式傳送出去。

時，會使鼓膜振動，鼓膜將訊號傳至大腦後，才能聽到聲音。

空氣振動時，密度會時高時低。若以橫軸為時間，縱軸為空氣密度，那麼空氣振動就能以「波」的形式表示。舉例來說，日語的「ko n ni chi wa」（中文意思為你好）這段聲音由許多複雜波組合而成（右頁圖）。如此複雜的波形，正是聲音運送資訊的關鍵。

不是只有人聲有這種複雜的波形，鋼琴、小提琴等樂器在演奏時後都會發出特定形狀的聲波。相反的，只要能讓空氣依照鋼琴的聲波形狀振動，就能夠重現出鋼琴的聲音，而這就是音響在做的事。

傅立葉分析能將複雜波「分解」成單純波

聲音越大，聲波的波峰越高、波谷越深。那麼，聲音的高低在波形上會是如何表現呢？

一般而言，女生的聲音比男生高。但就算把男聲、女聲的聲波放在一起比較，也只能看到複雜的波形，看不出兩者的差別。這時就該讓傅立葉分析登場了。之後的章節會提到，只要用傅立葉分析，就可以將複雜的波形「分解」成單純波，分析出音高與樂器音色等各種聲音資訊。

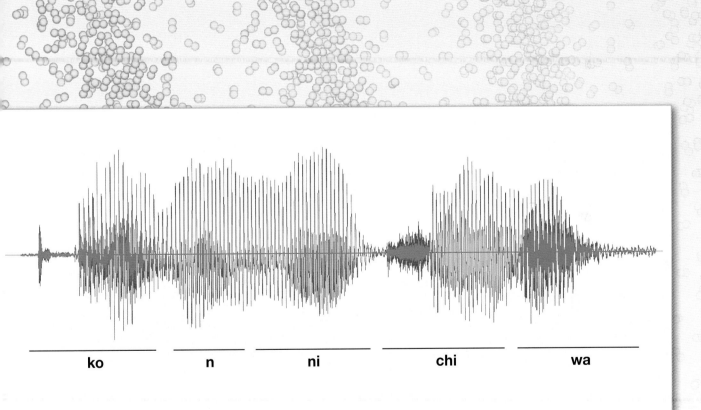

ko　　　n　　　ni　　　chi　　　wa

若用波來表示「ko n ni chi wa」的話，會是什麼樣子？
成年男性說出「ko n ni chi wa」時的聲波如上所示，形狀相當複雜。橫軸為時間，縱軸為空氣密度。波的高度（振幅）為聲音大小，但音高很難從波形直接看出。

將許多單純波加起來，便可合成出複雜的波形

sin 波的合成

S in波的形狀相當單純，由波峰（與波谷）的高度可判斷聲音大小，由頻率可判斷出聲音高低。不過，人聲由複雜波組成，通常難以直接讀取出聲波的特徵。那麼，該怎麼分析聲波呢？

這裡會用到波的一種重要性質，那就是「將許多單純波加起來，便可合成出任何複雜的波形」。相對的，「不管波形有多複雜，都可以分解成許多單純波」。

sin波 ＋ sin波 ＋ …… ＝ 複雜波

「將許多單純波加起來」是什麼意思呢？這裡讓我們先準備好各種頻率的sin波，然後試著把它們加起來吧。

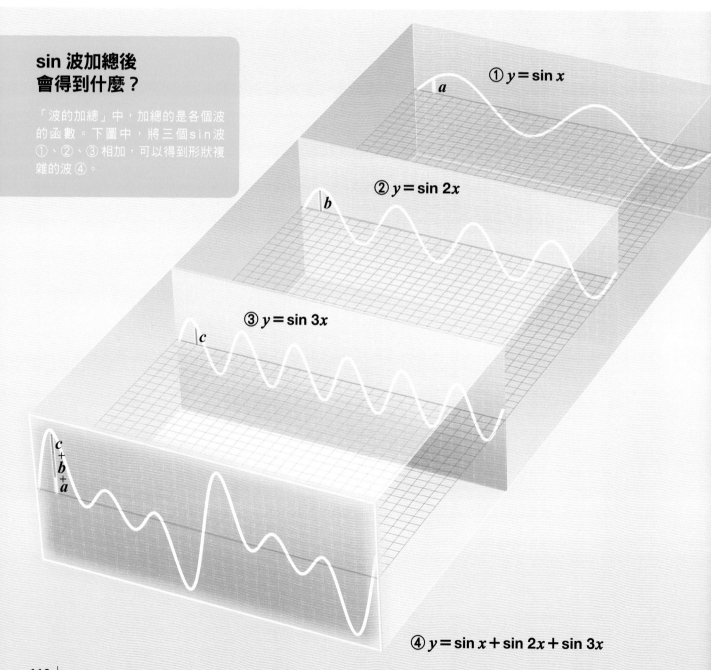

sin 波加總後會得到什麼？

「波的加總」中，加總的是各個波的函數。下圖中，將三個sin波①、②、③相加，可以得到形狀複雜的波④。

① $y = \sin x$

a

② $y = \sin 2x$

b

③ $y = \sin 3x$

c

$\begin{matrix} c \\ + \\ b \\ + \\ a \end{matrix}$

④ $y = \sin x + \sin 2x + \sin 3x$

數學式「$y = \sin x$」所代表的sin波，形狀如同插圖中的①。數學式「$y = \sin 2x$」所代表的sin波，形狀如插圖的②，頻率為①的2倍。數學式「$y = \sin 3x$」所代表的sin波，形狀如插圖的③，頻率為①的3倍。那麼，將這三個波加起來之後，會得到什麼形狀呢？

插圖的④即為相加後的結果，波形明顯比①、②、③還要複雜。如果這個波再加上其他sin波的話，可以合成出更複雜的波。下圖中的「方波」，便可以由一系列的sin波加總而得。

不管是什麼樣形狀的波，都可以用三角函數表示

任何形狀的波都可以分解成sin波的加總，也可以分解成cos波的加總。

這表示，只要準備好各種長度的音叉，在適當的時機以適當的力道敲響，理論上就可以重現出各種樂器的聲音，甚至是各種人聲。而首先指出此點的人就是法國的數學家暨物理學家傅立葉（Joseph Fourier，1768～1830）。

$$f(x) = \left(\frac{\pi}{4}\right)\left\{\sin x + \frac{1}{3}\sin 3x + \frac{1}{5}\sin 5x + \frac{1}{7}\sin 7x + \frac{1}{9}\sin 9x + \cdots + \frac{1}{2m-1}\sin(2m-1)x + \cdots\right\}$$

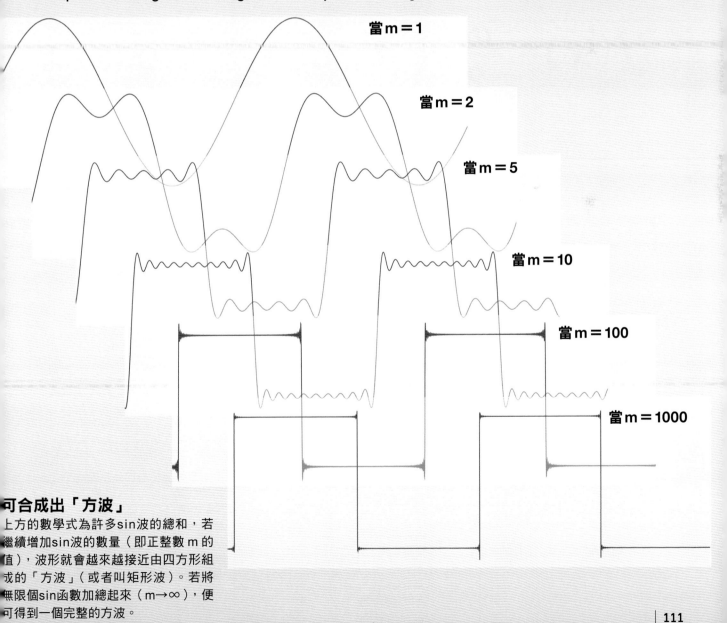

當 m = 1

當 m = 2

當 m = 5

當 m = 10

當 m = 100

當 m = 1000

可合成出「方波」
上方的數學式為許多sin波的總和，若繼續增加sin波的數量（即正整數 m 的值），波形就會越來越接近由四方形組成的「方波」（或者叫矩形波）。若將無限個sin函數加總起來（m→∞），便可得到一個完整的方波。

傅立葉所提出，由無限多個 sin 與 cos 加總而得的級數式

傅立葉出生於法國一個名為歐塞爾的小城。他年幼時父母身亡，成為一名孤兒，卻於人生早期便嶄露出了數學才華。法國於1789年爆發法國大革命時，在國內造成很大的混亂，那年傅立葉21歲。鎮壓住這場混亂的人，是之後成為法國皇帝的拿破崙（Napoléon Bonaparte，1769～1821）。

拿破崙於1798年帶領法軍遠征埃及，當時有一群科學家隨行，而任職於巴黎綜合理工學院（École Polytechnique）的傅立葉，就是其中一名科學家。法軍在尼羅河河口附近一個名為羅塞塔的城市，發現了刻有古埃及象形文字「聖書文」與希臘文的岩石，這就是著名的「羅塞塔石碑」。傅立葉等科學家們，將羅塞塔石碑的文字抄寫下來帶回法國。

回到法國後的傅立葉，因其高明的行政能力而被拿破崙任

$$f(x) = \frac{a_0}{2} + a_1 \cos x + a_2 \cos 2x$$
$$+ a_3 \cos 3x \cdots\cdots$$
$$+ b_1 \sin x + b_2 \sin 2x$$
$$+ b_3 \sin 3x \cdots\cdots$$

什麼是「傅立葉級數」？

上式為傅立葉提出之「傅立葉級數」的數學式。所謂的級數，是將依照一定規則變化的無窮數列加總而得的總和。傅立葉級數就是將無限多個不同頻率的sin與cos函數加總後得到的級數。級數中每個sin與cos函數的倍數稱做「傅立葉係數」（數學式中的 a_1、b_1 等），可由右方公式計算而得。

傅立葉主張，不管函數 $f(x)$ 是什麼樣的函數，都可以寫成傅立葉級數的形式。譬如第111頁介紹的方波，就是傅立葉級數的一個例子。不過不久後，德國數學家狄利克雷（Peter Gustav Dirichlet，1805～1859）證明，能分解成傅立葉級數的函數需滿足某些條件。

求算傅立葉係數的數學式

$$a_n = \frac{1}{\pi} \int_0^{2\pi} f(x) \cos(nx)\, dx$$
$$b_n = \frac{1}{\pi} \int_0^{2\pi} f(x) \sin(nx)\, dx$$

命為省長。在他擔任省長的某一天，就把石碑的抄寫本拿給一位11歲的少年——商博良（Jean François Champollion，1790～1832）看。從那天起，少年便以解讀謎之象形文字聖書文為志，花費20年後終於解讀成功。

由熱傳導研究發現「傅立葉級數」

除了省長的工作之外，傅立葉也持續著數學與物理學的研究。當時蒸汽機剛問世不久，「熱傳導」是當時科學界的一個重要問題，也是傅立葉熱衷研究的問題。金屬棒的一點受熱後，熱會隨著時間傳播到整個金屬棒。在傅立葉之前，沒有人能夠用數學式來表示熱傳導的方式。

傅立葉在研究熱傳導的數學式時，獲得了一個重大發現。那就是「任何函數（具備「給定 x 值後可得到唯一的 y 值」這種關係，可寫成數學式的 x、y）都可以由無限多個sin函數與cos函數加總而得」（事實上，符合以上敘述的函數需滿足一些條件，這些條件後來才被描述出來）。這種「由無限多個sin與cos組合而成的數學式」，現在稱做「傅立葉級數」（詳情請參考左頁公式）。

出生於拿破崙年代的傅立葉

以傅立葉分析留名於世的傅立葉，是活躍於拿破崙時代的法國物理學家、數學家。研究熱傳導的傅立葉認為，地球的大氣使地球的氣溫能維持在高溫，是第一個討論「溫室效應」的人（不過，第一個提出「溫室效應」這個名字的人並不是傅立葉，而是英國的科學家，廷得耳（John Tyndall，1820～1893））。

羅塞塔石碑

法軍於1799年發現的石碑。之後由攻入埃及，打敗法軍的英軍接收，目前存放於大英博物館內。傅立葉抄下了羅塞塔石碑的碑文帶回法國。這個石碑原本是西元前古埃及神殿的一部分。商博良曾於少年時期看過傅立葉抄寫下來的碑文，並於1822年時，成功解讀出刻在石碑上的象形文字「聖書文」。

分解複雜波，得到各頻率的波大小

終於要來回答「什麼是傅立葉轉換？」這個問題了。人聲、樂器的聲音等「複雜波」，在數學領域中皆可看成是「某個函數的圖形」。而傅立葉認為「所有函數都可以寫成『無限多個sin與cos函數的加總』，也就是傅立葉級數的形式」。將一個函數寫成傅立葉級數的過程，在數學上稱做「傅立葉級數展開」。

也就是說，將聲音的「複雜波」視為函數，對其傅立葉級數展開，便可分解成許多sin波與cos波等「單純波」。分解成單純波後，就可以知道聲音中包含了多高的音，音量又有多大，並可藉此分析人聲、樂器聲的特徵。

為此，必須先計算出複雜波中「各個頻率的sin波與cos波的分量各是多少」。也就是具體求出傅立葉級數中，各個sin與cos前面的「傅立葉係數」（用以表示sin與cos分別乘以幾倍的數值，也就是前頁式中的 a_1、b_1 等）。

知道傅立葉級數後，就可以算出各個頻率的分量

如何計算傅立葉係數的值呢？這裡會用到三角函數中sin與cos的「正交性」。若要正確理解什麼是正交性，需先瞭解高中數學中的「積分」有什麼意義。本書中不會深入介紹什麼是正交性，簡單來說，「正交」指的就是「一個三角函數與另一個不同形式的三角函數相乘積分後，結果必定為0」，只要先記得這點就可以了。利用這個性質，便能用簡單的方式求算出傅立葉係數。

「傅立葉轉換」（右上方數學式）這個數學上的操作，可以幫助我們具體求出複雜波※

的傅立葉係數。而利用傅立葉轉換研究原本函數的性質，或者利用傅立葉轉換分析波的特徵，則稱做「傅立葉分析」。

由傅立葉轉換計算出傅立葉係數後，便可得知原本複雜波是由哪些頻率的sin波與cos波組成，分量又各是多少（稱做頻率分量）。音響器材與音樂播放軟體等，會以圖像來表示不同音高的聲音含量，這正是由傅立葉轉換所得到之頻率分量的可視化產物。

傅立葉轉換就像「聲音的三稜鏡」

右圖為傅立葉轉換的基本機制。三稜鏡可以將陽光分解成各種顏色的光，同樣的，傅立葉轉換可以將聲音等複雜波分解成許多單純波，使我們知道這個複雜波有哪些分量。智慧語音助理也是用這種方式分析聲音訊號，辨認人聲。

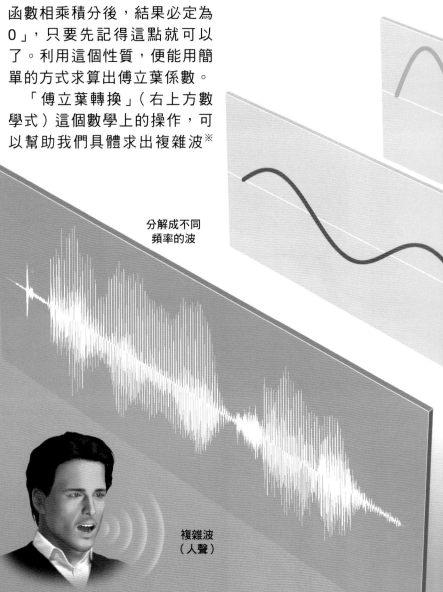

分解成不同頻率的波

複雜波（人聲）

「傅立葉轉換」的公式

$$F(k)=\frac{1}{\sqrt{2\pi}}\int_{-\infty}^{\infty}f(x)\,e^{-ikx}dx$$

「傅立葉逆轉換」的公式

$$f(x)=\frac{1}{\sqrt{2\pi}}\int_{-\infty}^{\infty}F(k)\,e^{ikx}dk$$

※：這裡說的複雜波，不僅包括有一定
波形、一定週期的波，也包括單一
脈衝波（只有一個波峰的波）等非
週期性的波。

$F(k)$ 為函數 $f(x)$ 傅立葉轉換後得到的函數。e 為「自然對數的底
數」，是一個常數，i 為虛數單位。由「歐拉公式」，可以將上式的
e^{-ikx} 表示為 $e^{-ikx}=\cos kx-i\sin kx$。

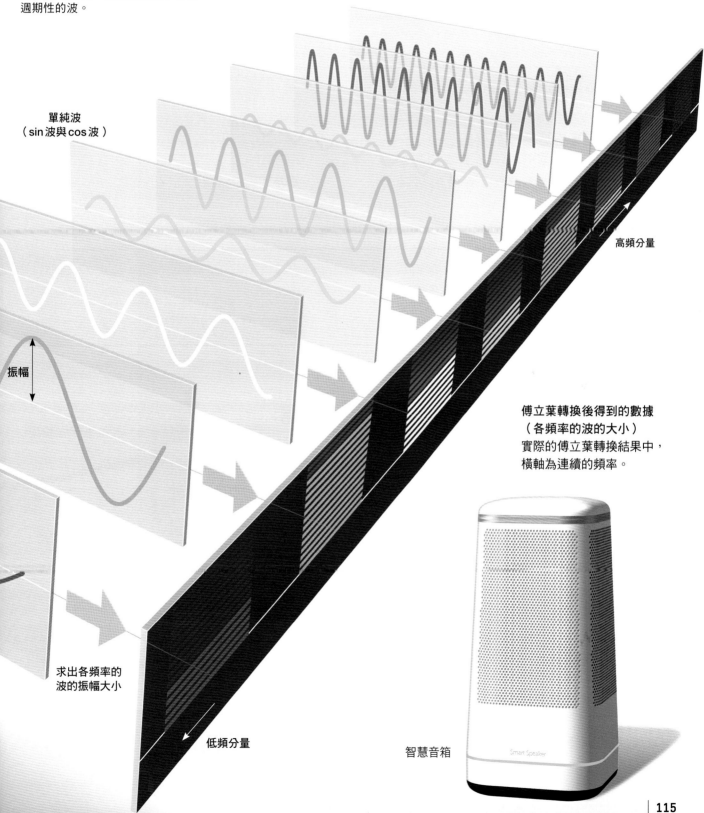

單純波
（sin 波與 cos 波）

振幅

高頻分量

傅立葉轉換後得到的數據
（各頻率的波的大小）
實際的傅立葉轉換結果中，
橫軸為連續的頻率。

求出各頻率的
波的振幅大小

低頻分量

智慧音箱

數位圖像、影片的取用也會用到傅立葉分析

前 面我們主要以聲波為例，說明傅立葉分析。不過傅立葉分析的應用並非只限於聲音。我們平常用的手機、電腦、電視等能顯示出數位影像的裝置，都會用到傅立葉分析。

圖像的壓縮方式「JPEG」如何運作？

「JPEG」是數位圖像的壓縮技術之一。JPEG會藉由傅立葉分析，將原本的圖像分解成頻率的分量。那麼，「圖像的頻率分量」究竟是指什麼呢？

「條紋圖樣」是理解這個概念的關鍵。假設有一個縱向黑白條紋圖樣，由左而右分別是白、黑、白、黑……兩種顏色反覆出現。這就像一道正弦波中反覆出現的波峰、波谷、波峰、波谷……。也就是說，將條紋圖樣視為正弦波，條紋的粗細（一定寬度內的濃度變化次數）則可對應到頻率的大小。

如果聲波是「一維的複雜波」，那麼圖像就是「二維（縱×橫）的複雜波」。二維複雜波可以分解成縱向單純波與橫向單純波，進而求出條紋圖樣的頻率分量。在JPEG中，每8×8像素會進行一種傅立葉分析「離散餘弦轉換」（DCT），將其分解成「頻率為0到7的縱向條紋與橫向條紋的加總」（如右圖）。

分解成頻率分量後，可壓縮資料量

事實上，光是將8×8像素的資料分解成頻率分量，並不會改變資料量。不過，在分解成頻率分量後，可以再進行各種處理，譬如去除掉人類視覺難以辨認的高頻分量等，在盡可能不影響畫質的情況下，壓縮圖像的資料量，這就是JPEG的原理。

音樂CD所收錄的數位音源、「MPEG」形式的數位影片等，基本上都是用同樣的方法壓縮資料量。

如何將圖像分解成波？

右頁為JPEG所使用的64種「基底圖像」。每個基底圖像皆為8×8像素，頻率為0～7的縱向條紋和橫向條紋，這些縱紋和橫紋可類比至cos波。將構成原本數位圖像的8×8像素進行離散餘弦轉換，便可用基底圖像的加總重現出原圖。之後再去除掉不重要的訊號，譬如高頻率的基底圖像分量，便可減少資料量。

原本的數位圖像

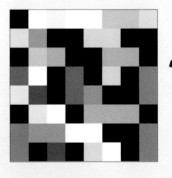

離散餘弦轉換
（DCT）

8×8 像素
※為方便說明，這裡以灰階形式表示

JPEG 圖像

將縱向條紋類比為 cos 波

明 暗

頻率＝1　頻率＝2　頻率＝3　頻率＝4　頻率＝5　頻率＝6　頻率＝7

暗 明

頻率＝1
頻率＝2
頻率＝3
頻率＝4
頻率＝5
頻率＝6
頻率＝7

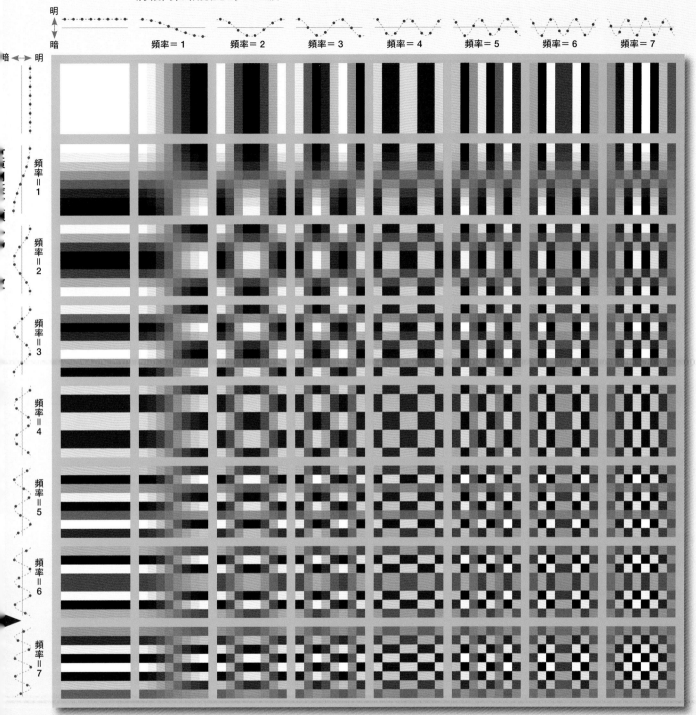

64 種基底圖像

反離散餘弦轉換（IDCT）

從64種基底圖像中，消去
高頻分量的資料後再加總，
重現出原本的8×8像素。

傅立葉分析支撐起我們的生活

我們每天會接觸到許多的聲音、圖像、影片。而傅立葉分析能夠分析這些資料中的資訊，並進一步壓縮，可見傅立葉分析在我們的生活中扮演著重要角色，甚至可以說是支撐著整個人類社會。

為什麼科學與工程領域會那麼重視傅立葉分析呢？做為其基礎的「傅立葉級數展開」與「傅立葉轉換」究竟又是什麼呢？

解析廣播、電視訊號必備的傅立葉分析

在傅立葉分析的應用中，「AM廣播」是一個近在你我身邊的例子。AM廣播收音機的天線接收到無線電波後，天線內的電壓會出現複雜的變化。不過，因為天線會收到各式各樣的無線電波，如果將天線內電壓的波動直接轉換成聲波的話，只會得到一堆雜音。

要聽取特定廣播電台的聲音，必須先將天線收到的電壓波動分解成各頻率的波（轉換至頻域），然後選定由該廣播電台所發送的特定頻率無線電波（稱做載波）。接著，喇叭會讀取「乘載」在載波上的聲音訊號，發出對應的聲音（如下圖）。若要正確理解AM收音機的基本原理，必須先瞭解傅立葉轉換的數學性質。

不只是AM廣播，FM廣播與日本無線電視等電視訊號也是藉由無線電波傳送，雖然載波乘載訊號的方式略有不同，不過都得先瞭解傅立葉分析，才能明白這些傳訊方式的原理。此外，在行動電話的通話、光纖通訊，以及Wi Fi等無線網路通訊中，傅立葉分析都扮演著重要角色。在研究電與光訊號傳遞的領域中，傅立葉分析可以說是基礎中的基礎。

AI的「聲音辨識」與Vocaloid的「聲音合成」

近年來，智慧型手機與智慧音箱（語音助理）等機器用於辨識人聲的「聲音辨識技術」有長足的進步。另外，只要輸入歌詞的文字資訊與旋律資訊，就可以讓電腦唱歌的「Vocaloid」軟體也越來越普及。這種讓電腦可以理解人類聲音，並進一步模仿的技術，也和傅立葉分析密不可分。

如同我們在第5章開頭時所提到的，人聲的波形相當複雜。不過經傅立葉轉換後，可分解成頻率分量（頻域），讓我們能獲得更多資訊。舉例來說，日語的「a」或「i」等母音經傅立葉轉換後，可得到頻域的強度分配，每個母音在頻域中的峰值位置各有不同，這些峰值稱做「共振峰」。由共振峰的組合，可分析出這個音是哪個母音。

相反的，如果我們知道「a」有哪些共振峰，並以人為方式重現，就能發出聽起來像是「a」的人工聲音。這個過程需要用到傅立葉轉換的反操作「傅立葉逆轉換」。這也是Vocaloid發出合成聲音的基本原理。

不只是聲音的辨識與合

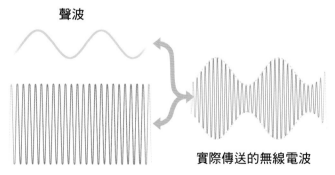

聲波

載波

實際傳送的無線電波

AM收音機的傳送機制。電台會依照聲音的波形，改變特定頻率無線電波（載波）的振幅，再發送出去（往右的橙色箭頭）。收音機會從載波上擷取出聲波訊號，以喇叭播放（往左的橙色箭頭）。

成，在電腦的資訊處理上也很常用到傅立葉轉換。不過，傅立葉轉換的計算時間相當長，故電腦會使用修正過，可以在短時間內計算出結果的「快速傅立葉轉換」（FFT）。

從地震研究到量子力學，傅立葉分析可說是所有科學的基礎

在物理學的多個領域中，都很常用到「微分方程」。在解這些微分方程的時候，傅立葉轉換是一個很常用的小技巧。另外，如同我們一再強調的，傅立葉分析可以「將複雜波分解成單純波，以利分析」。故科學家們在研究各式各樣的波時，一定都會用到傅立葉分析。

以地震為例，地震有時會造成嚴重的災害。震源產生的振動（加速度變化）會以波（地震波）的形式往周圍傳播。研究人員對地震波進行傅立葉分析後，便能計算出什麼樣的頻率容易造成大型建物搖晃。

近年來備受矚目的「量子電腦」是以量子力學為基礎建構而成的。量子力學與傅立葉分析也有著密不可分的關係。在量子力學中，將電子等微小的粒子視為「波」。對這些波進行傅立葉分析後，便可以討論粒子的位置與動量。

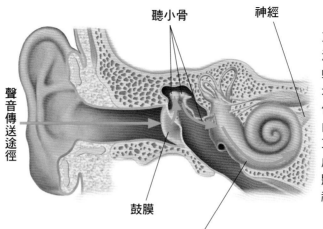

聽小骨
神經
聲音傳送途徑
鼓膜
耳蝸
（裡面有耳蝸管）

耳朵的結構。鼓膜的深處有一個名為「耳蝸」的器官。如名所示，耳蝸外型就像是個蝸牛殼，「耳蝸管」內則充滿了淋巴液。耳蝸管可將聲波分解成各個頻率分量，再將這些聲音資訊透過神經傳送至大腦。

存在於自然界的「天然傅立葉分析裝置」

事實上，自然界中便存在著許多能進行傅立葉分析的裝置。這裡取其中兩個例子來說明。

第一個例子是「彩虹」。雨過天晴時，背對著太陽可以看到美麗的七色彩虹。彩虹的來源為陽光。白色的陽光含有各種頻率的光（頻率與波長成反比）。陽光照射到大氣中懸浮的水滴時，在其內部會發生折射、反射，然後射出水滴。在這個過程中，不同顏色（頻率）的光，由於折射率的關係，折射的角度也不一樣。因此，不同色光會以不同角度射出水滴，使白色陽光被分解成各種顏色的色光。這就像是水滴將陽光進行傅立葉分析一樣。

另一個例子是人類的「耳朵」。我們之所以能分辨高低音，是因為鼓膜後方有一個「耳蝸」（如上圖）。鼓膜的振動會藉由名為聽小骨的小骨頭傳送到耳蝸，使耳蝸管

內部的淋巴液振盪，帶動耳蝸管內壁細胞的纖毛開始振盪。此時，高音會讓耳蝸管前方的纖毛擺盪，低音則會讓耳蝸管深處的纖毛擺盪。也就是說，耳蝸管可以將聲波分解成許多頻率分量。

當然，水滴與耳蝸並不會進行傅立葉分析的計算。不過，就「將複雜波分解成各個頻率分量」這樣的本質而言，說他們是「天然的傅立葉分析裝置」也不為過。水滴、三稜鏡這種可以將白光分解成不同頻率之色光的裝置，稱做「分光器」。人造分光器會使用電腦進行傅立葉轉換，常用於紅外線天文學領域。

傅立葉分析的應用實例多到數不清，譬如電腦斷層掃描與MRI等醫療儀器的圖像建構、能過濾雜訊的降噪耳機等皆屬之。科學家在解開自然界的謎題時，傅立葉分析是個不可或缺的工具。想多瞭解什麼是傅立葉分析的讀者們，歡迎試著挑戰本章後面的內容，以及其他專業解說書籍。

從三角函數的正交性衍生出傅立葉轉換

傅 立葉轉換源自於三角函數的神奇性質「三角函數的正交性」。

三角函數的神奇性質「正交性」

「函數的正交」究竟是怎麼回事呢？「兩個函數正交」的定義是「一個函數完全不含另一個函數的『分量』」。而檢驗「分量」的方法為「將兩個函數相乘後積分」。如果一個函數完全不含另一個函數的分量，積分結果會是「0」，則兩函數彼此「正交」。而積分簡單來說就是求面積（詳情請參考第88～93頁的column）。

那麼，讓我們試著將兩個三角函數相乘後積分吧！右圖顯示出「$y=\sin x$」與各種三角函數相乘後的積分結果。三角函數中，「0到2π」為一個週期，故這裡我們以「0到2π」為積分範圍，求算其積分結果。

由右方插圖可以看出，「$y=\sin x$」在與「$y=\sin x$」以外的函數相乘後積分的結果中，正向面積與負向面積都相等，故積分結果為「0」。詳細證明

不在這裡多談，但可以確定的是，三角函數在與自身以外的sin函數或cos函數相乘後的積分結果必定為「0」，也就是說，兩者必定正交。

向量的「內積」與「正交性」

在描述函數與函數的關係時，為什麼要用到「正交性」這個詞呢？這是因為sin函數可以用「向量」的概念來理解。簡單來說，向量就是用箭號來表示「有方向與大小的量」。

請看次頁的 **1**。座標平面上有點 A（2,0）與點 B（1,$\sqrt{3}$）。設原點 O（0,0）與點 A 間的向量OA為 $\vec{a}$，那麼我們可以說「$\vec{a}$ 有（2,0）的分量」。同樣的，設原點 O 與點 B 間的向量OB為 $\vec{b}$，那麼（1,$\sqrt{3}$）就是它的分量。

有個方法可確認 $\vec{a}$ 與 $\vec{b}$ 的關係，就是「內積」。這兩個向量的內積為：$\vec{a}$ 的長度 $|\vec{a}|$，$\vec{b}$ 的長度 $|\vec{b}|$，以及表示∠AOB大小的 θ 的餘弦乘積即「$|\vec{a}||\vec{b}|\cos\theta$」，可簡寫為「$\vec{a}\cdot\vec{b}$」。在 **1** 的狀況中，$|\vec{a}|=2$，$|\vec{b}|=2$，∠AOB=

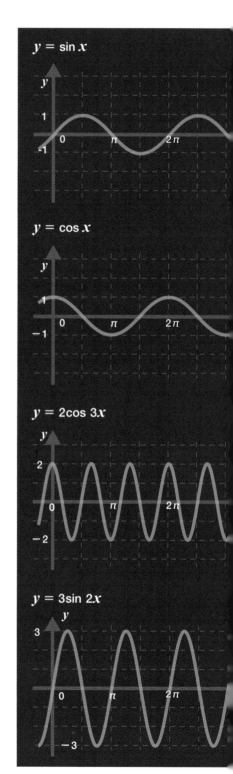

$y=\sin x$

$y=\cos x$

$y=2\cos 3x$

$y=3\sin 2x$

三角函數與正交性

本圖以「$y = \sin x$」為例，說明三角函數的正交性。將兩個三角函數相乘，在 0 到 2π 的範圍內積分，藉此觀察三角函數的正交性。由積分結果可以知道，除了自己本身之外，三角函數與任何一個sin函數或cos函數皆為正交。

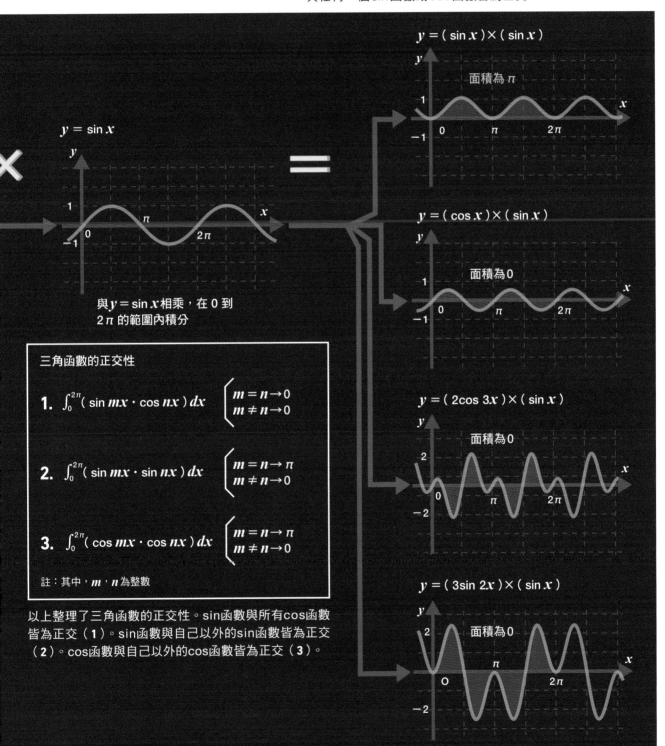

$y = \sin x$

與 $y = \sin x$ 相乘，在 0 到 2π 的範圍內積分

$y = (\sin x) \times (\sin x)$

面積為 π

$y = (\cos x) \times (\sin x)$

面積為 0

$y = (2\cos 3x) \times (\sin x)$

面積為 0

$y = (3\sin 2x) \times (\sin x)$

面積為 0

三角函數的正交性

1. $\int_0^{2\pi} (\sin mx \cdot \cos nx)\, dx$ $\begin{cases} m = n \to 0 \\ m \neq n \to 0 \end{cases}$

2. $\int_0^{2\pi} (\sin mx \cdot \sin nx)\, dx$ $\begin{cases} m = n \to \pi \\ m \neq n \to 0 \end{cases}$

3. $\int_0^{2\pi} (\cos mx \cdot \cos nx)\, dx$ $\begin{cases} m = n \to \pi \\ m \neq n \to 0 \end{cases}$

註：其中，m、n 為整數

以上整理了三角函數的正交性。sin函數與所有cos函數皆為正交（**1**）。sin函數與自己以外的sin函數皆為正交（**2**）。cos函數與自己以外的cos函數皆為正交（**3**）。

$60°$。因為$\cos 60° = \frac{1}{2}$，故「$\vec{a} \cdot \vec{b} = 2 \times 2 \times \frac{1}{2} = 2$」。接著來看 **2**。由$\vec{c} = (0,2)$可得$|\vec{c}| = 2$，$\angle COA = 90°$。因為$\cos 90° = 0$，故「$\vec{a} \cdot \vec{c} = 2 \times 2 \times 0 = 0$」。

再看一次 **1**。如圖所示，$|\vec{b}| \cos\theta$為，$\vec{b}$在$\vec{a}$上的「投影」。由此可知，$|\vec{b}| \cos\theta$即代表在$\vec{b}$內含有多少「$\vec{a}$的分量」。若當內積計算結果為0，亦即當θ為$90°$時，兩個向量皆不含有對方的分量，也可以

說兩者「無關」。

當θ為$90°$時，$\vec{a}$與$\vec{c}$在圖上的夾角為直角，換言之，兩者彼此「正交」。由此可知，當$\vec{a}$與$\vec{c}$的內積為「0」時，「$\vec{a}$與$\vec{c}$彼此正交」。

將向量內積的概念推廣至函數

還有一種計算內積的方法。那就是將兩個向量的x分量彼此相乘，兩個向量的y分量彼

此相乘，再將兩個相乘結果相加，便可得到內積。以 **1** 為例，$\vec{a} \cdot \vec{b} = (2 \times 1 + 0 \times \sqrt{3}) = 2$。在 **2** 的例中，$\vec{a} \cdot \vec{c} = (2 \times 0 + 0 \times 2) = 0$。確實，與前面計算的內積數值一致。

這種「將各向量的同一方向分量相乘再加總」的內積計算方法可推廣至函數上，得到「將各函數的各分量相乘再加總」這種計算方式，這就是「函數的內積」。函數的內積結果，可以顯示出一個函數中，含有另一個函數多少分量。當兩個函數的內積為0時，便可說這兩個函數「無關」。因此，我們借用了向量的「正交」（垂直）概念，稱兩個內積為0的函數為「彼此正交的函數」。

「基底向量」與sin函數、cos函數

當兩個函數彼此正交時，會有什麼樣的性質呢？先來看看函數與「向量」之間的關聯。

座標平面上，**3** 的左圖中有兩個長度為「1」的向量「$\vec{a}$」與「$\vec{b}$」。$\vec{a}$與$\vec{b}$分別位於x軸與y軸上，彼此正交（垂直）。此時，座標平面上的每個點都可以表示成$\vec{a}$與$\vec{b}$分別乘上某個倍數後的加總（線性組合），而且表示方式只有一種。這兩個向量稱做「基底向量」。「基底」是「判斷事物的基準」之意。

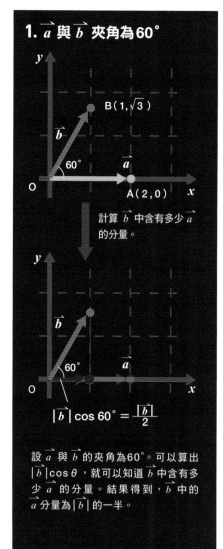

1. $\vec{a}$ 與 $\vec{b}$ 夾角為60°

計算 $\vec{b}$ 中含有多少 $\vec{a}$ 的分量。

$|\vec{b}| \cos 60° = \frac{|\vec{b}|}{2}$

設 $\vec{a}$ 與 $\vec{b}$ 的夾角為60°。可以算出 $|\vec{b}| \cos\theta$，就可以知道 $\vec{b}$ 中含有多少 $\vec{a}$ 的分量。結果得到，$\vec{b}$ 中的 $\vec{a}$ 分量為 $|\vec{b}|$ 的一半。

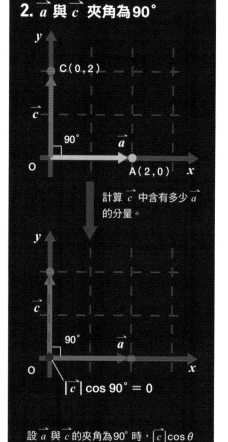

2. $\vec{a}$ 與 $\vec{c}$ 夾角為90°

計算 $\vec{c}$ 中含有多少 $\vec{a}$ 的分量。

$|\vec{c}| \cos 90° = 0$

設 $\vec{a}$ 與 $\vec{c}$ 的夾角為90°時，$|\vec{c}| \cos\theta$ 為0，故 $\vec{c}$ 中不含任何 $\vec{a}$ 的分量。此時我們可以說「$\vec{a}$ 與 $\vec{c}$ 正交」。

由這樣的概念可以聯想到，函數中如果也有像這兩個向量一樣，可做為基準的函數的話，我們就可以用這些函數的組合來表示任何一種函數。而這些可做為基準的函數，正是

sin函數與cos函數，而這種想法正與「傅立葉轉換」有關。也就是說，如果任一三角函數與自身以外的其他所有sin函數、cos函數皆彼此正交的話，那麼不管是多複雜的波

（週期函數），都可以寫成單純的sin曲線與cos曲線分別乘上特定倍率後的加總。

若將這些sin函數與cos函數的加總寫成 $f(x)$，就可以得到 **4** 的數學式，而這個式子也稱做「傅立葉級數展開」。所謂「級數」，指的是依照某個規則之數列各項的加總。這是法國數學家傅立葉在研究「熱傳導問題」時想到的方法。1800年代初期，「熱在物質內部如何傳播」的問題漸趨重要，在金屬工業、熱引擎的開發，乃至地球內部結構的研究等領域，都需要解決熱傳導問題。

各式子中 a_0、a_1、a_2……，b_1、b_2，……稱做「傅立葉係數」。計算方式如 **5** 所示，這裡不作詳細說明。

知道如何計算出傅立葉係數後，就知道複雜波 $f(x)$ 中，「含有多少某特定頻率（週期倒數）的波」，這樣的計算稱做「傅立葉轉換」。相對的，由頻率分量建構出複雜波的過程，則稱做「傅立葉逆轉換」。 ☄

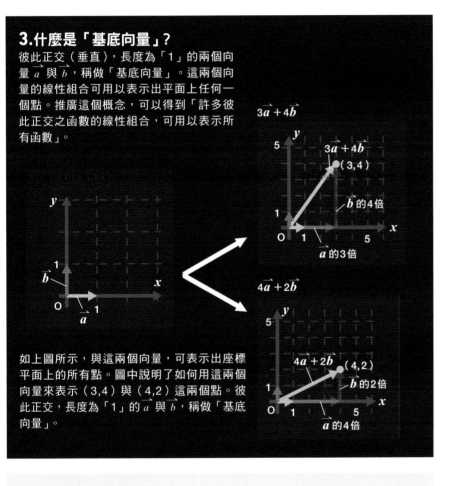

3.什麼是「基底向量」？

彼此正交（垂直），長度為「1」的兩個向量 $\vec{a}$ 與 $\vec{b}$，稱做「基底向量」。這兩個向量的線性組合可用以表示出平面上任何一個點。推廣這個概念，可以得到「許多彼此正交之函數的線性組合，可用以表示所有函數」。

如上圖所示，與這兩個向量，可表示出座標平面上的所有點。圖中說明了如何用這兩個向量來表示（3,4）與（4,2）這兩個點。彼此正交，長度為「1」的 $\vec{a}$ 與 $\vec{b}$，稱做「基底向量」。

4. 傅立葉級數展開

$$f(x) = \frac{a_0}{2} + (a_1\cos x + a_2\cos 2x + \cdots\cdots + a_n\cos nx + \cdots\cdots)$$
$$+ (b_1\sin x + b_2\sin 2x + \cdots\cdots + b_n\sin nx + \cdots\cdots)$$

 傅立葉轉換

 傅立葉逆轉換

5. 傅立葉係數

$$a_n = \frac{1}{\pi}\int_0^{2\pi} f(x)\cos(nx)\,dx \quad b_n = \frac{1}{\pi}\int_0^{2\pi} f(x)\sin(nx)\,dx$$

傅立葉轉換與音樂

同樣是「La」，為什麼音色會不一樣呢？
聽起來舒服的音有什麼特徵呢？

任何函數，都可以轉換成三角函數的加總，這個過程稱做「傅立葉轉換」。本章將以樂器的音色、和聲的特徵為主題，介紹傅立葉轉換在物理上的意義與應用。

執筆 | **前田京剛**
日本東京大學綜合文化研究科研究所教授

為什麼要學三角函數？

許多高中生在學到「簡諧運動」時會卡關，開始討厭起物理學。用數學表示簡諧運動時，必須加上過去未曾見過的三角函數，讓人感到相當不習慣。這些三角函數在算式中的各種變換，是學生們討厭簡諧運動的重要原因之一。

那麼，引入三角函數有甚麼優點呢？確實，如果只能用在簡諧運動的話，好像看不出三角函數有多重要。事實上，三角函數在測量領域中可以用更為簡便的方式來描述物理量。雖說如此，卻沒有那種「非它不可」的感覺。無論如何，三角函數總讓人有種雞肋感。

就筆者而言，個人認為早一

圖1　矩形波（週期2π）的傅立葉級數展開

$$f(x)=\left(\frac{\pi}{4}\right)\left\{\sin x + \frac{1}{3}\sin 3x + \frac{1}{5}\sin 5x + \frac{1}{7}\sin 7x + \frac{1}{9}\sin 9x + \cdots + \frac{1}{2m-1}\sin(2m-1)x + \cdots\right\}$$

如上式所示，若將無限多個週期與振幅為奇數分之1的三角函數加總起來，就會趨近於矩形波。

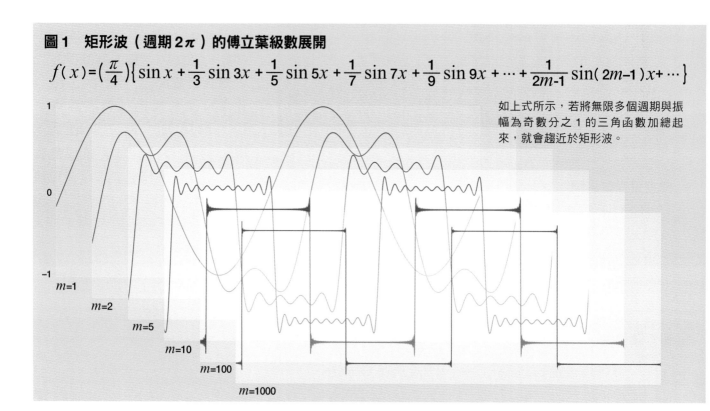

點學習三角函數有個很大的優點，那就是瞭解到「世界上任何函數皆可寫成各種週期之三角函數的加總，且只有一種加總組合」。就數學上來說，三角函數除了有「週期性」之外，還有另一個很重要的性質，叫做「正交性」。這能用在傅立葉級數展開，或是稱做傅立葉轉換。

例如，假設 x 的函數 $f(x)$ 是一個週期為 2π 的矩形波。矩形波的角為直角。

如圖1所示，矩形波可以寫成同週期，以及該週期的奇數分之一週期之三角函數的加總組合。

圖1顯示了 m 個三角函數加總後的情況。隨著 m 的增加，加總後的波形越來越接近矩形波，這就是傅立葉級數展開。

函數或者是訊號並非全都是週期函數。譬如說，假設有個人說了一段話，說話聲音能以空氣振動的形式表示，如圖2。事實上，即使是這種沒有週期的函數，也可以用三角函數的加總來表示。

此時可將沒有週期的一般訊號視為週期為 L 的訊號，並使 L 趨近無限大（週期無限大）。亦即，將目前得到的訊號視為一個週期的訊號。週期為 L 的正弦波可表示成 $\sin 2\pi \frac{x}{L}$（圖2中，x 表示時間），而以該週期的 m 分之 1（m 為整數）為週期的正弦波可表示成 $\sin 2\pi \frac{mx}{L}$。週期 L

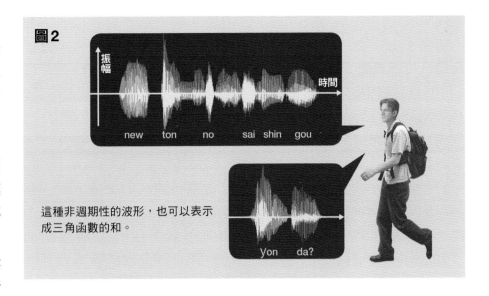

圖2

振幅　時間

new　ton　no　sai shin gou

這種非週期性的波形，也可以表示成三角函數的和。

Yon　da?

越大，由相鄰的 m 計算出的 $\sin 2\pi \frac{mx}{L}$ 差異就越小，使 $2\pi \frac{mx}{L}$ 趨近於連續性的變化。因此在 L 趨近無限大時，傅立葉級數展開會從離散的級數，轉變成連續的和，也就是積分。即所謂的傅立葉轉換（傅立葉積分）。

綜上所述，所有函數都可以表示成唯一的三角函數加總組合，要求出展開成級數後的各項係數也不是難事。

這段話聽起來有點讓人摸不著頭緒，但事實上，在我們的生活中，隨處都可以看到傅立葉轉換。

舉例來說，音響中的圖形等化器（graphic equalizer）可以即時呈現出目前演奏的音樂（或聲音）包含了低音到高音中哪些頻率的聲音、分別有多少分量。換言之，這就是即時呈現出傅立葉轉換結果的裝置。

傅立葉轉換在科學研究、科技研發等多個領域中都扮演著重要角色。譬如本書介紹的地

震波分析可用於耐震建築設計、高精密度的天體觀測、人工聲音合成、MRI（磁共振造影）等裝置。

泛音與樂器的音色

講完音響之後來談談音樂吧。音樂由各種樂器所發出來的聲音組合而成。音樂的三要素包括節奏、旋律、和聲，而做為音樂基礎之聲音的三要素則是音量、音高、音色。

音量取決於空氣振動波的振幅，音高取決於頻率（或是其波長倒數）。那麼，音色又取決於什麼呢？答案是「泛音的混合方式」。這是什麼意思呢？

圖3（a）為音叉、長笛、單簧管發出同一個音（「La」音，頻率為440 Hz）時，將空氣振動轉換成電流振動的波形。三者週期一樣，波形卻各不相同。音叉接近正弦波（sin波），長笛與單簧管的波形卻與正弦波完全

不同。

將圖3（a）的波進行傅立葉轉換後，可得到圖3（b），只有在440Hz以及其整數倍處有離散的長條數據。長條的高度即為傅立葉級數展開時的傅立葉係數（頻率分量）大小。

音叉波形在傅立葉轉換後，幾乎只有在440Hz處有長條數據，長笛與單簧管的波形中，整數倍分量（也稱做「高頻分量」）相當顯著，不同樂器間，各個高頻分量的大小關係也不一樣。這些高頻分量稱做泛音（overtone）。大小關係不同時，就表示泛音混合的方式不同。也就是說，包括人聲在內，每一種樂器在奏出某個音高的聲

音叉

音時，混合的泛音組成各不相同。而泛音的混合方式，就決定了該樂器特有的音色。

為什麼樂器會演奏出混有泛音的聲音？

當某個波長的聲音，混入其整數倍的頻率分量時，數學上如前所述「所有週期性的訊號，都可以分解成基本週期的訊號，與基本週期之整數分之1週期（頻率的整數倍，相當於週期的整數分之1倍）的訊號的加總。也就是說，可展開成傅立葉級數」。不過這在物理學上是相當自然的事。

試著想像小提琴、吉他、鋼琴的演奏情況。樂器上張著許多弦。演奏小提琴時會用弓摩擦弦；演奏吉他時會用手指彈弦；演奏鋼琴時，與琴鍵相連的琴槌會敲動鋼琴弦，三者皆

是以弦發出聲音。以下讓我們試著將其模型化。如圖4（a）所示，以手指撥動長度為 L 的弦時，會發出某個音高的聲音。

小提琴

在某些彈奏方式下，弦的振動如圖4（a）所示。此時，弦的各個部分就會朝著相同方向一齊振動。

接著，如果弦的張力變得更強，那麼弦可能會分成2段、3段，相鄰區段朝著不同方向振動，如圖4（b）、（c）。弦不會動的部分稱做「波節」（node），圖4（a）、（c）中，兩個波節的間隔為圖4（a）的整數分之1，頻率則是圖4（a）的整數倍。

綜上所述，弦在長時間持續振動（稱做「駐波」）時，只會以基本頻率與基本頻率的整數倍頻率振動。這是因為波在弦上前進（譬如從左到右）時，若碰到端點便會反射，反方向往左前進，與原本往右前進的波重合。如果波長與弦長不是簡單整數倍關係的話，波就會在來回反射的過程中消失，最後能形成駐波的，就只有基本頻率的波，以及頻率為基本頻率之整數倍的波。

除了弦樂器之外，以管中空氣振動來發聲的樂器，也只能

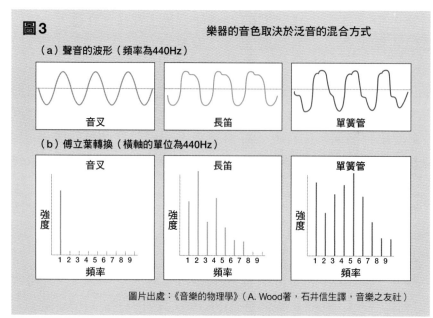

圖3　　　　　　　　　　　樂器的音色取決於泛音的混合方式

（a）聲音的波形（頻率為440Hz）

音叉　　　長笛　　　單簧管

（b）傅立葉轉換（橫軸的單位為440Hz）

音叉　　　長笛　　　單簧管

強度　　　強度　　　強度

1 2 3 4 5 6 7 8 9　　1 2 3 4 5 6 7 8 9　　1 2 3 4 5 6 7 8 9
頻率　　　頻率　　　頻率

圖片出處：《音樂的物理學》（A. Wood著，石井信生譯，音樂之友社）

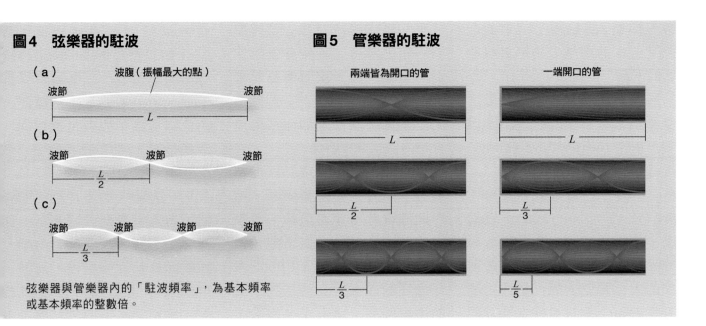

圖4　弦樂器的駐波

（a）
波腹（振幅最大的點）
波節　　　　　　　　　　　　波節
|——————— L ———————|

（b）
波節　　　　　波節　　　　　波節
|—— L/2 ——|

（c）
波節　　　波節　　　波節　　　波節
|— L/3 —|

弦樂器與管樂器內的「駐波頻率」，為基本頻率
或基本頻率的整數倍。

圖5　管樂器的駐波

兩端皆為開口的管　　　　　　一端開口的管

|——————— L ———————|　　　|——————— L ———————|

|—— L/2 ——|　　　|—— L/3 ——|

|— L/3 —|　　　|— L/5 —|

發出幾個特定頻率的駐波。管樂器可分為兩種，一種像長笛般，兩端皆為開口；另一種則像單簧管般，只有一端開口。兩種管樂器的泛音頻率略有不同，前者與弦樂器相同，能產生基本頻率與頻率為基本頻率之整數倍的波；後者則是會產生基本頻率與頻率為基本頻率之奇數倍的波（**圖5**）。

綜上所述，頻率為基本頻率整數倍的泛音，可以說是很常見的基本物理現象。而我們平常所聽到的音樂，通常都包含泛音。

創作音樂：音律

討論完自然界的法則後，讓我們來想想看如何創作音樂。

將基本音與頻率為其整數倍的音標記在鋼琴的鍵盤上時，「大致上」如**圖6**所示。鍵盤下方的數字為該音頻率的比。之

所以說是「大致上」，是因為這只是近似值，嚴格來說並不準確。現在的音階以所謂的「平均律」（equal temperament）來定律。而相較之下，以物理現象為基準，依照基本音頻率的整數分之一來決定音階的定律方式，就稱做「純律」（just intonation），與平均律略有不同（巴洛克音樂的演奏、弦樂合奏時，偶爾會用到純律）。

在此省略定律的詳細步驟，就結果而言，純律的音程（頻率）關係如**圖7**所示。鍵盤下方的數字為聲音頻率的比。比較音階中各個音的頻率比，可得到**表1**。三和弦（triad）由三個音組成，兩個音之間間隔一個音。在三和弦中，只有I、IV、V（大調中的 Do Mi Sol、Fa La Do、Sol Si Re）的頻率為簡單整數比，其他三和弦的比則相對複雜。

簡單整數比的和弦和非簡單

整數比的和弦有什麼差異呢？參與過管樂團或管弦樂團演奏的人應該知道，在演奏前會先調音。要是音高稍有不同，聽起來會不大舒服。也就是說，聲音的頻率稍有偏差、不是簡單整數比時，會讓人感到不快。因此在純律音樂中通常會使用頻率為簡單整數比的三和弦I、IV、V，曲子轉調時，也只會在這幾個和弦間轉調。古典音樂中的奏鳴曲便充分反映了這點。

與之相較，目前最通用的平均律則是將一個八度（頻率差1倍的兩個音）平均分成12等分，以此組成音階。雖然I、IV、V等和弦不像純律那樣剛好是簡單整數比，但可以自由從一個調轉至另一個調，拓展了音樂的世界。犧牲了一點「舒適」，卻開創出了新的世界。德國音樂家巴哈（Johann Sebastian Bach，1685～1750）的《平均律

鍵盤曲集》就展現了這樣的壯志。這本曲集至今仍是鍵盤樂器的聖經※。

那麼，純律和平均律實際上究竟差了多少呢？請見**表1**。以大三和弦（major third chord）為例，純律的音程比為 4：5：6，平均律的音程比則是 4：5.039682：5.9932283。理論上，平均律的大三和弦聽起來的「悅耳程度」，應該會劣於純律的大三和弦才對。請你也試著在網路上找找看彈奏出這兩種和弦的影片，比較它們之間的差異。

影響悅耳度的 $\frac{1}{f}$ 偏差

想必各位應該對傅立葉轉換有一定熟悉度了，接著讓我們從另一個角度，來看看聽起來舒心悅耳的音樂有甚麼特徵吧！本節要談的是如何用偏差分析方法來分析音樂。

以時間為橫軸，空氣密度為縱軸，將音樂聲波畫成圖。圖中曲線會時常穿過橫軸。取固定的時間長度為一個區間（譬如25毫秒），記錄區間內的曲線穿過橫軸幾次，令其為該區間的平均頻率。比方說，如果曲線在區間內穿過了10次橫軸的話，就是5個週期，平均每個週期為5毫秒（正弦波的1個週期會穿過2次橫軸）。

求出所有區間的平均頻率，然後以時間為橫軸畫圖（圖8）。如果聲源是單一樂器持續發出同一個音，因為波形一直不變，所以不管是哪個區間，曲線穿過橫軸的數目都相同。也就是說，平均頻率會是一條水平線。

另一方面，如果是實際的音樂，有許多樂器同時演奏、連續發出不同音高的聲音的話，聲波曲線就會變得很不規則，平均頻率也會是一條曲折的線。平均頻率上的一點與水平線的差異，就稱做「偏差」（bias），代表音樂頻率與平均值的差異。音訊中的「雜訊」（noise），也多半是偏離訊號平均值的「偏差」。

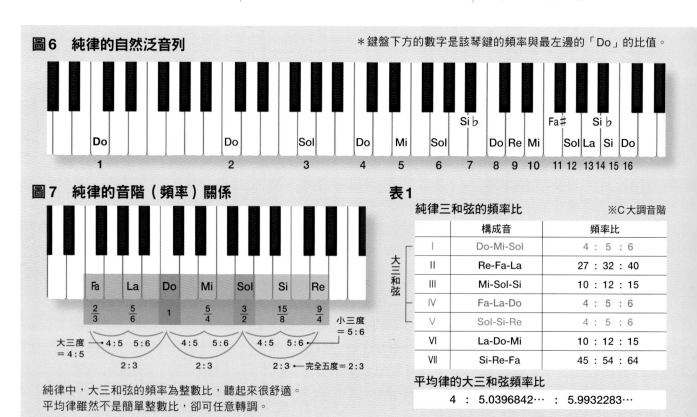

圖6 純律的自然泛音列

＊鍵盤下方的數字是該琴鍵的頻率與最左邊的「Do」的比值。

Do 1　Do 2　Sol 3　Do 4　Mi 5　Sol 6　Si♭ 7　Do 8　Re 9　Mi 10　Fa# Sol 11 12　Si♭ La Si Do 13 14 15 16

圖7 純律的音階（頻率）關係

Fa $\frac{2}{3}$　La $\frac{5}{6}$　Do 1　Mi $\frac{5}{4}$　Sol $\frac{3}{2}$　Si $\frac{15}{8}$　Re $\frac{9}{4}$　小三度 = 5:6

大三度 = 4:5　4:5　5:6　4:5　5:6　4:5　5:6

2:3　2:3　2:3 ←完全五度 = 2:3

純律中，大三和弦的頻率為整數比，聽起來很舒適。
平均律雖然不是簡單整數比，卻可任意轉調。

表1

純律三和弦的頻率比　※C大調音階

	構成音	頻率比
I	Do-Mi-Sol	4：5：6
II	Re-Fa-La	27：32：40
III	Mi-Sol-Si	10：12：15
IV	Fa-La-Do	4：5：6
V	Sol-Si-Re	4：5：6
VI	La-Do-Mi	10：12：15
VII	Si-Re-Fa	45：54：64

（I～V 標註「大三和弦」）

平均律的大三和弦頻率比
4 ： 5.0396842… ： 5.9932283…

※：現代的音樂研究學者一般認為，曲集原標題 "Das Wohltemperierte Klavier" 雖有著「和諧調律」的意思，卻不是指「平均律」。而且，在巴哈的時代，平均律指的並不是將一個八度均分成十二等分。但筆者認為，從曲集的構成看來，說這是平均律「雖不中亦不遠矣」。

巴哈
（1685～1750）

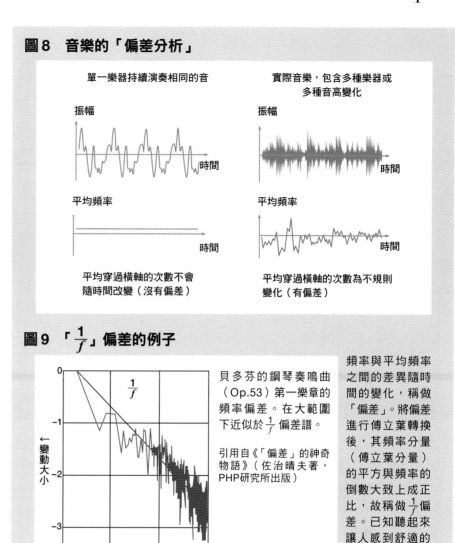

圖8　音樂的「偏差分析」

單一樂器持續演奏相同的音

振幅／時間

平均頻率／時間

平均穿過橫軸的次數不會
隨時間改變（沒有偏差）

實際音樂，包含多種樂器或
多種音高變化

振幅／時間

平均頻率／時間

平均穿過橫軸的次數為不規則
變化（有偏差）

圖9　「$\frac{1}{f}$」偏差的例子

貝多芬的鋼琴奏鳴曲
（Op.53）第一樂章的
頻率偏差。在大範圍
下近似於 $\frac{1}{f}$ 偏差譜。

引用自《「偏差」的神奇
物語》（佐治晴夫著，
PHP研究所出版）

變動大小／頻率（Hz）

頻率與平均頻率之間的差異隨時間的變化，稱做「偏差」。將偏差進行傅立葉轉換後，其頻率分量（傅立葉分量）的平方與頻率的倒數大致上成正比，故稱做 $\frac{1}{f}$ 偏差。已知聽起來讓人感到舒適的音樂，都有 $\frac{1}{f}$ 偏差的特徵。

那麼，頻率的偏差（雜訊）會有什麼樣的傅立葉分量（傅立葉係數）呢？對其做傅立葉轉換，再將其傅立葉分量平方，並表示為頻率的函數（稱做「功率譜」（power spectral）），會發現一件很有趣的事。巴哈、莫札特、貝多芬等古典音樂大家的名曲，其傅立葉分量的平方，皆與頻率的倒數成正比。

這樣的功率譜也被稱做 $\frac{1}{f}$ 譜、$\frac{1}{f}$ 雜訊、$\frac{1}{f}$ 偏差。相對的，現代音樂或搖滾歌曲則顯示出了「勞倫茲譜」（低頻區的傅立葉分量與頻率無關，高頻區則趨近於 $\frac{1}{f^2}$ 譜）的特徵。雖然對創作現代音樂或搖滾樂的人不大好意思，不過人們聽了會覺得舒心的音樂，其實是 $\frac{1}{f}$ 偏差的音樂。

詳細說明在此略過。在勞倫茲譜中，以某個頻率為界，低頻部分與頻率無關，高頻部分則與 $\frac{1}{f^2}$ 有關。假設這兩種頻率的分界點為 f_0，對應的時間長（週期）為 $\frac{1}{f_0}$，這是個基於物理現象的偏差現象所推導出的特殊時間長。時間間隔比這長的偏差彼此無關，時間間隔比這短的偏差卻彼此相關。

換個方式來說，與頻率完全無關的頻譜，可以說是無秩序訊號；而勞倫茲譜在高頻區會表現出 $\frac{1}{f^2}$ 譜，表示其為意外性較少的訊號。而 $\frac{1}{f}$ 譜介於兩者之間，意外性適中。人類心臟的跳動也有 $\frac{1}{f}$ 偏差的特性，有人認為 $\frac{1}{f}$ 偏差之所以會讓人感到舒適，與人類的生理有關。CD賣場的療癒音樂區域常可看到「$\frac{1}{f}$」之類的關鍵字，就是基於以上提到的研究基礎。

傅立葉轉換與數位訊號處理

用智慧型手機聽音樂、看影片、照片的「原理」

在這個由「ICT（資訊通訊科技）、IoT（物聯網）」撐起社會的年代，傅立葉轉換等數位訊號處理方法已是不可或缺的工具。甚至可以說，要是沒有傅立葉轉換，就不會有方便的現代社會。本節中會用你我身邊常見的數位資料，如影像、聲音等，說明以傅立葉轉換處理數位訊號的「基礎」，以及使用傅立葉轉換來壓縮圖像、聲音的「原理」。

執筆 三谷政昭
日本東京電機大學工學院資訊通訊工程科教授

由傅立葉轉換撐起的世界

傅立葉轉換是訊號處理的基礎技術之一，是計算各頻率訊號的混合比例時，最重要的計算方法。簡單來說，傅立葉轉換可以將一個複雜的訊號分解成數個簡單的訊號。舉例來說，聲波可分解成許多頻率（音高）不同之cos波與sin波的加總；圖像也可轉換成許多頻率（條紋的粗細程度）不同之單純條紋圖樣（縱紋、橫紋、格紋、斜紋）的加總。

傅立葉轉換可應用在經濟預測、醫療、交通、控制、通訊、化學、電力、機械等領域，應用範圍非常廣（**圖1**）。用到傅立葉轉換的產品以數位相機為首，包括手機、網路、數位影片播放、照護機器人、汽車引擎控制、天氣預報、監視器、人工智慧（AI：Artificial Intelligence）等，產品不勝枚舉。

舉例來說，在醫療領域中，可用於分析腦波、心電圖等生理訊號的頻率變動，協助疾病診斷；可分析DNA以辨識身分；可用於新藥開發。

另外，聲音與圖像的數位訊號（數值資料）經傅立葉轉換後，可用於聲紋分析或資料壓縮（減

圖1　「傅立葉轉換」的主要應用領域

通訊	控制	聲音訊號處理	醫用系統
●數據機（調變、解調） ●回音消除器 ●編碼／解碼	●機器人控制 ●馬達控制 ●主動式振動控制	●聲音合成 ●聲音分析 ●聲音辨識	●心電圖／腦波分析 ●X光照片的自動診斷 ●新藥開發

音響訊號處理	汽車	影像處理	天文學／地質勘查
●聲音資料壓縮（MP3） ●電子儀器 ●音場控制	●引擎控制 ●車用音響 ●煞車系統	●影像資料壓縮（JPEG・MPEG） ●影像辨識 ●影像生成	●無線電波望遠鏡 ●合成孔徑雷達 ●地震波分析

計算系統	●振動分析	●感應器訊號處理	●相關性處理

少資料量）。由監視器影像找出犯人、自拍照的修圖、讓自動販賣機說出「歡迎光臨」、「謝謝惠顧」等訊號處理工作，都會用到傅立葉轉換。

傅立葉轉換撐起了這個世界，讓我們的生活更為便利，這種說法一點也不為過。

圖像訊號的傅立葉轉換基礎

「相關」與「正交」

接著，讓我們用簡單的計算、直觀的概念來說明傅立葉轉換的基礎——相關、正交、訊號分解與合成吧！每一種概念都是理解傅立葉轉換時的「關鍵」。以圖像訊號為例，數位化圖像訊號的處理可以由簡單的四則運算[1]完成。

這裡以兩個 4×4 像素的圖像訊號（2 維數值排列，各數值等於該像素的濃淡）為例說明，如

圖 2　相關性計算的示意圖（以 4×4 像素為例）

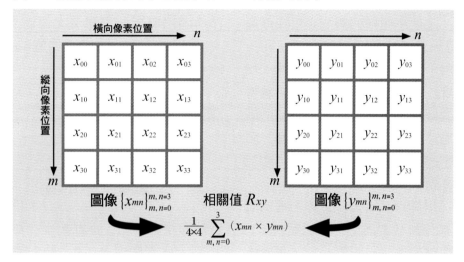

圖 2 所示，數學式如下。

$$x = \{x_{mn}\}_{m,n=0}^{m,n=3} \quad 與 \quad y = \{y_{mn}\}_{m,n=0}^{m,n=3}$$

定義以下計算方式，用以計算這些訊號。

$$R_{xy} = <x, y> = \frac{1}{4 \times 4} \sum_{m,n=0}^{3} (x_{mn} \times y_{mn})$$

$$= \frac{1}{16} \left\{ \begin{array}{l} x_{00} \times y_{00} + x_{01} \times y_{01} + \cdots + x_{03} \times y_{03} \\ + x_{10} \times y_{10} + x_{11} \times y_{11} \cdots + x_{13} \times y_{13} \\ \cdots\cdots\cdots \\ + x_{30} \times y_{30} + x_{31} \times y_{31} \cdots + x_{33} \times y_{33} \end{array} \right\}$$

$$(1)$$

式（1）為兩個圖像訊號的「乘積總和」（相乘結果之加總）之每像素平均值，相當於「相關」

※1：四則運算「＋、－、×、÷」在硬體、軟體皆可輕易實現，是電腦必備的運算方法。圍棋、將棋的電腦棋士、自動駕駛汽車等軟硬體上的人工智慧（AI），可以用超高速度進行四則運算，以處理數位訊號。

再更詳細一點！
用「傅立葉轉換」偵測睡意的技術

睡意偵測技術可偵測出駕駛者自己難以察覺之睡意，這種技術也會用到傅立葉轉換，原理介紹如下。（參考：日本富士通情報總研）

感應器 ➡ 計算出心跳波動的偏差 ➡ 將「心跳波動偏差」進行傅立葉轉換 ➡ 偵測睡意 ➡ 告知駕駛者

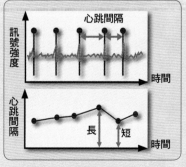

1. 由埋在方向盤內的電極測得心跳資訊。

2. 計算出心跳間隔，由間隔長短計算出「心跳波動偏差」。

3. 將「心跳波動偏差」進行傅立葉轉換，分析其頻率。

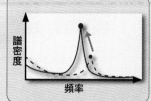

4. 一般來說，駕駛者有睡意時，「心跳波動偏差」的頻率傾向於下降。「傅立葉轉換」可偵測出這種頻率的變化。

5. 偵測出頻率變化時，方向盤會開始震動、或者散發出祛除睡意的味道，讓駕駛者清醒。另外還會與導航系統連動，引導駕駛將車輛開到安全的地方。

（correlation）這個物理量。

試著將頻率的概念套用在圖像上。聲音會隨著時間變動，相對的，圖像在縱向或橫向距離（長度）上也會有所變化。頻率越低的圖像，會呈現出較為粗糙的漸層（由濃到淡的色調）圖樣，頻率越高的圖像，則會呈現出較為細緻的漸層（參考圖3）。

以簡單的4×4像素之圖像訊號為例，定義由白（訊號值1）翻轉成黑（訊號值−1），或者由黑翻轉成白的次數為「頻率」。

當橫向頻率亦即「水平頻率」為「1」，縱向頻率為「0」時，僅橫向出現顏色翻轉，次數為1次，圖案呈縱紋圖樣，如圖4a所示。

圖4a

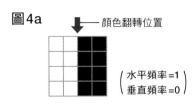

當縱向頻率亦即「垂直頻率」為「2」，水平頻率為「0」時，縱向出現了2次翻轉，圖案呈橫紋圖樣，如圖4b所示。

圖4b

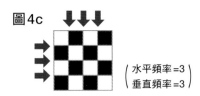

若水平與垂直頻率皆為「3」，則會呈現出圖4c般的細緻格紋。

圖4c

也就是說，水平與垂直頻率分別代表著縱紋與橫紋圖樣的條紋粗細。設水平頻率為 l（$=0$、1、2、3），垂直頻率為 k（$=0$、1、2、3），則水平頻率與垂直頻率總共有 $4×4=16$ 種組合。這些組合稱做「基底圖像」（圖5）。

試著用式（1）計算兩兩基底圖像的相關值。以基底圖像 ① 與 ② 為例，兩者相關值為

$$< ①,② >$$

$$=\frac{1}{16}\left\{\begin{array}{l}1×1+1×1+1×(-1)+1×(-1)\\+1×1+1×1+1×(-1)+1×(-1)\\+1×1+1×1+1×(-1)+1×(-1)\\+1×1+1×1+1×(-1)+1×(-1)\end{array}\right\}$$

$$=\frac{1}{16}\left\{\begin{array}{l}1+1-1-1+1+1-1-1\\+1+1-1-1+1+1-1-1\end{array}\right\}$$

$$=\frac{1}{16}×0=0 \tag{2}$$

請各位實際動手算算看，確認它們的相關值。應該就可以發現它們的「相關值為0」，也就是說，這兩個基底圖像「正交」（quadrature）。

而且，計算 ① ～ ⑯ 之兩兩基底圖像的相關值，會發現相關值都是0。也就是說，任兩個基底圖

圖3 圖像頻率示意圖

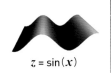

$z = \sin(x)$

$z = \sin(2x)$

$z = \sin(x)×\sin(y)$

$z = \sin(2x)×\sin(2y)$

圖像的頻率如上圖所示，以顏色的濃淡來表示波在橫向（x）與縱向（y）上的高度變化（z值）。頻率越高的圖像，看起來就越細緻。

圖5　4×4像素的基底圖像範例 訊號值為 □：1，■：−1

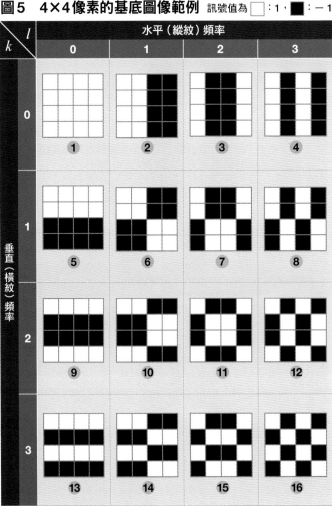

k \ l	水平（縱紋）頻率			
	0	1	2	3
0	①	②	③	④
1	⑤	⑥	⑦	⑧
2	⑨	⑩	⑪	⑫
3	⑬	⑭	⑮	⑯

（垂直（橫紋）頻率）

像 的 組 合 ，「相 關 值 皆 為 0」（彼 此 正 交）。這 是「傅 立 葉 轉 換」中 的 一 大 重 點。

以 上 我 們 介 紹 了「相 關」與「正 交」這 兩 個 概 念。

「訊 號 分 解、合 成」

接 著 來 談 談 訊 號 分 解、合 成 的 方 式。假 設 原 圖 像 ✕ 如 圖 6a 所 示，以 下 讓 我 們 試 著 將 其 分 解 成 圖 5 中 各 個 基 底 圖 像 的 組 合。

圖 6a 原 圖 像 ✕
（右 圖 為 訊 號 值）

1	0.6	0.4	0
0.6	1	0	0.4
1	0.6	0.4	0
0.6	1	0	0.4

設 圖 像 ✕ 與 垂 直 頻 率 k、水 平 頻 率 l 之 基 底 圖 像 的 相 關 值 為 a_{kl}。以 圖 像 ✕ 及 圖 像 ❶ 為 例，其 相 關 值 可 計 算 如 下：
由 式（1）可 得

$$a_{00} = \langle ✕, ❶ \rangle$$

$$= \frac{1}{16}\left\{ \begin{array}{l} 1\times1+0.6\times1+0.4\times1+0\times1 \\ +0.6\times1+1\times1+0\times1+0.4\times1 \\ +1\times1+0.6\times1+0.4\times1+0\times1 \\ +0.6\times1+1\times1+0\times1+0.4\times1 \end{array} \right\}$$

$$= \frac{1}{16}\left\{ \begin{array}{l} 1+0.6+0.4+0+0.6+1+0+0.4 \\ +1+0.6+0.4+0+0.6+1+0+0.4 \end{array} \right\}$$

$$= \frac{1}{16} \times 8 = 0.5 \quad (3)$$

以 同 樣 方 式 計 算 ✕ 與 其 他 15 種 基 底 圖 像 的 相 關 值，可 得

$$a_{01} = \langle ✕, ❷ \rangle = 0.3,$$
$$a_{02} = \langle ✕, ❸ \rangle = 0,$$
……，
$$a_{32} = \langle ✕, ⓯ \rangle = 0,$$

$$a_{33} = \langle ✕, ⓰ \rangle = 0.2 \quad (4)$$

整 理 後 可 得 到 圖 6b。

圖 6b 原 圖 ✕ 的 頻 率 分 量

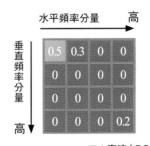

水 平 頻 率 分 量 高

垂 直 頻 率 分 量 高

0.5	0.3	0	0
0	0	0	0
0	0	0	0
0	0	0	0.2

■：直 流（DC）分 量
■：交 流（AC）分 量

這 種 轉 換 成 a_{kl} 的 處 理 過 程，稱 做 圖 像 的「頻 率 分 解」，是 一 種 2 維 傅 立 葉 轉 換。a_{kl} 為 基 底 圖 像（頻 率 分 量）的 比 例。其 中 a_{00} 為「直 流 分 量」（DC〔Direct Current〕分 量），其 他 則 稱 做「交 流 分 量」（AC〔Alternating Current〕分 量）。

於 是，原 圖 像 便 可 分 解 成 各 個 基 底 圖 像 的 加 權 總 和，如 下。

$$原 圖 像 ✕ = a_{00} \times ❶ + a_{01} \times ❷ + \cdots$$
$$+ a_{33} \times ⓰ \cdots \quad (5)$$

式（5）的 計 算 相 當 於 2 維 傅 立 葉 轉 換 的「逆 轉 換」。

式（3）～ 式（5）說 明 了 2 維 傅 立 葉 分 析，這 些 式 子 的 物 理 意 義 為「將 訊 號 分 解 成 基 底 圖 像（傅 立 葉 轉 換）／由 基 底 圖 像 合 成 出 原 本 的 訊 號（傅 立 葉 逆 轉 換）」，相 當 於 計 算 各 個 頻 率 分 量。

以 這 種 方 式 計 算 出 頻 率 分 量 後，可 再 進 行 圖 像 的 壓 縮 處 理。

資 料 壓 縮 與 傅 立 葉 轉 換

現 在 的 網 路 音 樂、網 路 影 片、數 位 相 機、隨 身 音 樂 播 放 器 等，都 需 存 取 龐 大 的 數 位 資 料。然

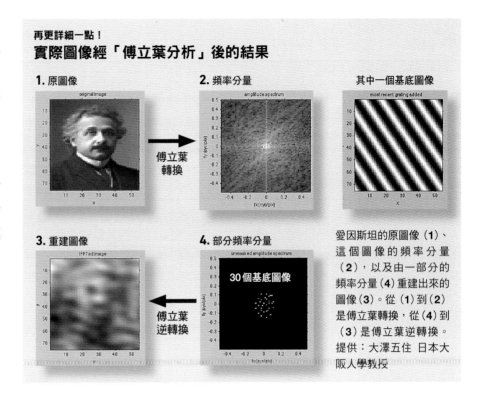

再更詳細一點！
實際圖像經「傅立葉分析」後的結果

1. 原圖像 original image

傅立葉轉換

2. 頻率分量 amplitude spectrum

其中一個基底圖像 most recent grating added

3. 重建圖像 IFFTed image

傅立葉逆轉換

4. 部分頻率分量 unmasked amplitude spectrum

30 個基底圖像

愛因斯坦的原圖像（1）、這個圖像的頻率分量（2），以及由一部分的頻率分量（4）重建出來的圖像（3）。從（1）到（2）是傅立葉轉換，從（4）到（3）是傅立葉逆轉換。
提供：大澤五住 日本大阪大學教授

而，資料量越是龐大，記錄、保存、傳輸時就需消耗更多時間。

這時候，如果可以減少聲音、圖像內的多餘資料，便可減少整體資料量，進而使硬體能快速處理資料、節省記憶容量。拿掉聲音、圖像內的多餘部分，藉此削減資料量的過程稱做「資料壓縮」。這裡篇幅不足以詳細說明什麼是資料壓縮，不過大致上包含以下方法。

【資料壓縮訣竅】
① 改變訊號的呈現方式（旋轉數位訊號以進行座標轉換）
② 將訊號進行「正交轉換」（分解成頻率分量）
③ 將數值相同的訊號排成一長列
④ 計算訊號的差分
⑤ 預測訊號
⑥ 消除人耳、人眼不容易察覺到的資訊

傅立葉轉換就是②正交轉換的其中一種。這種處理方式可做為壓縮圖像與聲音的基礎。事實上，JPEG[2]、MPEG[3]等代表性的圖像壓縮，以及MP3[4]等音訊壓縮就是這個原理的應用。

善用視覺盲點的「圖像壓縮」

那麼具體而言，該如何壓縮圖像資料呢？先從圖像的基本性質開始說起。

未經壓縮的圖像資料中，相鄰像素的變化較小（像素間的相關程度相當高）。換個角度來看，若以頻率來表示單位距離內的變化次數，那麼未壓縮之圖像有著「低頻分量（沒有紋路、紋路粗曠、色彩幾乎無變化）較多，高頻分量（紋路細緻，色彩為不規則變化）較少」的特徵。

壓縮靜止圖像時，可善用這種頻率分量的特徵，刪減資料量。要做到這點，必須將圖像的頻率分量分解才行，這時就輪到傅立葉轉換的正交轉換登場了。而在正交轉換中最為重要的，就是「DCT」（discrete cosine fourier transform：離散餘弦轉換）這種傅立葉轉換。

將壓縮前圖像正交轉換，分解成頻率分量後會發現，低頻分量的係數比高頻分量的係數還要大。也就是說，正交轉換後的頻率分量係數分布中，直流（DC）分量為高峰值所在位置。

因此在壓縮資料時，可將頻率分量分成「直流（DC）分量」與「交流（AC）分量」，再分別以適當的方式壓縮資料。而且，交流分量中的高頻分量可透過所謂的「量化」（quantization）操作，將相似的影像訊號劃分成同一個數值，藉此減少資料量（詳情請參考右頁專欄）。

接著把焦點放在一種人類視覺特性上：「對於不同頻率（細緻程度）的圖像，敏感度也不一樣」。換句話說，人類視覺具有「對高頻分量比較遲鈍，而對低頻分量比較敏感」的視覺「盲點」。壓縮圖像時會用到這個視覺特性。

也就是說，以正交轉換計算出頻率分量後

再更詳細一點! 離散傅立葉轉換（DFT）

「正交轉換」可將訊號分解成頻率分量。而正交轉換中，除了傅立葉轉換之外，還有所謂的「小波轉換」（wavelet transform）。這裡就讓我們來看看常用於數位訊號之頻率分析的數位版傅立葉轉換──「DFT」（Discrete Fourier Transform：離散傅立葉轉換）吧。

圖a中，需使用16個長條數據來表示2個週期的cos波數值。而在經過傅立葉轉換後的DFT值，僅需要2個獨立數據，就可以表示原本需由16個數據來呈現的cos波形資訊（包括訊號大小、頻率、相位等），如圖b所示。這相當於將資料量壓縮成原本的$\frac{1}{8}$倍。DFT的這個特徵，讓我們在存取圖片或聲音時，能盡可能地減少資料量。

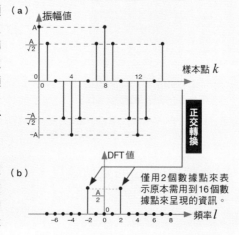

※：上圖的傅立葉轉換為「複數傅立葉轉換」，有用到負頻率。運用歐拉公式（第146頁），可將cos函數分解成正頻率與負頻率的波。而在第133頁分析愛因斯坦照片的例子中，2的圖被座標軸分解成了4個象限。圖中以中央亮點（直流）為中心，上／下及左／右（水平及垂直頻率）各自對應到了正／負頻率。

① 以小級距量化低頻分量
（左上）
② 以大級距量化高頻分量
（右下）

結果如**圖 7**所示。

圖7 量化級距數值範例
（以8×8像素為例）

水平（縱紋）頻率分量 l

16	11	10	16	24	40	51	61
12	12	14	19	26	58	60	55
14	13	16	24	40	57	69	55
14	17	22	29	51	87	80	62
18	22	37	57	68	109	103	77
24	35	55	64	81	104	113	92
49	64	78	87	103	121	120	101
72	92	95	98	112	100	103	99

垂直（橫紋）頻率分量 k

- ：直流（DC）分量
- ：低頻分量（小級距量化）
- ：高頻分量（大級距量化，使其變為「0」，藉此減少資料量）

處理人類難以察覺的頻率分量時，就算簡化訊號，也不太會影響到觀眾對成品的感覺。

這就是利用人眼視覺特性，在量化操作時將量化誤差集中到不容易被察覺的頻率區域，使我們在壓縮圖像時不至於影響畫質，可說是一石二鳥之計。

量化操作雖然能減少資料量，重建出來的原圖卻有著圖像模糊、物體形狀扭曲、出現「多餘輪廓」等不自然線條等問題，必定會使畫質劣化。因此，後來工程師們提出了各種解決方案，利用人類的視覺特性，盡可能降低畫質劣化的問題。

而正交轉換後的DC分量、AC

再更詳細一點！ 資料的「量化」是什麼意思？

以下讓我們用身邊的例子來說明什麼是「量化」。假設錢包內有728日圓，若要將其全部換成硬幣中幣值最大的500日圓，可以換到「1枚」硬幣；換成50日圓硬幣的話可以換到14枚；換成10日圓硬幣的話可以換到72枚。

也就是說

728÷500＝1 餘228
728÷50＝14 餘28
728÷10＝72 餘8

將728轉換成除法中的商（「1」、「14」、「72」）的過程，就是所謂的「量化」。而「500」、「50」、「10」則稱做「量化級距」。

若反過來將量化後的數值乘上量化級距，可得

1×500＝500
14×50＝700
72×10＝720

這個過程稱做「反量化」，而反量化結果與原始數值「728」的差異，則稱做「量化誤差」（quantization error）。

「728」是一個三位數，量化後可以用更少的位數來表示。由此可看出，量化有助於壓縮資料量（減少資料的位元數）。另外，量化級距數值越大，量化後的數據就越粗糙。

分量在量化後，還可以再用前面提到的「資料壓縮訣竅」進一步壓縮資料。

另外，數位形式的「影片資料」就像手翻漫畫一樣，由一張張靜態圖像構成，以快速翻動靜態圖像的方式來表現時間的流動。在壓縮影片資料時，也會用前述方法個別壓縮一張張靜止圖像，還可以同時處理多張影格的壓縮工作。譬如說，軟體可以「從圖案的運動方向，預測下一個畫格的影像」，再求算其差分，接著只要傳送如何運動的資訊即可。

善用聽覺死角的「聲音壓縮」

基本上，聲音資料的壓縮與影像資料類似，也是藉由傅立葉轉換分析資料的頻率分量，然後依照人類聽覺特性，消除部分落在人類聽覺死角的聲音資料，實現有效率的資料壓縮，可說是耳朵版本的「障眼法」。

聽覺的心理性質一直到1970年代左右才逐漸明瞭，不過在數位訊號處理技術進步迅速的現代，相關科技已經陸續投入實用。代表性的音訊資料壓縮方式包括MP3、AAC[5]、WMA[6]等等。　　　　　　　🖉

※2：Joint Photographic Coding Experts Group的簡稱。是壓縮、解壓縮靜止圖像的標準規格。也是網路上常用的資料形式。

※3：Moving Picture Coding Experts Group的簡稱。是即時壓縮、解壓縮影片的標準規格。可用於數位電視播放。

※4：MPEG Audio Layer 3的簡稱。音訊資料的壓縮技術，時常用於音樂的壓縮。

※5：Advanced Audio Coding（進階音訊編碼）的簡稱。是1997年時，將MPEG標準化後制定的音訊壓縮方式。YouTube、iPhone、PlayStation皆採用這種編碼。

※6：Windows Media Audio的簡稱。由微軟公司開發的聲音資料壓縮方式，是Windows的標準音訊資料格式。

三角函數有什麼用途？
——聲音合成現場

協助 **山岸順一**
日本國立資訊工程研究所內容科學研究部門教授

目前，利用人工方式合成出人類聲音的「聲音合成」技術，已廣泛應用在行動電話的朗讀功能與Vocaloid等各種領域。

在合成聲音之前，需要先建構「a」、「i」等個別聲音。為此，則需瞭解「a」、「i」等個別聲音中的特徵。而要掌握聲音的特徵，就必須使用到數學中衍生自三角函數的「傅立葉轉換」。

有人說傅立葉轉換就像三稜鏡。就像是用三稜鏡從白光中提取出各種色光一樣，以傅立葉轉換處理由空氣振動所造成的聲音後，便可從中提取出聲音的特徵。

具體做法如下。以時間為橫軸、聲音振幅為縱軸，可畫出聲音的波形如**圖1-a**，將此波進行傅立葉轉換後，以振幅為縱軸，以頻率為橫軸，可畫出**圖1-b**。這種橫軸為頻率、縱軸為振幅的圖就稱做「頻譜」（frequency spectrum）。

在聲音的頻譜中，「較大的峰值有三個」，而「其他部分的起伏相對較小」。這些比較大的峰值部分就稱做「共振峰」（formant）。從頻率較小的峰值開始看起，分別稱做「第一共振峰」、「第二共振峰」以及「第三共振峰」。

簡單來說，「a」或「i」等聲音的特徵就在於這些共振峰的數值。反過來說，只要指定共振峰的數值，就可以建構出

圖1-a. 人聲

圖1-b. 頻譜

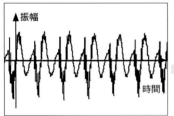

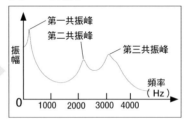

左圖是發出「i」的聲音時的波形。橫軸為時間，縱軸是振幅。將這個波形進行傅立葉轉換，橫軸改為頻率，縱軸為振幅，可得到右圖。這樣的圖稱做「頻譜」。

1-c. 各種母音的共振峰

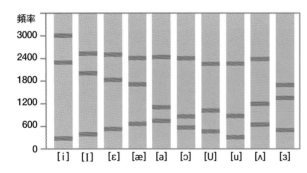

引用自Speech analysis: Synthesis and perception. (2nd ed.).
Flanagan, James L. Oxford, England: Springer-Verlag.

英語中各種母音（橫軸）的共振峰頻率（縱軸）。圖中以深粉紅色標示**圖1-b**所說明的共振峰。只要將特定頻率的聲波組合在一起，就可以得到各種母音。

特定的聲音。**圖 1-c** 為英語母音的共振峰分布。

與聲道長度共鳴的聲波

那麼，說話時是怎麼產生共振峰的呢？

由人類的發聲方式可以說明這點。

人類的發聲方式如下。從肺吐出的空氣會通過位於喉嚨的肌肉「聲帶」，聲帶的開闔可調整空氣的流動，產生週期性的氣流，空氣離開「聲道」後再從口中吐出。我們可透過改變舌頭位置、口腔大小，改變聲道的形狀，藉此改變聲音（**圖 2-a**）。

這裡可以把聲道視為一個管子，從聲帶到嘴唇的平均長度約為17.5公分。發出聲音時，必須讓聲道內的空氣流動產生共鳴。因此，空氣的振動波長必須像**圖 2-b** 那樣，與這段長度呈一定比例才行。

圖 2-b 最上面的波，波長為17.5cm 的 4 倍，也就是0.7 m。聲速為每秒約350m，故頻率為

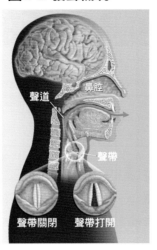

圖 2-a. 發聲機制

聲道　鼻腔

聲帶

聲帶關閉　聲帶打開

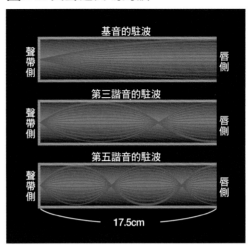

圖 2-b. 與聲道共鳴的波

基音的駐波

聲帶側　唇側

第三諧音的駐波

聲帶側　唇側

第五諧音的駐波

聲帶側　唇側

17.5cm

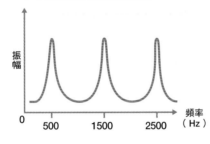

2-c. 由聲道產生的頻譜

振幅

頻率（Hz）

0　500　1500　2500

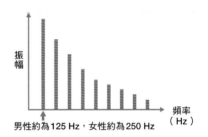

2-d. 由聲帶產生的頻譜

振幅

頻率（Hz）

男性約為125 Hz，女性約為250 Hz

500Hz（350÷0.7=500）。以同樣方式計算，可得中間的波頻率為1500Hz、最下面的波頻率2500Hz（**圖 2-c**）。

由聲帶與聲道產生的多樣聲音

接著來談談聲帶的運動。如前所述，聲帶的開闔可以調整空氣的流動。開闔週期的差異會影響到聲音的高低。動得越快聲音越高，動得越慢聲音越低。聲帶的振動頻率如**圖 2-d** 所示。最低頻率處的峰值最

高，而這個頻率的泛音，也就是 2 倍頻率、3 倍頻率處也有峰值。聲道可以此為聲源，振動發聲。

聲道產生的頻率（**圖 2-c**）與聲帶產生的頻率（**圖 2-d**）重合後，可以得到**圖 1-b** 般的頻譜。

聲道長度無法改變，但我們可藉由改變舌頭位置、口腔大小，改變共鳴頻率，藉此發出**圖 1-c** 中各種頻率的聲音。　🪐

三角函數有什麼用途？
——地震分析的現場

執筆 梶原浩一
日本國立研究開發法人防災科學技術研究所地震減災實驗研究部門主任，
兵庫耐震工程研究中心主任

日本防災科學技術研究所的 E Defense是一個能以震度 7 以下地震破壞1200公噸重之實體建築的實驗設施（下圖）。E Defense的核心裝置為搖動建築物的巨大振動台。為了發展地震防災科技，中心會用這個振動台產生地震，搖動各種建築結構物，並收集資料活用於研究。

以研究建築物耐震功能的振動台實驗為例，實驗時會觀察地震對建築物的影響，包括「建築物的振動會有多大？」、「地震波在什麼樣的週期下比較容易影響到建築物？」、「地震災害的原因為何？」等等。為此需蒐集的基本資訊包括「搖動的加速度」、「速度」、「位移」、「應變」等定量數據。為了獲取這些實驗數據，會在建築物內設置各種測量裝置，進行加振實驗（使其搖動的實驗）。

應該不難想像，「搖動的加速度」在乘上質量後，會等於作用在建築物上的力。另外，「速度」與動能有關、「位移」與「應變」則是研究建築物損傷、變形的重要數據。研究者可以藉由觀察、分析這些數據，瞭解地震對建築物的影響。

⊳ E － Defense 是什麼？

振動台

地震波（假設）　　　　　　　　時間
重現縱波　　　　重現橫波（與縱波重疊）
振動台

上面照片為用以進行大型結構物振動破壞實驗的大規模實驗設施「E Defense」。垂直方向最大可產生±50公分的搖動，水平方向最大可產生±100公分的搖動。

　一般來說，地震波通常是縱波先抵達，接著被稱做「主震」的橫波才會抵達。在電腦的即時控制下，E Defense可正確重現出地震波的運動。加振器可分別產生垂直方向的縱波，以及水平方向的橫波，藉由調整振動的振幅與加速度，重現出各式各樣的地震。

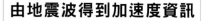

由地震波得到加速度資訊

▶ 振動實驗與傅立葉轉換

由振動實驗所取得的數據為加速度隨時間的變化。將這些數據進行傅立葉轉換，使橫軸轉變成頻率，便可從中抽取出必要的頻率分量。接著再將這些數據進行傅立葉逆轉換，使橫軸變回時間，就可以分析速度與位置隨時間的變化。

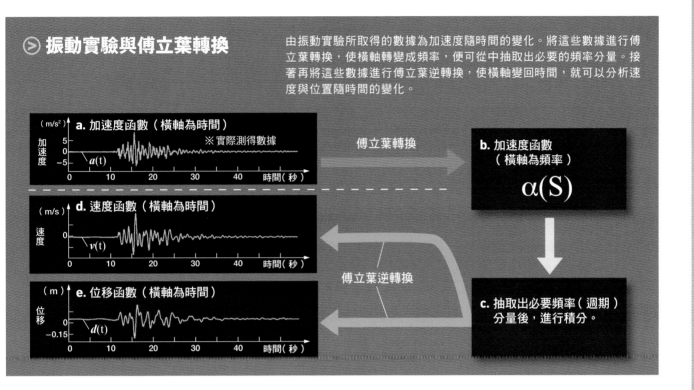

地震的振動由許多不同頻率（週期）的波組成。近年來的「強震紀錄」是在設有地震計的特定地點，測得搖動大小隨時間的變化後，數值化的數據。這類地震計多是測量加速度。若想知道地震時的速度或位移，只要將加速度數據積分後便可求得。

同樣的，加振實驗多是將加速度測量計設置在建築物各層樓的地板，故可測得各層樓每分每秒的加速度。位移、速度則可由加速度數據對時間的積分求得。這裡要介紹的是如何積分加速度測量計所測得的數據，以獲得地震詳情。

用傅立葉轉換使分析過程更為順利

積分時，常會同時進行「濾波處理」，提取出必要的週期分量，消除不需要的週期分量。這時就需要用到「傅立葉轉換」。

首先，以傅立葉轉換將時域中的波形轉換到頻域，如此便可得到頻域數據。接著就可以將想去除的頻率分量拿掉，只留下想要的頻率分量。然後進行積分，再進行「傅立葉逆轉換」，便可變回原本在時域中的波形（上圖）。

如何算出建築物的「特有值」？

另外，在加振實驗中也會分析建築物的「特有值」。建築物的特有值是容易使該建築物搖動的地震波頻率。隨著高度、形狀的不同，建築物的特有頻率也不一樣。當地震頻率符合這個特有值時，即使震度很小，也會讓建築物產生劇烈搖動。

由加振實驗得到的數據波形相當複雜，沒辦法直接計算出建築物的特有值。為了分析建築物對哪些週期分量（頻率分量）所反應的振動程度，需先計算出「週期遞移函數」。

這麼一來，就可以用曲線表現出每個頻率的輸入波分別會對建築物造成多大的影響。

或許很多人會想問，三角函數的微積分與傅立葉轉換究竟有什麼用？在這個實驗中，三角函數與傅立葉轉換就是不可或缺的工具。　　　　🪐

三角函數有什麼用途？
——ALMA望遠鏡的應用

協助 **平松正顯**
日本國立天文台ALMA Project助理教授

接著讓我們來看看日本國立天文台與多個國際計畫共同使用的無線電波望遠鏡「ALMA」，如何運用傅立葉轉換來觀測天體。

ALMA是設置在廣大土地上的66座無線電波望遠鏡陣列，將每座望遠鏡所獲得的數據組合起來，即可得到一個相當於由巨大望遠鏡觀測到的數據（**1**）。為什麼來自不同望遠鏡的數據可以合成出一個影像呢？關鍵就在於無線電波之間的「干涉」（interference）。所謂的「干涉」，指的是波與波相加時，若波峰與波峰重合，則波峰會變得更高；若波峰與波谷重合，便會彼此抵消的現象。

將兩座天線所獲得的波相加，可得到「干涉條紋」。干涉條紋隱含著天體大小（「空間頻率」）與天體明亮度等資訊，接著對空間頻率進行傅立葉轉換的逆運算，也就是「傅立葉逆轉換」（將頻率資訊回復成波形的方法），便可分析出釋放無線電波的天體位於哪個位置，無線電波訊號又有多強（**2～4**）。

以不同間隔的望遠鏡拍攝干涉條紋、進行傅立葉逆轉換，便可由波的重合情況獲得更多數據。將這些數據組合起來，就可以合成出高解析度的天體圖像。

天文學與傅立葉轉換

天體會釋放出各種波長的電磁波。分析望遠鏡捕捉到的電磁波，可以瞭解天體的物質組成，以及天體的運動。這裡以日本國立天文台所運用的「ALMA望遠鏡」為例，說明無線電波望遠鏡的運作方式。

1. ALMA 望遠鏡

ALMA是由66座直徑為 7 公尺或12公尺的望遠鏡所組成的無線電波望遠鏡陣列。透過「干涉」機制，可將這66座望遠鏡視為單一無線電波觀測儀器。

2.實際天體的亮度分布

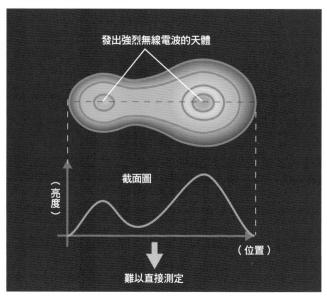

發出強烈無線電波的天體

截面圖

（亮度）

（位置）

難以直接測定

因為無線電波的波長很長，若要直接測定天體的亮度（brightness分布的話，需要相當巨大的望遠鏡。

3. 空間頻譜

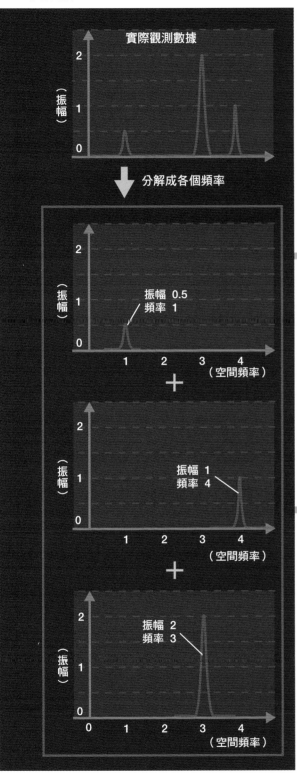

無線電波干涉計可讓兩座無線電波望遠鏡測得的無線電波彼此干涉，形成干涉條紋，再從中提取出「空間頻率」數據。

4. 取出感興趣的亮度分布

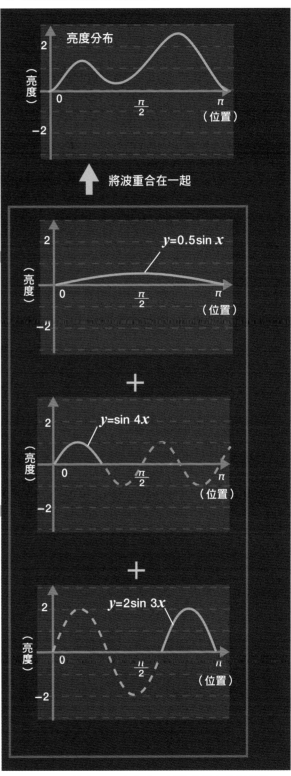

從空間頻率計算出波形的方法，稱做「傅立葉逆轉換」。這種方法可讓我們間接獲得無線電波的亮度分布（強度分布）。取不同的望遠鏡間隔，可以獲得各種不同的頻率數據。將這些數據合成之後，便可標定出天體的準確位置。

再更詳細一點！
三角函數

『三角函數』誕生於西元前的希臘，經過一連串的發展後，已成為了現代科學不可或缺的工具。第 6 章將進一步深入三角函數世界，會提到一些高中或大學程度的內容，雖然有點難度，還請您試著挑戰看看。一起來感受三角函數的「威力」吧。

協助 礒田正美（第 144 ～ 147 頁）　　執筆 水谷 仁（第 148 ～ 157 頁、第 162 ～ 167 頁）
和田純夫（第 160 ～ 161 頁）

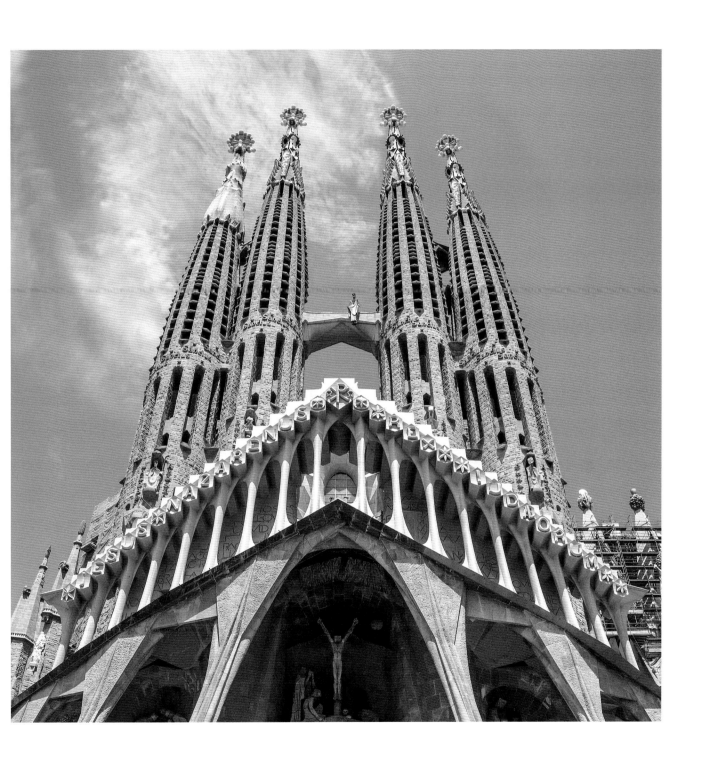

三角函數可改寫成有規律的「無窮級數」

許多中世紀以後的數學家們致力於三角函數的研究，以瞭解三角函數的深奧性質。第5章中所看到的傅立葉分析，就是這些研究的成果。

數學家們發現的三角函數神奇性質

印度的數學家馬德哈瓦（Madhava，1340左右～1425）、英國的科學家暨數學家牛頓（1642～1727），以及德國的科學家暨數學家萊布尼茲（1646～1716）都曾鑽研過三角函數。最後發現，sin與cos分別可以寫成右頁般的無窮級數和。由這些數學式可以觀察到美麗的規律。

首先來看看sin的式子。等號右邊的首項為「x」；次項為x^3項，分母為$3×2×1$（3階乘）；第三項為x^5項，分母為$5×4×3×2×1$（5階乘）。隨著項次的增加，x次方項的次數依序為3、5、7……等奇數，且正負交替出現。另一方面，cos的x次方項的次數則依序為2、4、6……等偶數。

將以弧度為單位的角度代入式中的x，便可計算出sin與cos值。綜上所述，三角函數可用這種規律的無窮級數來表示。

牛頓

以發現「萬有引力定律」著名的物理學家牛頓，也是一名優秀的數學家。他提出「微積分基本定理」，奠定了微分、積分的基礎，是他身為數學家的重大貢獻。牛頓是歐洲數學家中，第一個用無窮多項式來表示三角函數的數學家。

萊布尼茲

與牛頓生於同一個年代的萊布尼茲，在幾乎相同的期間，與牛頓分別獨立提出了微積分基本定理，兩人曾激烈爭論過誰先提出微積分的概念。他也曾獨自研究過如何用多項式來表達三角函數，最後得到與牛頓相同的結論。

表示三角函數的數學式

研究三角函數的數學家們，發現 $\sin x$ 與 $\cos x$ 可分別表示成以下級數。

表示sin的數學式

$$\sin x = x - \frac{x^3}{3\times2\times1} + \frac{x^5}{5\times4\times3\times2\times1} - \frac{x^7}{7\times6\times5\times4\times3\times2\times1} + \cdots\cdots$$

表示cos的數學式

$$\cos x = 1 - \frac{x^2}{2\times1} + \frac{x^4}{4\times3\times2\times1} - \frac{x^6}{6\times5\times4\times3\times2\times1} + \cdots\cdots$$

這種將函數展開成無窮多項式的方法，以數學家泰勒（Brook Taylor，1685～1731）之名，命名為「**泰勒展開式**」（Taylor expansion）。

結合三角函數與指數函數的人類至寶「歐拉公式」

瑞士的數學家歐拉擁有出眾的數學才能與計算能力。研究三角函數的歐拉，留下了一個數學界的重要公式，這就是「歐拉公式」。美國著名的物理學家費因曼（Richard Feynman，1918～1988，也譯為費曼）曾稱這個公式為「人類至寶」。讓我們來看看這個公式有什麼特別之處吧！

除了三角函數之外，歐拉也將「指數函數」e^x 寫成了無窮級數的形式（右頁的 **1**。e 為「自然對數的底數」，$e=2.718\cdots\cdots$）。這個級數的第二項為 x（的一次方）項；第三項為 x 的二次項，分母為 2×1（2 階層）；第四項為 x 的三次項，分母為 $3\times2\times1$（3 階乘）。這個規律與寫成無窮級數的三角函數（右頁的 **2**、**3**）很像。

原本並不存在的「虛數」，卻連結了三角函數與指數函數

接下來登場的是歐拉曾經詳細研究過的「虛數」。虛數指的是「平方後會得到負數的數」。

即使是負數平方後也必定得到正數，所以虛數原本不應存在。但要是虛數存在，就可以解出所有二次方程式，故數學家們逐漸認同了虛數的存在。

歐拉定義符合 $i^2=-1$ 的□為「虛數單位」。且歐拉發現，i 可以讓原本毫無關聯的三角函數與指數函數結合成為一個等式「$e^{ix}=\cos x+i\sin x$」（右頁 **4**），而這就是被認為是人類至寶的歐拉公式。

將圓周率 π 代入式中的 x，可以得到 $\cos\pi=-1$、$\sin\pi=0$，故等式 $e^{i\pi}=-1$。移項後可以得到「$e^{i\pi}+1=0$」，這就是「歐拉等式」（右頁 **5**）。包含了 e、i、π、1、0 等五個重要數字，卻如此簡潔，使歐拉等式被譽為「世界上最美麗的數學式」。

歐拉

出生於瑞士的歐拉，曾在德國柏林與俄羅斯聖彼得堡等地研究數學，是歷史上留下最多論文的數學家。晚年因為失明，故以口述筆記方式撰寫論文。他曾深入研究三角函數、指數函數、虛數等領域，研究結果成為了今日數學的基礎。

1. 指數函數 e^x 的展開式

$$e^x = 1 + x + \frac{x^2}{2 \times 1} + \frac{x^3}{3 \times 2 \times 1} + \frac{x^4}{4 \times 3 \times 2 \times 1} + \cdots\cdots$$

2. $\sin x$ 的展開式

$$\sin x = x - \frac{x^3}{3 \times 2 \times 1} + \frac{x^5}{5 \times 4 \times 3 \times 2 \times 1} - \frac{x^7}{7 \times 6 \times 5 \times 4 \times 3 \times 2 \times 1} + \cdots\cdots$$

3. $\cos x$ 的展開式

$$\cos x = 1 - \frac{x^2}{2 \times 1} + \frac{x^4}{4 \times 3 \times 2 \times 1} - \frac{x^6}{6 \times 5 \times 4 \times 3 \times 2 \times 1} + \cdots\cdots$$

4. 歐拉公式

$$e^{ix} = \cos x + i \sin x$$

5. 歐拉等式（將 π 代入歐拉公式中的 x）

$$e^{i\pi} + 1 = 0$$

歐拉公式的推導過程：

將指數函數 e^x 的 x 換
成 ix，代入泰勒展開
式如右，便可推導出
歐拉公式。

$$e^{ix} = 1 + \frac{ix}{1} + \frac{(ix)^2}{2 \times 1} + \frac{(ix)^3}{3 \times 2 \times 1} + \frac{(ix)^4}{4 \times 3 \times 2 \times 1} + \frac{(ix)^5}{5 \times 4 \times 3 \times 2 \times 1} + \cdots\cdots$$

$$= 1 + \frac{ix}{1} - \frac{x^2}{2 \times 1} - \frac{ix^3}{3 \times 2 \times 1} + \frac{x^4}{4 \times 3 \times 2 \times 1} + \frac{ix^5}{5 \times 4 \times 3 \times 2 \times 1} + \cdots\cdots$$

$$= \left(1 \quad - \frac{x^2}{2 \times 1} \quad + \frac{x^4}{4 \times 3 \times 2 \times 1} \quad + \cdots\cdots\right)$$

$$+ i\left(x \quad - \frac{x^3}{3 \times 2 \times 1} \quad + \frac{x^5}{5 \times 4 \times 3 \times 2 \times 1} \quad \cdots\cdots\right)$$

$$= \cos x + i \sin x$$

三角函數與虛數結合後，威力更大

本節將由日本Newton的前總編輯水谷仁說明三角函數在現代數學中扮演的角色有多麼重要。「虛數 i」是「平方後會得到 -1」的神奇數字，「指數函數」是隱藏在自然界中各種現象的函數。「歐拉公式」可將三角函數、虛數、指數函數連結起來，可以說是「整個數學界中最美妙的公式」。歐拉公式在現代數學中有著重要地位。讓我們一起來感受三角函數的「威力」吧！

執筆 | **水谷仁**
日本 Newton 前總編輯

讓我們再深入來看看三角函數還有哪些有趣的性質。最後我們會談到有些難度的數學，不過只要扎實地跟著讀過我們提到的式子，就一定可以理解這些數學原理，之後便能從更高的角度俯瞰三角函數這門學問。

若持續探究三角函數的有趣性質，必定會接觸到歐拉公式[1]。但若想要理解這個公式，就必須先知道三角函數的泰勒展開式[2]。因此，這裡就讓我們先來介紹泰勒展開式的原理。

將函數展開成無窮級數相加的「泰勒展開式」

首先，將三角函數放一邊，考慮一般函數 $f(x)$ 的泰勒展開式。設右頁上方的圖是某函數 $f(x)$ 的圖形。當 $x = x_0$ 時，函數的 y 軸值為 $f(x_0)$。與 x_0 有一小段距離的點 x 之 y 軸值為 $f(x)$，而 $f(x)$ 則可以用通過 $(x_0, f(x_0))$ 的切線逼近。換言之，當 x 與 x_0 十分靠近時，可由以下式子求出

$$f(x) = f(x_0) + f'(x_0)(x - x_0) \quad (1)$$

參考右上插圖。

若 $x = x_0$ 並不十分靠近，可設以下等式更加近似 $f(x)$

$$f(x) = f(x_0) + f'(x_0)(x - x_0) + R_2(x - x_0)^2 + R_3(x - x_0)^3 + \cdots\cdots \quad (2)$$

式中的 R_2、R_3、$\cdots\cdots$ 皆為欲求算之未知常數。等式兩邊分別對 x 微分，可得下式[3]

$$f'(x) = f'(x_0) + 2R_2(x - x_0) + 3R_3(x - x_0)^2 + \cdots\cdots + nR(x - x_0)^{n-1} + \cdots\cdots \quad (3)$$

以 $x = x_0$ 代入此式，那麼含有 $(x - x_0)$ 的項，也就是第二項以下皆會等於 0，即

$$f'(x) = f'(x_0)$$

※1：之後會詳細提到。歐拉公式為「$e^{ix} = \cos(x) + i\sin(x)$」。這裡的 i 為虛數單位，也就是滿足 $i^2 = -1$ 的數。

※2：第一個導出這個公式的人是英國數學家泰勒，故以他的名字命名。泰勒與之後會提到的萊布尼茲、白努利、歐拉是同一個時期的人。這個級數的威力長期被人無視，直到1772年，拉格朗日才理解到這個級數的重要性，稱其為「微分數學的基礎」。

以切線斜率近似函數 $f(x)$

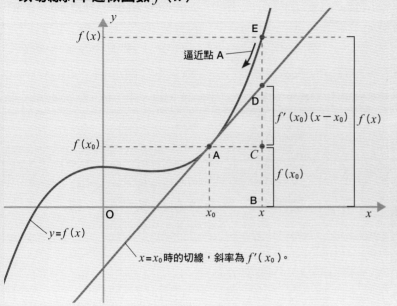

逼近點 A

$f'(x_0)(x-x_0)$

$f(x)$

$f(x_0)$

$y=f(x)$

$x=x_0$時的切線，斜率為$f'(x_0)$。

考慮函數 $f(x)$ 的近似值。首先，畫出點A（$x_0, f(x_0)$）的切線。設 $f(x)$ 微分後為 $f'(x)$，那麼切線斜率就是 $f'(x_0)$。

把焦點放在△ACD上。邊AC的長度為（$x-x_0$），邊AD的斜率為 $f'(x_0)$。邊CD的長度為

$$f'(x_0)(x-x_0)$$

點 A 的座標為（$x_0, f(x_0)$），故邊BC長度為「$f(x_0)$」，邊BD長度為

$$f(x_0)+f'(x_0)(x-x_0)$$

另一方面，邊BE的長度為 $f(x)$。點 E 逼近點 A 時，由插圖可以看出，BD長度會越來越接近BE長度，即當 x 與 x_0 十分靠近時，

$$f(x)=f(x_0)+f'(x_0)(x-x_0)$$

與（2）式並無矛盾。

將（3）式再對 x 微分，可得到 $f''(x)$ 如下

$$f''(x)=2R_2$$
$$+3\cdot2R_3(x-x_0)+\cdots\cdots$$
$$+n(n-1)R_n(x-x_0)^{n-2}$$
$$+\cdots\cdots \quad (4)$$

為求出 R_2，需將 $x=x_0$ 代入（4）式，同樣的，含有（$x-x_0$）的項都會變成 0，故

$$f''(x_0)=2R_2$$

即

$$R_2=\frac{1}{2}f''(x_0) \quad (5)$$

接著，將（4）式再微分一次，可

以得到

$$f'''(x)=3\cdot2\cdot1R_3+\cdots\cdots$$
$$+n(n-1)(n-2)R_n(x-x_0)^{n-3}+$$
$$\cdots\cdots \quad (6)$$

和前面一樣，將 $x=x_0$ 代入，可以得到

$$f'''(x)=3\cdot2\cdot1R_3$$

即

$$R_3=\frac{1}{3\cdot2\cdot1}f'''(x_0) \quad (7)$$

持續執行同樣的步驟，可以得到

$$R_n=\frac{1}{n!}f^{(n)}(x_0) \quad (8)$$

$f^{(n)}(x)$ 是函數 $f(x)$ 微分 n 次後得到的函數。其中，

$$n!=n\cdot(n-1)\cdot(n-2)\cdot\cdots\cdot2\cdot1 \quad (9)$$

這就是所謂的「n 階乘」。這麼一來，就可以求出所有的 R。將以上結果代入（2）式，可以得到以下式子。

$$f(x)=f(x_0)$$
$$+f'(x_0)(x-x_0)$$
$$+\frac{1}{2}f''(x_0)(x-x_0)^2$$
$$+\frac{1}{3\cdot2\cdot1}f'''(x_0)(x-x_0)^3+\cdots$$
$$+\frac{1}{n!}f^{(n)}(x_0)(x-x_0)^n+\cdots \quad (10)$$

這是 $f(x)$ 在 x 的一種冪級數[※4]展開，稱做「泰勒展開式」。將 $x_0=0$ 代入上式後，可以得到以下簡單形式。

※3：在此省略詳細證明。一般來說，將「$y=x^n$」微分時，會得到「$y=nx^{n-1}$」。也就是說，微分時需乘上 x 原本的指數，且 x 指數減 1。另外，常數微分後的結果為「0」。因此，第一項 $f(x_0)$ 微分後為「0」，第二項 $f'(x_0)(x-x_0)$ 微分後為「$f'(x_0)$」。之後各項也能用同樣的方式計算。

$$f(x) = f(0) + f'(0)x$$
$$+ \frac{1}{2}f''(0)x^2$$
$$+ \frac{1}{3 \cdot 2 \cdot 1}f'''(0)x^3$$
$$+ \cdots + \frac{1}{n!}f^{(n)}(0)x^n + \cdots$$
$$(11)$$

這也稱做「麥克勞林展開式」。也就是說,對於任何函數,只要知道該函數在 $x = 0$ 時的各次微分值,就可以用無窮級數的形式來表該函數。

以麥克勞林級數展開sin函數

那麼,首先來看看 $\sin(x)$ 的麥克勞林展開式。進行麥克勞林展開時需要用到 $\sin(x)$ 的微分,其微分結果如下[※5]

1階微分:$\{\sin(x)\}' = \cos(x)$
2階微分:$\{\sin(x)\}'' = \{\cos(x)\}'$
$$= -\sin(x)$$
3階微分:$\{\sin(x)\}''' = -\{\sin(x)\}'$
$$= -\cos(x)$$
4階微分:$\{\sin(x)\}'''' = -\{\cos(x)\}'$
$$= \sin(x)$$
$$(12)$$

也就是說,將 $\sin(x)$ 二次微分後,會是原本函數「$\sin(x)$」乘上 -1;四次微分後,會變回原本的函數「$\sin(x)$」。故 $\sin(x)$

的五次、六次微分,甚至是更多次的微分結果,在計算上都相當的容易。

接著依序求出 $x = 0$ 時的 $\sin(x)$ 各次微分值。$\sin(0) = 0$、$\cos(0) = 1$,故各次微分值如下所示。

1階微分值:$\cos(0) = 1$
2階微分值:$-\sin(0) = 0$
3階微分值:$-\cos(0) = -1$
4階微分值:$\sin(0) = 0$
$$(13)$$

將這些微分值代入(11)式中,可以得到 $\sin(x)$ 的麥克勞林展開,如下所示。

※4:冪級數的「冪」,是「乘冪」或「連乘」的意思。

※5:某數微分即該數「階層改變」之意,經過 n 次微分的數稱為「n 階微分」或是「n 階導數」。又,微分在第88～89頁有詳細解說。

以麥克勞林展開求得的三角函數值與實際值的比較

1. $\sin(x) = x - \frac{1}{3!}x^3 + \frac{1}{5!}x^5 - \frac{1}{7!}x^7 + \cdots$

角度	x	$-\frac{1}{3!}x^3$	$\frac{1}{5!}x^5$	$-\frac{1}{7!}x^7$	左方四項總和	實際的 $\sin x$ 值
$30°$ ($\frac{\pi}{6} = 0.524$) 時	0.524	-0.024	0.000	-0.000	0.500	0.500
$60°$ ($\frac{\pi}{3} = 1.047$) 時	1.047	-0.191	0.010	-0.000	0.866	0.866
$90°$ ($\frac{\pi}{2} = 1.571$) 時	1.571	-0.646	0.080	-0.005	1.000	1.000

2. $\cos(x) = 1 - \frac{1}{2!}x^2 + \frac{1}{4!}x^4 - \frac{1}{6!}x^6 + \cdots$

角度	1	$-\frac{1}{2!}x^2$	$\frac{1}{4!}x^4$	$-\frac{1}{6!}x^6$	左方四項總和	實際的 $\cos x$ 值
$30°$ ($\frac{\pi}{6} = 0.524$) 時	1.000	-0.137	0.003	-0.000	0.866	0.866
$60°$ ($\frac{\pi}{3} = 1.047$) 時	1.000	-0.548	0.050	-0.000	0.502	0.500
$90°$ ($\frac{\pi}{2} = 1.571$) 時	1.000	-1.234	0.254	-0.021	0.001	0.000

【1】比較由「$y = \sin x$」的麥克勞林展開式求得的 $\sin x$ 值以及實際的 $\sin x$ 值。

最左行為 x 值($\frac{\pi}{6}$、$\frac{\pi}{3}$、$\frac{\pi}{2}$)。第二行至第五行為麥克勞林展開式中,前四項的數值。第六行則是第二行至第五行的加總。第七行為各個 x 值所對應的 $\sin x$ 實際值。第六行與第七行之所以會有差異,是因為第六行只計算了麥克勞林展開的最初四項(省略了計算結果剛好為 0 的項)。令人訝異的是,光是最初三項的加總,就可以得到與 $\sin$ 函數十分接近的數值。

【2】以同樣方式比較由「$y = \cos x$」的麥克勞林展開式求得的 $\cos x$ 值以及實際的 $\cos x$ 值。

$$\sin(x) = x - \frac{1}{3!}x^3 + \frac{1}{5!}x^5 - \frac{1}{7!}x^7 + \cdots$$
$$(14)$$

讓我們從實際例子來看看這個麥克勞林展開式有多麼厲害吧！將左下表的 $x = \frac{\pi}{6}$（$30°$）、$\frac{\pi}{3}$（$60°$）、$\frac{\pi}{2}$（$90°$）分別帶入前四個數值，求出前四項的冪級數。因為第四項已相當小，所以實際計算時，由前三項就可以算出相當接近正確值的近似值了。

以麥克勞林級數展開cos函數

接著來計算看看$\cos(x)$的麥克勞林展開式。前面已經介紹過$\cos(x)$的微分了。$\sin(x)$的2階微分，就是$\cos(x)$的1階微分，故將（12）的表全部往前移一層，就可以得到$\cos(x)$的微分結果了，也就是說

1階微分：$\{\cos(x)\}' = -\sin(x)$
2階微分：$\{\cos(x)\}'' = -\{\sin(x)\}'$
$\qquad\qquad = -\cos(x)$
3階微分：$\{\cos(x)\}''' = -\{\cos(x)\}'$
$\qquad\qquad = \sin(x)$
4階微分：$\{\cos(x)\}'''' = \{\sin(x)\}'$
$\qquad\qquad = \cos(x)$
$$(15)$$

因此，$\cos(x)$也和sin函數一樣，二次微分後會是原本函數乘上-1，四次微分後則會變回原本的函數。和$\sin(x)$一樣，將$\cos(x)$寫成泰勒展開式時，可以輕鬆寫出$x = 0$時的各次微分值。

1階微分值：$-\sin(0) = 0$
2階微分值：$-\cos(0) = -1$
3階微分值：$\sin(0) = 0$
4階微分值：$\cos(0) = 1$
$$(16)$$

將以上數值代入（11）式，即可以得到

$$\cos(x) = 1 - \frac{1}{2!}x^2 + \frac{1}{4!}x^4 - \frac{1}{6!}x^6 + \cdots$$
$$(17)$$

讓我們實際透過計算測試看看麥克勞林展開式的威力。$\cos$值的計算結果與$\sin$值一同列在左下的表中。同樣的，由前四項就可以計算出相當接近正確值的近似值了。

以麥克勞林級數展開指數函數

三角函數有個有趣的性質，那就是二次微分後會等於原本的函數乘上-1。還有一個函數也有類似性質，那就是「指數函數」。指數函數如其名所示，是一種「函數」。

首先，「指數」究竟是什麼呢？以10,000為例，10,000可寫成「10自乘4次（$= 10 \times 10 \times 10 \times 10$）」。此時10就稱做「底」，而4稱做「指數」。亦即，指數是底要「自乘多少次」（多少次方）才能夠得到指定的數。舉例來說，輸入x後會輸出10^x的函數，就稱做「以10為底的指數函數」。10^x之數值會隨著x的增加

泰勒（1685～1731）
是第一位導出泰勒展開式的英國數學家，與歐拉、白努利、萊布尼茲是同一個時期的人。

而跟著指數成長（如第152頁的圖）。

包含自然界的各種現象與人類的經濟活動在內，許多地方都可看到指數函數。其中，以無理數「e」（自然對數的底，2.71828……）的指數函數「e^x」最常出現在自然科學與經濟學的研究中。那麼，就讓我們試著微分看看「$y = e^{ax}$」這個指數函數吧[6]。

1階微分：$(e^{ax})' = ae^{ax}$
2階微分：$(e^{ax})'' = a^2e^{ax}$
3階微分：$(e^{ax})''' = a^3e^{ax}$
4階微分：$(e^{ax})'''' = a^4e^{ax}$

[6]：知道「$e^{ax} \fallingdotseq 1 + ax$」這個近似式的話，便可由微分定義（第90頁的式（1））計算出指數函數e^{ax}的微分。請一定要試著挑戰看看。

(18)

由此可以看出，微分指數函數時，只要將原本的函數再乘上 a 就可以了。而且，$x = 0$ 時的指數函數為

$$f(0) = e^{a \cdot 0} = 1$$

故指數函數在 $x = 0$ 時的微分值如下所示。

1 階微分值：$ae^{a \cdot 0} = a$
2 階微分值：$a^2 e^{a \cdot 0} = a^2$
3 階微分值：$a^3 e^{a \cdot 0} = a^3$
4 階微分值：$a^4 e^{a \cdot 0} = a^4$

(19)

將這些數值代入 (11) 式後，可以得到「$y = e^{ax}$」的麥克勞林展開式如下。

$$e^{ax} = 1 + ax + \frac{a^2}{2!} x^2 + \frac{a^3}{3!} x^3$$

指數函數 e^x 的圖

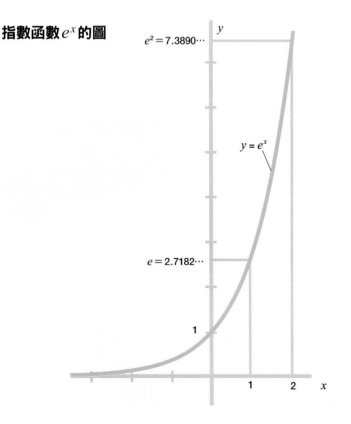

$e^2 = 7.3890\cdots$

$y = e^x$

$e = 2.7182\cdots$

$$+ \frac{a^4}{4!} x^4 + \frac{a^5}{5!} x^5 + \cdots \quad (20)$$

設這裡的 a 為虛數單位「i」。定義 i 滿足 $i^2 = -1$。由這個定義可計算「i^n」如下。

$$i^1 = i, \qquad i^2 = -1,$$
$$i^3 = -i, \qquad i^4 = 1$$

(21)

由此可知，偶數次微分後的數值為 1 或 -1，奇數次微分後的數值為 i 或 $-i$。

將「$a = i$」代入 (20) 式後，可以得到

$$e^{ix} = 1 + ix - \frac{1}{2!} x^2 - i\frac{1}{3!} x^3$$
$$+ \frac{1}{4!} x^4 + i\frac{1}{5!} x^5 - \cdots \quad (22)$$

上式中，第 1 項、第 3 項、第 5 項……為實數，第 2 項、第 4 項、第 6 項……為虛數，故我們

可以將偶數項與奇數項分開來寫，得到以下式子。

$$e^{ix} = 1 - \frac{1}{2!} x^2 + \frac{1}{4!} x^4 - \frac{1}{6!} x^6 + \cdots$$
$$+ i \left(x - \frac{1}{3!} x^3 + \frac{1}{5!} x^5 - \frac{1}{7!} x^7 + \cdots \right)$$
(23)

這就是指數函數的麥克勞林展開。您是否有發現，這個式子是否和三角函數的麥克勞林展開很像呢？

比較三個麥克勞林展開式

試比較前面得到的 sin 函數、cos 函數，以及指數函數的麥克勞林展開結果。

$$\sin(x) = x - \frac{1}{3!} x^3 + \frac{1}{5!} x^5 - \frac{1}{7!} x^7 + \cdots$$
$$\cos(x) = 1 - \frac{1}{2!} x^2 + \frac{1}{4!} x^4 - \frac{1}{6!} x^6 + \cdots$$

然後是

$$e^{ix} = 1 - \frac{1}{2!} x^2 + \frac{1}{4!} x^4 - \frac{1}{6!} x^6 + \cdots$$
$$+ i \left(x - \frac{1}{3!} x^3 + \frac{1}{5!} x^5 - \frac{1}{7!} x^7 + \cdots \right)$$

將這三條式子並列後，可以得到「e^{ix}」的實部與「$\cos x$」相同，虛部與「$\sin x$」相同，故以下等式成立

$$e^{ix} = \cos(x) + i\sin(x)$$

(24)

這條式子顯示出，三角函數與指數函數之間有著密切的關係。首先推導出這條式子的是 18 世紀的偉大數學家暨物理學家——歐拉，故被命名為「歐拉公式」。

這條式子時常出現在數學、物理學的各個領域。美國物理學家

費曼曾經說過「這一條式子是人類的至寶，也是數學中最美麗的公式」。

將 π 代入（24）式中的 x 後，可以得到

$$\cos(\pi) = -1, \ \sin(\pi) = 0 \quad (25)$$

故

$$e^{i\pi} = -1$$

等號兩邊同加 1，可以得到

$$e^{i\pi} + 1 = 0 \quad (26)$$

這條式子包含了數學中最重要的幾個數：0、1、π、e、i，是一條十分美妙的數學式，也稱做「歐拉等式」。

另外，將（$-x$）代入歐拉公式中的（x）可以得到

$$e^{i(-x)} = \cos(-x) + i\sin(-x)$$

如同我們在第75頁中看到的

$$\cos(-x) = \cos(x),$$
$$\sin(-x) = -\sin(x)$$

故

$$e^{-ix} = \cos(x) - i\sin(x) \quad (27)$$

將式（24）與（27）相加與相減消去後可以得到

$$\cos(x) = \frac{e^{ix} + e^{-ix}}{2}$$
$$\sin(x) = \frac{e^{ix} - e^{-ix}}{2i}$$

$$(28)$$

由此可以看出三角函數與指數函數之間有著密切的關係。

由歐拉公式推導出棣美弗公式

將歐拉公式（24）的 x 改以 nx

歐拉等式
（歐拉公式中，$x = \pi$ 時的情況）

自然對數的底 $e = 2.7182\cdots\cdots$
歐拉定義的數。符號 e 取自歐拉自己的名字（Euler）。且他也證明了這是一個無理數。

虛數單位 i
歐拉定義「平方後會得到 −1 的數」為虛數單位。虛數單位的實數倍亦為虛數。

由印度發明，代表無的數「0」
0 是 6 世紀左右由印度發明，代表「無」的數。任何數加上 0 後都會維持原樣，所以 0 也被稱做「加法的單位元素」。

圓周率 $\pi = 3.1415\cdots\cdots$
圓周除以直徑後得到的數值。已被證明是無理數。π 這個符號也是由歐拉定下來的。

最基本的自然數 1
最小的自然數。任何數乘上 1 後都會維持原樣，故 1 也被稱做「乘法的單位元素」。

代入後可以得到

$$e^{i \cdot nx} = \underline{\cos{(nx)} + i\sin{(nx)}} \quad (29)$$

其中，左邊的指數函數可改寫成

$$
\begin{aligned}
e^{i \cdot nx} &= (e^{ix})^n \\
&= \underline{\{\cos{(x)} + i\sin{(x)}\}^n} \quad (30)
\end{aligned}
$$

故可得到以下等式。

$$\{\cos{(x)} + i\sin{(x)}\}^n$$

$$= \underline{\cos{(nx)} + i\sin{(nx)}} \quad (31)$$

法裔英籍數學家棣美弗（Abraham de Moivre，1667～1754）在歐拉之前導出了這條式子，故這條式子以他的名字命名為「棣美弗公式」（De Moivre formula）。式中，若複數可寫成 $\cos x$、$\sin x$ 的形式，那麼這個複數的 n 次方，就可以用 $\cos nx$、$\sin nx$ 來表示。

棣美弗
（1667～1754）

法國人，因為信仰基督新教，而在路易十四之後，新教教徒難以在由天主教會控制的法國生存，故於1685年（18歲時）移居英國。與發現哈雷彗星的哈雷、牛頓等人彼此相識，棣美弗卻沒辦法成為正式的大學老師。德國的萊布尼茲等人曾希望哈雷可以援助過著貧窮生活的棣美弗，卻無法實現。棣美弗只能一邊做著家庭老師，一邊從事數學研究。在負責審判微積分發現者是牛頓，還是萊布尼茲的會議中，擔任審判議長的便是棣美弗。

以圖表示歐拉公式

一起詳細來看看歐拉公式與棣美弗公式還有哪些性質吧！將（24）式中歐拉公式畫在複數平面上，可以得到左下角般的圖形。實數與虛數相加後會得到「複數」（實數部分稱做「實部」、虛數部分稱做「虛部」），而複數平面就是由複數組成的平面，這裡我們以 x 軸為實數軸，y 軸為虛數軸。複數平面上，半徑為 1 之圓上的點 z 可表示成

$$z = e^{i\theta} = \cos(\theta) + i\sin(\theta) \quad (32)$$

由棣美弗公式可以知道

$$z^n = \cos{(n\theta)} + i\sin{(n\theta)}$$

因此 z^n 就是在圓周上原本 θ 的位置，n 倍後（即 $n\theta$）所對應位置的點。這個公式讓我們可以馬上計算出「將圓周等分為 n 個部分」時，等分點的位置在哪裡。

以 $n = 3$ 為例，將圓周 3 等分時，等分點的位置在哪裡呢？要回答這個問題，只要解出

$$z^3 = 1 \quad (33)$$

複數平面

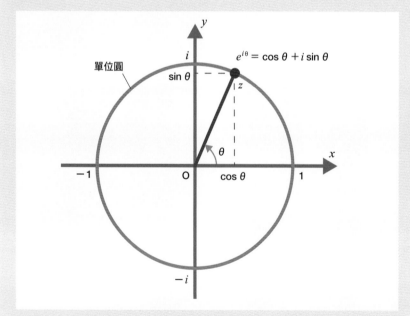

以插圖表示歐拉公式與棣美弗公式。圖中 x 軸為「實數軸」，y 軸是「虛數軸」。由這兩個軸組成的平面稱做「複數平面」（complex plane）。

這個方程式的答案就行了。從前面的說明應可看出為什麼要解這個方程式，之後我們會再詳細說明理由。

若使用代數方法來解這個方程式，可將其因式分解如下

$$z^3 - 1 = (z - 1)(z^2 + z + 1) = 0$$

故這個三次方程式的 3 個解為

$$z = 1, \quad -\frac{1}{2} \pm i \frac{\sqrt{3}}{2} \qquad (34)$$

另一方面，由棣美弗公式，z 自乘三次後會得到 1。若假設

$$z = \cos(\theta) + i \sin(\theta)$$

那麼以下等式成立

$$z^3 = \cos(3\theta) + i \sin(3\theta) = 1 \qquad (35)$$

將實部與虛部分開來看，則可以得到

$$\cos(3\theta) = 1, \quad \sin(3\theta) = 0 \qquad (36)$$

這表示

$$3\theta = 0, \quad \pm 2\pi \qquad (37)$$

故

$$\theta = 0, \quad \pm \frac{2\pi}{3} \qquad (38)$$

這些 θ 所對應的 sin 值與 cos 值分別如下（如下插圖）。

$$\cos(0) = 1, \quad \sin(0) = 0$$

$$\cos\left(\frac{2\pi}{3}\right) = -\frac{1}{2}, \quad \sin\left(\frac{2\pi}{3}\right) = \frac{\sqrt{3}}{2}$$

$$\cos\left(-\frac{2\pi}{3}\right) = -\frac{1}{2}, \sin\left(-\frac{2\pi}{3}\right) = -\frac{\sqrt{3}}{2}$$

因此，$z^3 = 1$ 的解「$z = \cos(\theta) + i \sin(\theta)$」為

$$z = 1, \quad z = -\frac{1}{2} \pm i \frac{\sqrt{3}}{2} \qquad (39)$$

這個答案與式（34）完全相同。需特別注意的是，用這種方法計算答案時，不需要計算二次方程式的解。由（36）式就可計算出答案，也就是說，只要善用歐拉公式，就可輕鬆計算出三等分圓周的座標。

再說一件有趣的事吧。前面求出來的解中，除了 1 之外，還有以下兩個解

$$\omega_1 = -\frac{1}{2} + i \frac{\sqrt{3}}{2}, \quad \omega_2 = -\frac{1}{2} - i \frac{\sqrt{3}}{2}$$

試著將 ω_1 平方，可得答案如下

用棣美弗公式來解方程式

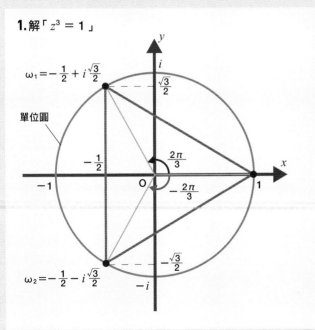

1. 解「$z^3 = 1$」

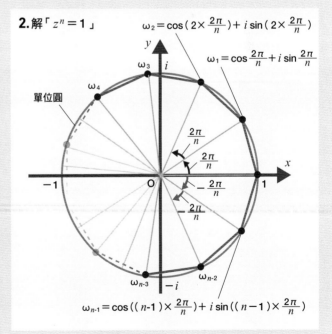

2. 解「$z^n = 1$」

用棣美弗公式來解「$z^n = 1$」的方法。【1】中，先試著求出滿足「$z^3 = 1$」的 z。由棣美弗公式，z 會等於將單位圓三等分的點。也就是說，求出三等分單位圓時之角度「0」、「$\frac{2\pi}{3}$」、「$-\frac{2\pi}{3}$」的 sin 值與 cos 值，就是三等分單位圓圓周的座標。【2】解「$z^n = 1$」時也一樣，只要求出「0」、「$\frac{2\pi}{n}$」、「$2 \times \frac{2\pi}{n}$」、「$3 \times \frac{2\pi}{n}$」、……、「$(n-1) \times \frac{2\pi}{n}$」就可以了。

$$(\omega_1)^2 = (-\frac{1}{2} + i\frac{\sqrt{3}}{2})^2$$
$$= (-\frac{1}{2})^2 + 2 \cdot (-\frac{1}{2}) \cdot (i\frac{\sqrt{3}}{2})$$
$$+ (i\frac{\sqrt{3}}{2})^2$$
$$= \frac{1}{4} - i\frac{\sqrt{3}}{2} - \frac{3}{4}$$
$$= -\frac{1}{2} - i\frac{\sqrt{3}}{2}$$
$$= \omega_2$$

如果將 ω_1 三次方（也就是將 ω_2 乘上 ω_1），則會得到 1。也就是說，三個解有以下關係

$$(\omega_1)^2 = \omega_2$$
$$\omega_1{}^3 = 1 \qquad (40)$$

這樣的關係不只成立於 $z^3 = 1$ 的解，只要是將圓周 n 等分的 $z^n = 1$ 的解，都會符合以上等式。其證明可由棣美弗公式簡單導出，請參考前頁插圖，試著挑戰看看吧。

歐拉公式有矛盾嗎？

這裡讓我們再仔細看一遍歐拉公式與歐拉等式。歐拉等式為「$e^{i\pi} = -1$」。

將等式兩邊取自然對數（底為 e 的對數。對數為指數的逆運算）[7]，可以得到

$$\ln(e^{i\pi}) = \ln(-1) \qquad (41)$$

由自然對數的定義底數為 e 之對數，對數乃指數之逆運算，則可以得到 $\ln(e^{i\pi}) = i\pi$，代入上式則可以得到

$$i\pi = \ln(-1) \qquad (42)$$

高中以前的數學中，負數不能取對數。不過由歐拉等式可以知道「$\ln(-1)$ 會等於虛數單位 i 乘上 π」。

不過，如果將 (42) 式的等號兩邊各乘以 2，等號左邊會變成

約翰・白努利（1667～1748）
瑞士的數學家暨物理學家。除了約翰以外，白努利家還有許多數學家和物理學家，不過對數學界貢獻最大的人，就是約翰。順帶一提，物理學中常提到的「白努利定律」，是由約翰的兒子，丹尼爾・白努利（Daniel Bernoulli，1700～1782）發現的。

「$2i\pi$」，等號右邊則會變成

$$2\ln(-1) = \ln(-1)^2$$
$$= \ln(1)$$
$$= 0 \qquad (43)$$

這樣子則會得到「$2i\pi = 0$ 或 $\ln(-1) = 0$」這種明顯是很奇怪的結果。

另外，前面我們計算出了滿足

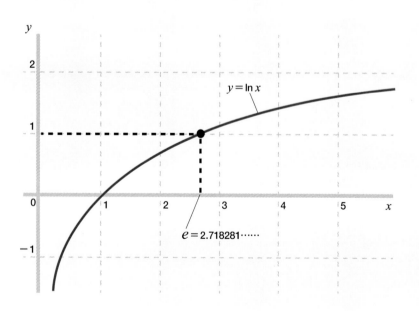

自然對數函數 ln x 的圖

$y = \ln x$

$e = 2.718281\cdots\cdots$

※7：指數函數「$y = a^x$」可改寫成，「$x = \log_a(y)$」，這種關係稱做「對數函數」（logarithmic function）。此時，寫在 log 右下角的數字稱做「底」。以 10 為底的對數稱做「常用對數」，寫做「$y = \log(x)$」，省略做為底的 10。另一方面，以 e 為底時，為了與一般對數做出區別，會改寫成「$\ln(x)$」。而且以 e 為底的對數稱做「自然對數」。由對數的定義可以得到以下等式：$\log_a M^b = b\log_a M$，$\log_a a = 1$，$\log_a 1 = 0$，$\log_a MN = \log_a M + \log_a N$。

「$z^3=1$」這個方程式的三個解。若將這個等式的等號兩邊取對數。可以得到

$$\ln(z^3) = \ln(1) \qquad (44)$$

等號左邊會變成「$3\ln(z)$」，等號右邊會變成「0」。換言之，滿足 $z^3=1$ 這條方程式的 3 個解，也都滿足「$\ln(z)=0$」，亦即它們的對數都等於0。

這樣的結果顯然相當詭異。在歐拉以前，也有數學家注意到了這件事。事實上，在歐拉導出歐拉公式的30年前，歐拉的老師，白努利（Johann Bernoulli，1667．1748）（左圖）就曾經導出一個等價於歐拉等式的神奇方程式

$$\frac{\pi}{2} = i\ln(i) \qquad (45)$$

這代表半徑為 1 的圓面積的一半（等號左邊）會等於虛數與虛數對數的乘積（等號右邊）。當時最厲害的數學家，白努利、萊布尼茲等人，都因為虛數、對數的神奇性質而相當苦惱。

消除這種苦惱的人，就是歐拉。歐拉認為，單一複數的對數有無限多個值，也就是將對數視為「多值函數」（multivalued function）。由歐拉函數可以理解到這一點。

如右上圖所示，一個複數為複數平面上的一點。設該點與原點 O 之連線與 x 軸的夾角為 θ，則可得到

$$z = re^{i\theta} \qquad (46)$$

這裡的 r 是原點與 z 所代表的點

多值函數與單位圓

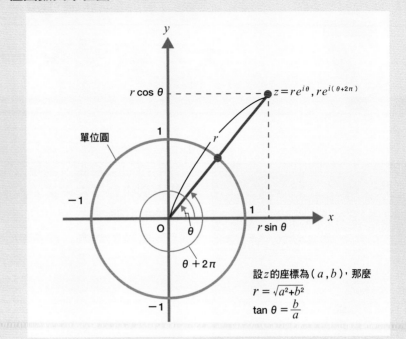

設 z 的座標為 (a, b)，那麼
$r = \sqrt{a^2+b^2}$
$\tan\theta = \dfrac{b}{a}$

點 z 可表示為（$r\cos\theta, r\sin\theta$）。不過，θ 旋轉 2π、4π 等「$2n\pi$」的角度後，仍會回到原本的位置（其中，n 為整數）。也就是說，點 z 的表示方式有無限多種。這種給定單一點，卻會得到多個輸出的函數，稱做「多值函數」。

之連線長度。此時，因為角度 θ 不管繞了原點幾圈，都可以回到原本的 z 點，故 z 可以表示成

$$z = re^{i(\theta+2n\pi)} \qquad (47)$$

這裡的 n 是整數。將（46）與（47）的等號兩邊分別取自然對數，由（46）可以得到

$$\ln(z) = \ln(re^{i\theta})$$

故

$$\ln(z) = \ln(r) + i\theta \qquad (48)$$

同樣的，由（47）可以得到

$$\ln(z) = \ln(re^{i(\theta+2n\pi)})$$

整理後得

$$\ln(z) = \ln(r) + i(\theta+2n\pi) \qquad (49)$$

也就是說，一個 z 有無限多個對數，每個對數之間都差了 $2n\pi$。由（49）式可以知道，若要確定複數的對數值，必須指定 θ 的範圍才行。而指定 θ 範圍後所得到的「$\ln(z)$，稱做「$\ln(z)$ 的主值」。

就這樣，歐拉發現對數可視為多值函數，加深人們對複數函數的理解，進而成為「複分析研究」的契機。　　　　🪐

建立了近代數學基礎的
天才數學家——歐拉

歐拉
Leonhard Euler（1707～1783）

歐拉出生於1707年的瑞士巴塞爾。他的父親是一名喜歡數學的牧師，教了歐拉許多數學知識。不過，他的父親希望歐拉能成為一個牧師，於是讓他去巴塞爾大學學習神學與拉丁語。

在巴塞爾大學中教導歐拉數學的是約翰·白努利。約翰的兒子，尼古拉二世·白努利（Nicolaus II Bernoulli，1695～1726）、丹尼爾·白努利兄弟，都是歐拉的好朋友。白努利家族以培養了眾多學者而著名。

歐拉的父親曾要求歐拉選擇牧師這條路，但歐拉卻想繼續研究數學。白努利家族的人們對歐拉的父親說，歐拉未來會是一個大數學家，這才說服了歐拉的父親。

在當時的歐洲，學問中心並不在大學，而是在王室資助成立的皇家學會。白努利兄弟於1725年起，在俄羅斯的聖彼得堡科學院擔任數學教授，並邀請歐拉前往。1727年時，歐拉抵達聖彼得堡，在丹尼爾·白努利的安排下，負責數學部門的工作。之後丹尼爾的身體狀況開始惡化，於1733年時回到瑞士，歐拉便成了數學部門內最重要的學者。

歐拉在聖彼得堡結婚，育有13名子女。歐拉可以說是數學領域中論文產出最多的學者。據說他的桌上隨時都堆滿了他寫的論文，連印刷速度都趕不上他寫論文的速度。

1741年，歐拉應腓特烈大帝之邀移居柏林。但大帝喜歡的是艱澀的哲學，還時常拿哲學來挪揄歐拉。在柏林受人欺負的歐拉，於1766年時，應葉卡捷琳娜二世之邀，再度回到聖彼得堡。

失明後仍持續著
研究工作

1735年左右，歐拉的右眼失去視力，且視力恢復手術失敗，使左眼也失去視力。即使如此，歐拉仍持續著他的研究工作。

歐拉的工作涉及多個領域。首先是教科書執筆。1748年時，他寫了代數、三角學、微積分學的教科書《無窮小分析引論》。另外，《微分學原理》（1755）、《積分學原理》（1768～1770）、《滿足給定條件時，找出極大極小值的方法》（1744）、《力學》（1736）等皆為相當有名的教科書，對後世數學影響甚大。

另外，歐拉也因為解開了兩個問題，而成為「拓樸學」（Topology）的創始者。第一個問題是一筆畫問題。在普魯士的柯尼斯堡，一條河將城市分成了四個區域。河上架了七座橋，連接起這些區域。居民們說「你不可能在不重複走過同一條橋的情況下，走完所有橋」。歐拉聽說了這件事後，感覺其中隱藏了很重要的原理。於是他把這個原理寫成數學式，並解開了這個問題。

第二個問題是多面體問題。研究這個問題的歐拉，證明了

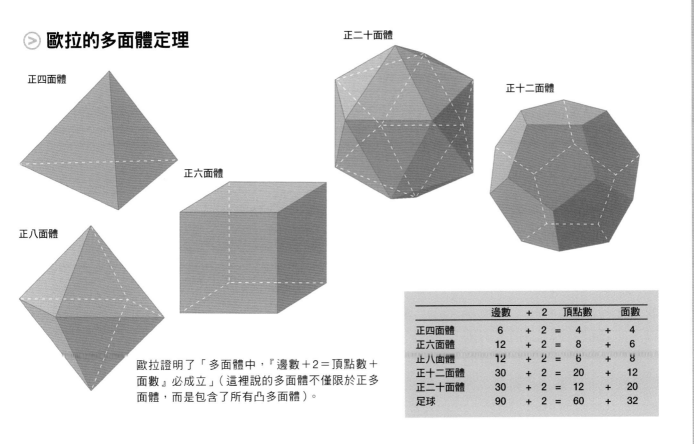

歐拉的多面體定理

正四面體

正六面體

正八面體

正二十面體

正十二面體

	邊數	+ 2	頂點數		面數
正四面體	6	+ 2 =	4	+	4
正六面體	12	+ 2 =	8	+	6
正八面體	12	+ 2 =	6	+	8
正十二面體	30	+ 2 =	20	+	12
正二十面體	30	+ 2 =	12	+	20
足球	90	+ 2 =	60	+	32

歐拉證明了「多面體中，『邊數＋2＝頂點數＋面數』必成立」（這裡說的多面體不僅限於正多面體，而是包含了所有凸多面體）。

「多面體的邊數加上 2 後，會等於頂點數與面數的和」，也就是多面體定理。就這兩個問題而言，即使將圖形或空間連續性的變形，問題本質也不會改變。這個數學領域也叫做「拓樸學」。

除此之外，歐拉在「變分學」（variational calculus）的問題上也有很大的貢獻。有個流傳已久的數學問題是這麼問的：「在古都迦太基，一個男人用一天內挖掘出來的溝渠圍繞住一塊土地時，便可擁有這塊土地。那麼溝渠應該要挖成什麼形狀，才能讓土地的面積最大呢？」。若改用數學方式來問，這個問題會等價於「周長一定的圖形中，什麼樣的圖形面積最大？」。而答案是圓。歐拉為了將這類變分學問題一般化，推導出相關的微分方程。

推導出剛體與流體 的運動方程式

歐拉也對虛數很有興趣，決定虛數的單位為「i」。並在 1748 年時，推導出了「世界上最美妙的數學式」「$e^{i\pi}＋1＝0$」，又稱做「歐拉等式」。這個等式包含了最基本的自然數「1」，由印度所發明的「0」、圓周率「π」、自然對數的底「$e＝2.71……$」，以及「虛數單位 i」。亦即，將來源不同的重要數字，以極為簡單的形式結合在一起。

這個歐拉等式源自於「歐拉公式」，也就是「$e^{ix}＝\cos x＋i \sin x$」。式中的 x 以圓周率 π 代入後，加 1 所得出。也就是說，歐拉公式透過虛數，將實數世界中彼此毫無關聯的指數函數與三角函數結合了起來，成為互為表裡的關係。對現代科學家來說，這個公式可以說是各領域進行計算時的必需品。

另外，歐拉也推廣了牛頓推導的運動方程式，得到可適用於流體與剛體運動方程式，進一步推廣了牛頓提出的問題。

三角函數有什麼用途
——量子力學的現場

執筆 **和田純夫**
原日本東京大學專任講師

Sin的圖形是一個波。物理學中也有許多波一般的形狀。譬如水面上的水波，從側面看，水面上下移動，就和sin的圖形一樣（嚴格來說，水波的波峰比sin波的波峰還要尖一點）。波會隨著時間的經過而運動，也稱做「波動」。

水波是水這個實體在運動，而二十世紀發展出來的量子力學，則談到了更抽象的波動。

事實上，量子力學也被稱做「波動力學」，將電子等微粒子視為波。

電子的位置並不確定

現代物理學中會將沒有大小的粒子（或者是忽視粒子的大小）用波來表示，所以現代物理學常讓人有種難以理解的感覺。重點在於，「雖然電子是粒子，但（一般來說）我們並

不確定電子在某特定時間點的位置」。之所以會不確定，是因為「（該粒子）存在於某個位置的狀態」、「存在於相鄰位置的狀態」、「存在於更遠處位置的狀態」等無數個狀態共存（同時存在）。若以數值表示各種狀態的存在程度大小，那麼這個數值會呈現出波的形狀。這麼理解應該就沒問題了。而這個波的形狀，就是該粒子的「波函數」（wave

電子所擁有的波粒二象性(wave-particle duality)

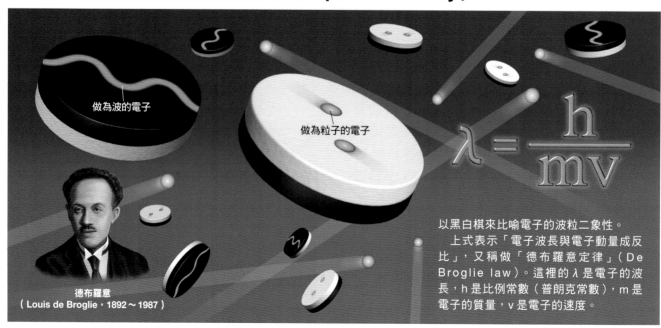

做為波的電子

做為粒子的電子

$$\lambda = \frac{h}{mv}$$

德布羅意
(Louis de Broglie，1892～1987)

以黑白棋來比喻電子的波粒二象性。
上式表示「電子波長與電子動量成反比」，又稱做「德布羅意定律」（De Broglie law）。這裡的 λ 是電子的波長，h 是比例常數（普朗克常數），m 是電子的質量，v 是電子的速度。

function）。

光聽以上敘述就可以感覺到量子力學中的波有多抽象了，但事實上，量子力學的波還有著更複雜的地方。水面的波是水面高度的變化，僅由實數所構成。但是量子力學的波卻包含了抽象的量，一般稱做「複數」。複數可由實數的 a、b 與虛數單位「i」寫成「$a+bi$」。虛數 i 滿足「$i^2=-1$」。

如同我們在第146頁與第152頁中講到的一樣，三角函數與指數函數之間有以下關係

$$\cos\theta + i\sin\theta = e^{i\theta}$$

因此在量子力學中，比起sin與cos函數，更常出現兩者的組合——指數函數（以 $e^{i\theta}$ 的形式）。不過，為了不要讓說明變得過於複雜，以下會以實數波的討論為主。

波的疊合與電子的位置

表示電子的波，也就是波函數的具體波形依狀況各有不同。為方便說明，這裡將三維空間的波簡化成一維空間的波。換言之，假設電子在一條直線上運動。

在某特定時間下，該直線的

電子的波函數可以表示成sin函數。若以這條直線為座標 x，那麼波函數可以寫成「$\sin ax$」。這裡的 a 為任意常數，可決定波長大小。

在沒有力量作用的情況下，這個波隨時間經過的運動速度會與 a 成正比。這個現象源自德布羅意定律（左頁插圖），即粒子的動量（速度×質量）與其波長成反比。

另外，sin函數是一個左右無限延伸的波浪狀曲線。波函數也同樣無限延伸，所以理論上，我們無法確定電子的真實位置。不過現實中，雖然我們無法準確定出電子位置，卻可推論出電子大概在什麼地方。

右方**圖 a** 即是侷限在某個區域內之電子的波函數。該函數無法單純寫成「$\sin ax$」，但由第110頁的說明可以知道，這個函數可以寫成多個sin函數的疊合結果（右方**圖 b**）。因為這種波看起來就像有一個包絡曲線一樣，所以也叫「波包」（wave packet）。

量子力學中，會用波包來表示電子的位置。但波包有一定的寬度，所以無法確定粒子的準確位置在哪裡。另外，在一般情況下，波包的速度與粒子

表示電子存在之區域的波

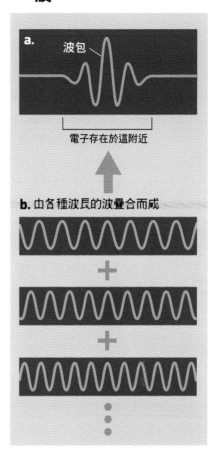

a. 波包
電子存在於這附近

b. 由各種波長的波疊合而成

的速度相同。這個速度與由德布羅意定律所推導出來的速度並不相同（但也不是完全沒關係），所以無法使用傳統的粒子概念來理解量子力學中的粒子。

無論如何，量子力學中的波函數不是只有sin函數，但瞭解sin函數可以幫助我們理解波函數的性質。

三角函數的「相關」函數

本節將由日本Newton前總編輯水谷仁先生，介紹一些與三角函數相類似的函數。首先就是物理學領域中很常會用到的「雙曲線函數」（hyperbolic function）。這種函數與三角函數相似，共有「sinh」、「cosh」、「tanh」等三種。接著要介紹的是「雙紐線函數」（lemniscate function），雙紐線函數衍生自「橢圓積分」，是一種對數學領域影響很大的函數。

執筆 水谷 仁
日本 Newton 前總編輯

沿著半徑為 1 的圓移動，圓周上動點（改變角度 θ）的 x 座標與 y 座標就是三角函數。此時的 x 座標相當於cos（θ）、y 座標相當於sin（θ）。動點繞圓一周後會回到原來的位置，故sin與cos的週期為 2π。

半徑 1 的圓的數學式如下所示

$$x^2 + y^2 = 1 \qquad (1)$$

設圓上一點 A 與原點之連線 OA及 x 軸的夾角為 θ，那麼由弧度（rad，第78頁）的定義可以知道，θ 就是點 B（1,0）至點 A 的圓弧長。

另一方面，扇形OAB的面積會是 θ 的一半，或者說扇形面積的 2 倍就是 θ，如**圖 1** 所示。

圖1　以 sin 與 cos 表示圓周上的點

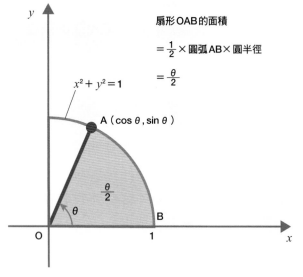

扇形OAB的面積
$= \frac{1}{2} \times$ 圓弧AB $\times$ 圓半徑
$= \frac{\theta}{2}$

$x^2 + y^2 = 1$

A $(\cos\theta, \sin\theta)$

圖2　以 sinh 與 cosh 表示雙曲線上的點

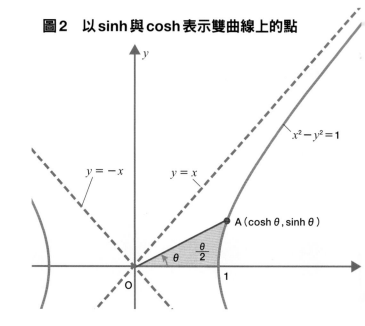

$y = -x$

$y = x$

$x^2 - y^2 = 1$

A $(\cosh\theta, \sinh\theta)$

滿足和角公式的 sinh、cosh、tanh

那麼，如果不是圓，而是下式一般的雙曲線，那麼像這樣的性質還會成立嗎？

$$x^2 - y^2 = 1 \qquad (2)$$

與圓的情況類似，雙曲線上點 A 的 x 座標、y 座標可以寫成 $\cosh(\theta)$、$\sinh(\theta)$。而這裡的 θ 也和圓的 θ 類似，是點 A 與原點 O 連線下方面積的兩倍（參考圖2）。

由此可知，圖中 A 點的 x、y 座標可寫成以下式子（需用到積分，此處省略）。

$$\sinh(\theta) = \frac{e^{\theta} - e^{-\theta}}{2}$$
$$\cosh(\theta) = \frac{e^{\theta} + e^{-\theta}}{2} \qquad (3)$$

這與一般三角函數的定義（見第153頁的式（28））公式類似，但函數圖形完全不同（圖3）。

$\sinh(x)$ 是一個通過原點的「奇函數」（以原點為對稱點的函數），$\cosh(x)$ 是一個通過（0,1）的「偶函數」（以 y 軸為對稱軸的函數）。這點與一般的sin、cos類似，但sinh與cosh顯然不是週期函數。

$\sinh(\theta)$ 又叫做雙曲正弦函數，$\cosh(\theta)$ 又叫做雙曲餘弦函數，兩者皆與雙曲線有關。與 tan 的定義類似，雙曲正切函數 tanh 的定義如下。

$$\tanh(\theta) = \frac{\sinh(\theta)}{\cosh(\theta)} \qquad (4)$$

這些曲線都叫做雙曲線函數。

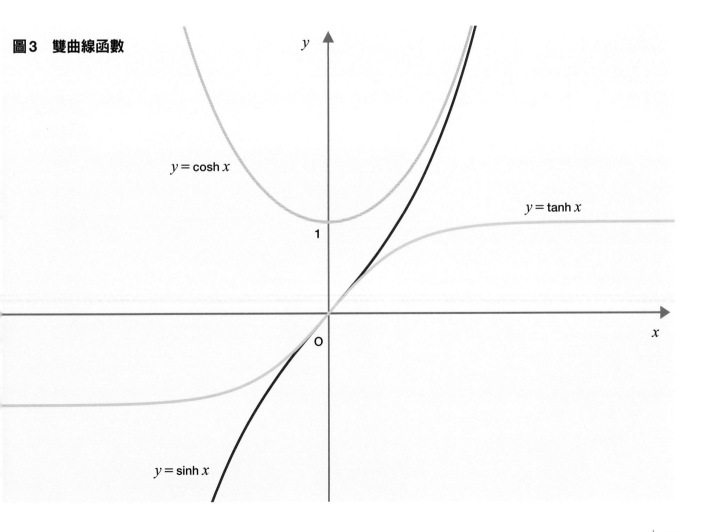

圖3　雙曲線函數

$y = \cosh x$

$y = \tanh x$

1

O

$y = \sinh x$

雖然雙曲線函數不像三角函數般有週期性，但卻有著類似三角函數的和角公式。舉例來說，sinh

惠更斯
（1629～1695）

符合以下和角公式

$$\sinh(\alpha+\beta)=\sinh(\alpha)\cosh(\beta)$$
$$+\cosh(\alpha)\sinh(\beta)\quad(5)$$

一般 sin 函數的和角公式如下

$$\sin(\alpha+\beta)=\sin(\alpha)\cos(\beta)$$
$$+\cos(\alpha)\sin(\beta)\quad(6)$$

兩者形式幾乎相同。

雙曲線函數也時常用於物理學領域。

推廣三角函數後得到的「雙紐線」

一動點與一固定點的距離保持一定時，可畫出圓。一動點與兩固定點的距離差保持一定時，可畫出雙曲線（這兩個點稱做雙曲線的焦點）。一動點與兩固定點的距離乘積保持一定時，可定義出另一種曲線。

設兩點 A$(a,0)$ 與 A$'(-a,0)$ 為兩固定點，點 P(x,y) 與這兩個點的距離分別為

$$AP=\sqrt{(x-a)^2+y^2}$$
$$A'P=\sqrt{(x+a)^2+y^2}$$

設兩者乘積固定（$=c^2$），可寫出以下等式。

$$\sqrt{(x-a)^2+y^2}\sqrt{(x+a)^2+y^2}=c^2\quad(7)$$

將式（7）等號兩邊平方、整理後可以得到以下等式。

$$(x^2+y^2+a^2)^2-4a^2x^2=c^4\quad(8)$$

以雙曲餘弦函數表示的「懸鏈線」

固定住繩鏈兩端，使其自然垂下，此時繩鏈所形成的曲線稱做「懸鏈線」（假設繩鏈的密度處處相同）。這條曲線可以寫成以下等式

$$a\cosh\left(\frac{x}{a}\right)=\frac{a\left(e^{\frac{x}{a}}+e^{-\frac{x}{a}}\right)}{2}$$

該等式是由荷蘭物理學家暨數學家惠更斯（Christiaan Huygens，1629～1695）所發現的。他以拉丁語的鎖鏈「catena」，將這種曲線命名為「catenary」。

將由重力造成的懸鏈上下顛倒，可得到一個拱形結構。西班牙的建築學家高第（Antoni Gaudí，1852～1926）開始將這種拱形用在建築上。右邊照片是由高第設計的鎖鏈垂吊作品的復原模型，設置於西班牙巴塞隆納，由高第設計的建築物「米拉之家」的閣樓內。這個房間內的屋頂形狀也是美麗的懸鏈線。右頁照片是「聖家堂」，塔與柱子的形狀也用到了許多懸鏈線。

若這個曲線通過原點，那麼 $a = c$ 必須成立才行，故這個曲線方程式可進一步整理成

$$(x^2 + y^2)^2 = 2a^2 (x^2 - y^2) \quad (9)$$

這裡令 $2a^2 = 1$（兩固定點的 x 座標分別為 $\pm\sqrt{\dfrac{1}{2}}$），可以得到以下式子。

$$(x^2 + y^2)^2 = (x^2 - y^2) \quad (10)$$

由此式子可畫出**圖 4**的曲線。

這個曲線稱做「雙紐線[※1]」。這個曲線 x 軸交點的座標為 0、± 1。這個曲線亦可用極座標方程式[※2]表示成

$$r^2 = \cos 2\theta \quad (11)$$

這種十分簡潔的式子。而被稱做數學王子的德國數學家高斯（Johann Friedrich Gaub，1777～

1855），以三角函數的推廣為目標，詳細研究了這種曲線[※3]。

這種形似蝴蝶翅膀般的曲線周長，可用「橢圓積分」計算出來，令周長的 $\dfrac{1}{2}$ 為 ω，則

$$\omega = 2.6220575 \quad (12)$$

也就是說，以**圖 4**右側為曲線原點，繞曲線一周後，長度約為 2.622。這個數值與圓周率 π 同為「無理數」，亦屬於「超越數」，故這個數在日文中也被稱做「雙紐線周率」[※4]。

高斯（1777～1855）

與三角函數性質類似的「雙紐線函數」

令原點到雙紐線上一點的直線距離為 r，從原點沿著雙紐線移動到該點的弧長為 u，考慮兩變數的關係。

先來看看動點沿著原點右側第

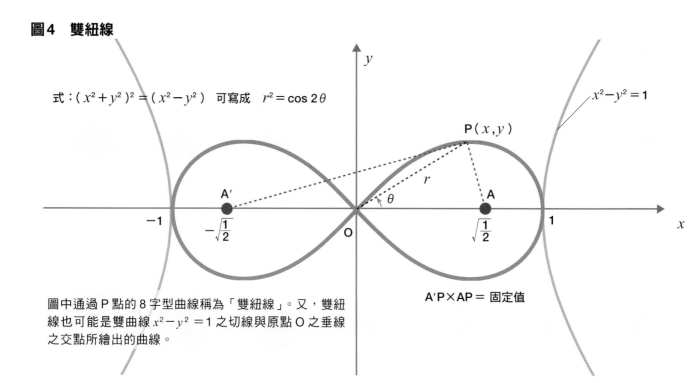

圖 4　雙紐線

式：$(x^2 + y^2)^2 = (x^2 - y^2)$　可寫成　$r^2 = \cos 2\theta$

$P(x, y)$

$x^2 - y^2 = 1$

A'　$-\sqrt{\dfrac{1}{2}}$　O　$\sqrt{\dfrac{1}{2}}$　A　r　θ

-1　1

$A'P \times AP = $ 固定值

圖中通過 P 點的 8 字型曲線稱為「雙紐線」。又，雙紐線也可能是雙曲線 $x^2 - y^2 = 1$ 之切線與原點 O 之垂線之交點所繪出的曲線。

一象限（$x>0$、$y>0$的區域）的雙紐線。u 與 r 初始值都是 0，且隨著 u 的增加，r 也會跟著增加。當 u 達到 $\frac{\omega}{2}$ 時，$r=1$。接著，隨著 u 的增加，r 會開始減少。$u=\omega$ 時會回到原點，$r=0$。

由於 u 可決定 r，故可令兩者為函數關係如下

$$r=\mathrm{sn}(u) \qquad (13)$$

sn首字母 s 是為了凸顯它和 sin 為相似函數。當雙紐線抵達第二象限（$x<0$、$y>0$）、第三象限（$x<0$、$y<0$）的區域時，令 r 為負數。如此一來 sn(u) 就會是以 2ω 為週期之 u 的奇函數。

sn(u) 的具體式子有些複雜，其反函數則相對簡單許多。也就是說，從原點出發的雙紐線弧長 u，可以用積分式表示成 r 的函數如下。

$$u(r)=\int_0^1 \frac{1}{\sqrt{1-t^4}}\ dt \qquad (14)$$

這個函數的反函數為 $r=\mathrm{sn}(u)$，圖形如**圖 5** 所示，是個形狀類似 sin 函數的圖形。

設這個函數對 u 微分後會得到 cn(u)。首字母 c 是為了凸顯它

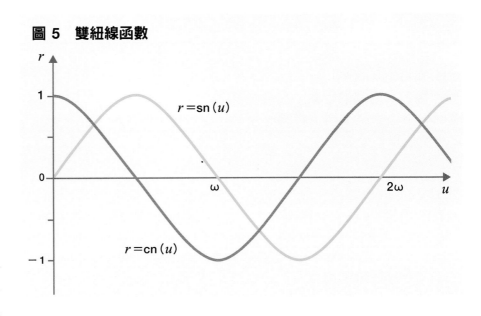

圖 5　雙紐線函數

和 cos 為相似函數。cn(u) 的定義如下

$$\mathrm{cn}(u)=\sqrt{\frac{1-\mathrm{sn}(u)^2}{1+\mathrm{sn}(u)^2}} \qquad (15)$$

這個函數中 cn$(0)=1$、cn$(\omega)=0$，與一般三角函數的 cos 有著相似性質。將（15）式的等號兩邊平方以後，可得以下等式

$$\mathrm{sn}(u)^2+\mathrm{cn}(u)^2+\mathrm{sn}(u)^2\mathrm{cn}(u)^2=1 \qquad (16)$$

這與三角函數中的

$$\sin(x)^2+\cos(x)^2=1 \text{ 相似。}$$

sn(u) 與 cn(u) 符合類似三角函數加法公式的關係，有著許多有趣的性質。隨著橢圓積分的發展，在這之後對整個數學領域造成了很大的影響。

本節與數學有關的文章或許有些困難，但這些三角函數的兄弟函數，與三角函數同樣可應用在許多數學、物理學領域。希望未來有一天，各位也有機會碰上本節所介紹的三角函數，探索未知的數學領域。　　　　　🪐

※1：雙紐線的拉丁語 lemniscate 為 8 字型緞帶的意思。

※2：設曲線上的點為 P，原點與點 P 連線之 OP 長度為 r，OP 與 x 軸的夾角為 θ，那麼 r 與 θ 為該曲線的極座標，以 r 與 θ 表示的方程式為極座標方程式。

※3：在高木貞治的《近世數學史談》（岩波書店出版）中，有談到高斯研究雙紐線與橢圓函數的精彩過程。另外，高瀨正仁的《高斯數論》（Chikuma書房出版）也引用高斯的日記，介紹高斯與雙曲線的關係，十分有臨場感。推薦給各位參考。

※4：ω 可由以下公式定義。$\pi=2\int_0^1 \frac{1}{\sqrt{1-t^4}}\ dt$，另一方面，圓周率 π 可定義為 $\pi=2\int_0^1 \frac{1}{\sqrt{1-t^2}}\ dt$，兩者亦十分相似。

有備無患的
重要定理與公式

自本頁起到第173頁,整理了各種三角函數的定義。另外也會提到高中數學範圍內,本書卻沒有介紹到的重要公式。

直角三角形的三角函數定義(三角比)

$$\sin\theta = \frac{對邊}{斜邊} = \frac{AC}{AB}$$

$$\cos\theta = \frac{鄰邊}{斜邊} = \frac{BC}{AB}$$

$$\tan\theta = \frac{對邊}{鄰邊} = \frac{AC}{BC}$$

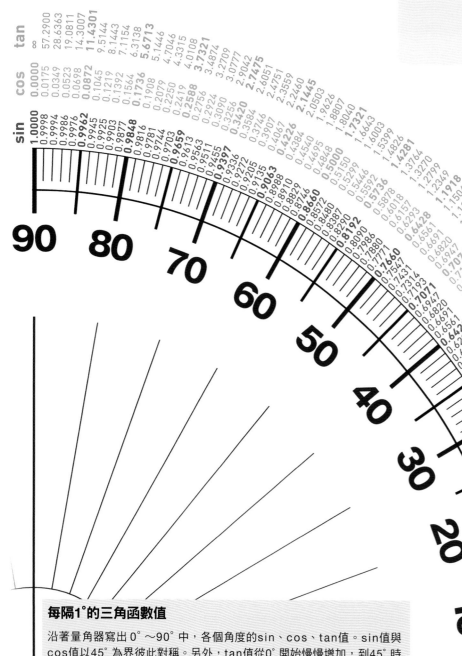

每隔1°的三角函數值

沿著量角器寫出 0°～90° 中,各個角度的sin、cos、tan值。sin值與cos值以45°為界彼此對稱。另外,tan值從0°開始慢慢增加,到45°時為1。超過45°時,tan值會急速增加,到90°時會達到無限大。

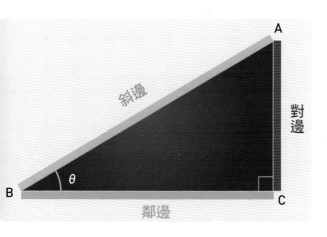

各三角函數間的關係

$$\tan\theta = \frac{\sin\theta}{\cos\theta}$$

$$\sin^2\theta + \cos^2\theta = 1$$

$$\tan^2\theta + 1 = \frac{1}{\cos^2\theta}$$

以單位圓定義三角函數

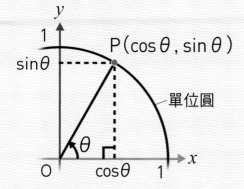

若將三角函數值限定為直角三角形的邊長比，那麼 θ 值會被限定在 0°到90°之間。90°以上 0°以下的三角函數值，可用半徑為 1 之圓（單位圓）來定義，圓周上點 P 的座標為（$\cos\theta$, $\sin\theta$）。

弧度法

$$360° = 2\pi \text{ rad}$$

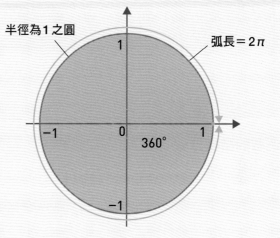

以泰勒展開式定義

$$\sin(x) = x - \frac{1}{3!}x^3 + \frac{1}{5!}x^5 - \frac{1}{7!}x^7 + \cdots\cdots$$

$$\cos(x) = 1 - \frac{1}{2!}x^2 + \frac{1}{4!}x^4 - \frac{1}{6!}x^6 + \cdots\cdots$$

以歐拉公式定義

$$\cos\theta = \frac{e^{i\theta} + e^{-i\theta}}{2}$$

$$\sin\theta = \frac{e^{i\theta} - e^{-i\theta}}{2i}$$

有備無患的
重要定理與公式

三角函數的圖 以下為三角函數的圖。$y = \sin x$ 與 $y = \cos x$ 的圖形錯開了 $\frac{\pi}{2}$（＝90°），不過兩者形狀完全相同。$y = \tan x$ 的圖形每經過 π（＝180°）就重複一次。

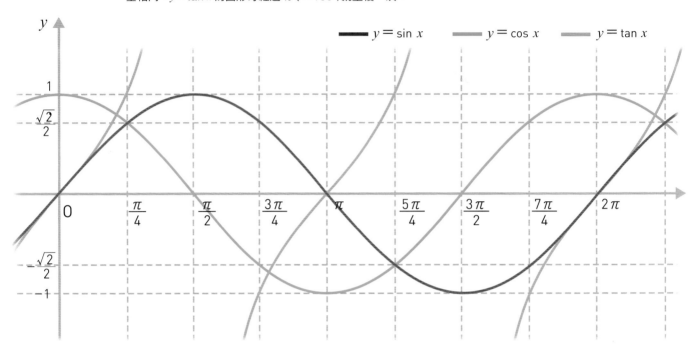

三角函數的微積分

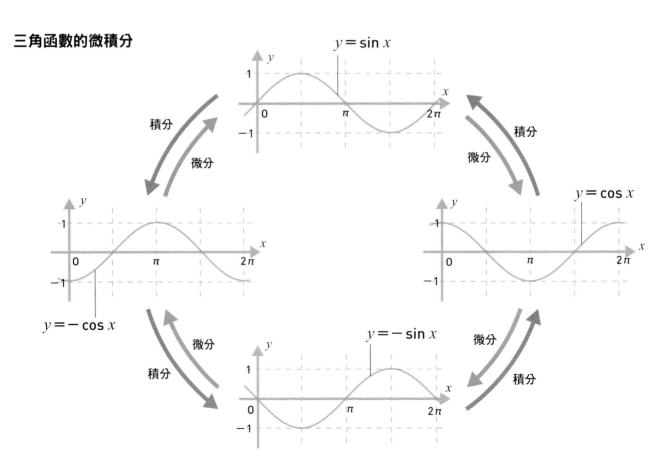

三角函數的性質

$$\sin(360°n + \theta) = \sin(\theta)$$
$$\cos(360°n + \theta) = \cos(\theta)$$
$$\tan(360°n + \theta) = \tan(\theta)$$

$$\sin(-\theta) = -\sin(\theta)$$
$$\cos(-\theta) = \cos(\theta)$$
$$\tan(-\theta) = -\tan(\theta)$$

$$\sin(90° - \theta) = \cos\theta$$
$$\cos(90° - \theta) = \sin\theta$$
$$\tan(90° - \theta) = \frac{1}{\tan\theta}$$

$$\sin(90° + \theta) = \cos\theta$$
$$\cos(90° + \theta) = -\sin\theta$$
$$\tan(90° + \theta) = -\frac{1}{\tan\theta}$$

$$\sin(180° - \theta) = \sin\theta$$
$$\cos(180° - \theta) = -\cos\theta$$
$$\tan(180° - \theta) = -\tan\theta$$

$$\sin(180° + \theta) = -\sin\theta$$
$$\cos(180° + \theta) = -\cos\theta$$
$$\tan(180° + \theta) = \tan\theta$$

餘弦定理

$$c^2 = a^2 + b^2 - 2ab\cos C$$

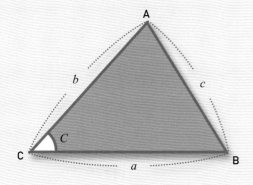

正弦定理

$$\frac{a}{\sin A} = \frac{b}{\sin B} = \frac{c}{\sin C} = 2r$$

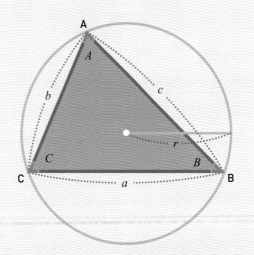

和角公式　用於計算兩個角度相加時的三角函數值

$$\sin(\alpha + \beta) = \sin\alpha\cos\beta + \cos\alpha\sin\beta$$
$$\sin(\alpha - \beta) = \sin\alpha\cos\beta - \cos\alpha\sin\beta$$

$$\cos(\alpha + \beta) = \cos\alpha\cos\beta - \sin\alpha\sin\beta$$
$$\cos(\alpha - \beta) = \cos\alpha\cos\beta + \sin\alpha\sin\beta$$

$$\tan(\alpha + \beta) = \frac{\tan\alpha + \tan\beta}{1 - \tan\alpha\tan\beta}$$

$$\tan(\alpha - \beta) = \frac{\tan\alpha - \tan\beta}{1 + \tan\alpha\tan\beta}$$

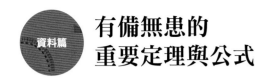

有備無患的
重要定理與公式

三角函數的積化和差公式 將相乘的三角函數轉變成加減法的公式

$$\sin\alpha\cos\beta = \frac{1}{2}\{\sin(\alpha+\beta)+\sin(\alpha-\beta)\}$$

$$\cos\alpha\sin\beta = \frac{1}{2}\{\sin(\alpha+\beta)-\sin(\alpha-\beta)\}$$

$$\cos\alpha\cos\beta = \frac{1}{2}\{\cos(\alpha+\beta)+\cos(\alpha-\beta)\}$$

$$\sin\alpha\sin\beta = \frac{1}{2}\{\cos(\alpha+\beta)-\cos(\alpha-\beta)\}$$

$$\sin A+\sin B = 2\sin\frac{A+B}{2}\cos\frac{A-B}{2} \qquad \cos A+\cos B = 2\cos\frac{A+B}{2}\cos\frac{A-B}{2}$$

$$\sin A-\sin B = 2\cos\frac{A+B}{2}\sin\frac{A-B}{2} \qquad \cos A-\cos B = -2\sin\frac{A+B}{2}\sin\frac{A-B}{2}$$

半角公式 角度變為一半時的三角函數值

$$\sin^2\frac{\alpha}{2} = \frac{1-\cos\alpha}{2}$$

$$\cos^2\frac{\alpha}{2} = \frac{1+\cos\alpha}{2}$$

倍角公式 角度變為兩倍時的三角函數值

$$\sin 2\alpha = 2\sin\alpha\cos\alpha$$

$$\cos 2\alpha = \cos^2\alpha - \sin^2\alpha$$
$$= 1-2\sin^2\alpha$$
$$= 2\cos^2\alpha - 1$$

$$\tan 2\alpha = \frac{2\tan\alpha}{1-\tan^2\alpha}$$

三角函數的疊合

用 sin 來表示 sin 與 cos 的相加結果

$$A\sin\theta + B\cos\theta = \sqrt{A^2+B^2}\sin(\theta+\alpha)$$

其中，α 為滿足
以下公式的角度

$$\cos\alpha = \frac{A}{\sqrt{A^2+B^2}}$$

$$\sin\alpha = \frac{B}{\sqrt{A^2+B^2}}$$

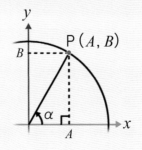

傅立葉級數展開

$$f(x) = \frac{a_0}{2} + (a_1\cos x + a_2\cos 2x + \cdots + a_n\cos nx + \cdots)$$
$$+ (b_1\sin x + b_2\sin 2x + \cdots + b_n\sin nx + \cdots)$$

傅立葉轉換　　　　　　傅立葉逆轉換

傅立葉係數

$$a_n = \frac{1}{\pi}\int_0^{2\pi} f(x)\cos(nx)\,dx, \quad b_n = \frac{1}{\pi}\int_0^{2\pi} f(x)\sin(nx)\,dx$$

歐拉公式

$$e^{ix} = \cos(x) + i\sin(x), \quad e^{i\pi} + 1 = 0$$

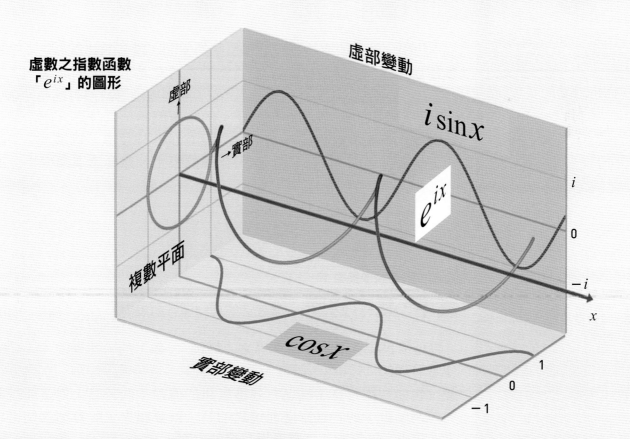

虛數之指數函數「e^{ix}」的圖形

虛部變動

$i\sin x$

複數平面

e^{ix}

實部變動

$\cos x$

虛數的指數函數 e^{ix} 為複數（實數＋虛數），軌跡在複數平面上旋轉，就像螺旋線一樣。實部變動與「$\cos x$」相同，虛部變動與「$i\sin x$」一致，如上圖所示。

人人伽利略 科學叢書 03

完全圖解元素與週期表

解讀美麗的週期表與
全部118種元素！　　售價：450元

　　所謂元素，就是這個世界所有物質的根本，不管是地球、空氣、人體等等，都是由碳、氧、氮、鐵等許許多多的元素所構成。元素的發現史是人類探究世界根源成分的歷史。彙整了目前發現的118種化學元素而成的「元素週期表」可以說是人類科學知識的集大成。

　　本書利用豐富的插圖以深入淺出的方式詳細介紹元素與週期表，讀者很容易就能明白元素週期表看起來如此複雜的原因，也能清楚理解各種元素的特性和應用。

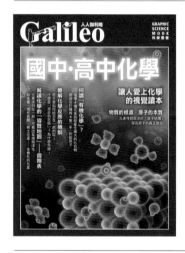

人人伽利略 科學叢書 04

國中・高中化學　　讓人愛上化學的視覺讀本　　售價：420元

　　「化學」就是研究物質性質、反應的學問。所有的物質、生活中的各種現象都是化學的對象，而我們的生活充滿了化學的成果，了解化學，對於我們所面臨的各種狀況的了解與處理應該都有幫助。

　　本書從了解物質的根源「原子」的本質開始，再詳盡介紹化學的導覽地圖「週期表」、化學鍵結、生活中的化學反應、以碳為主角的有機化學等等。希望對正在學習化學的學生、想要重溫學生生涯的大人們，都能因本書而受益。

人人伽利略 科學叢書 11

國中・高中物理　　徹底了解萬物運行的規則！　　售價：380元

　　物理學是探究潛藏於自然界之「規則」（律）的一門學問。人類驅使著發現的「規則」，讓探測器飛到太空，也藉著「規則」讓汽車行駛，也能利用智慧手機進行各種資訊的傳遞。倘若有人對這種貌似「非常困難」的物理學敬而遠之的話，就要錯失了解轉動這個世界之「規則」的機會。這是多麼可惜的事啊！

人人伽利略 科學叢書 09

單位與定律　　完整探討生活周遭的單位與定律！　　售價：400元

　　本國際度量衡大會就長度、質量、時間、電流、溫度、物質量、光度這7個量，制訂了全球通用的單位。2019年5月，針對這些基本單位之中的「公斤」、「安培」、「莫耳」、「克耳文」的定義又作了最新的變更，讓我們一起來認識。

　　本書也將對「相對性原理」、「光速不變原理」、「自由落體定律」、「佛萊明左手定律」等等，這些在探究科學時不可或缺的重要原理和定律做徹底的介紹。請盡情享受科學的樂趣吧！

人人伽利略 科學叢書 10

用數學了解宇宙　　只需高中數學就能計算整個宇宙！　　售價：350元

　　每當我們看到美麗的天文圖片時，都會被宇宙和天體的美麗所感動！遼闊的宇宙還有許多深奧的問題等待我們去了解。

　　本書對各種天文現象就它的物理性質做淺顯易懂的說明。再舉出具體的例子，說明這些現象的物理量要如何測量與計算。計算方法絕大部分只有乘法和除法，偶爾會出現微積分等等。但是，只須大致了解它的涵義即可，儘管繼續往前閱讀下去瞭解天文的奧祕。

人人伽利略 科學叢書 12

量子論縱覽　　從量子論的基本概念到量子電腦　　售價：450元

　　本書是日本Newton出版社發行別冊《量子論增補第4版》的修訂版。本書除了有許多淺顯易懂且趣味盎然的內容之外，對於提出科幻般之世界觀的「多世界詮釋」等量子論的獨特「詮釋」，也用了不少篇幅做了詳細的介紹。此外，也收錄了多篇深入淺出地介紹近年來急速發展的「量子電腦」和「量子遙傳」的文章。

　　接下來，就讓我們一起來享受這趟量子論的奇妙世界之旅吧！

【 人人伽利略系列 19 】

三角函數
sin、cos、tan

作者／日本Newton Press

執行副總編輯／賴貞秀

編輯顧問／吳家恆

翻譯／陳朕疆

校對／邱秋梅

商標設計／吉松薛爾

發行人／周元白

出版者／人人出版股份有限公司

地址／231028 新北市新店區寶橋路235巷6弄6號7樓

電話／（02）2918-3366（代表號）

傳真／（02）2914-0000

網址／www.jjp.com.tw

郵政劃撥帳號／16402311 人人出版股份有限公司

製版印刷／長城製版印刷股份有限公司

電話／（02）2918-3366（代表號）

經銷商／聯合發行股份有限公司

電話／（02）2917-8022

第一版第一刷／2020年11月

第一版第二刷／2021年8月

定價／新台幣450元
　　　港幣150元

國家圖書館出版品預行編目（CIP）資料

三角函數：sin、cos、tan／日本Newton Press作；
陳朕疆翻譯. -- 第一版. --
新北市：人人, 2020.11
面；公分. —（人人伽利略系列；19）
譯自：三角関数：サイン,コサイン,タンジェント
ISBN 978-986-461-228-4（平裝）

1.數學教育 2.三角函數 3.中等教育

524.32　　　　　　　　　　　　　109016332

Staff

Editorial Management	木村直之
Editorial Staff	疋田朗子

Photograph

2	アフロ	116	Newton Press	146	アフロ
3	GRANGER.COM/アフロ, YUTAKA/アフロ	129	akg-images / Cynet Photo	151	Brook Taylor. Line engraving after R. Earlom..
8	Roger-Viollet/アフロ	133	佐々木耕太, 大澤五住 Two-Dimensional Fourier		Credit: Wellcome Collection. CC BY
8-9	アフロ		Image Reconstruction [Inverse FT] Demo	154	©The Royal Society
12	Science Source/アフロ	136	Flanagan, James L., Oxford, England: Springer-	156	Johann Bernoulli. Line engraving by E. Ficquet,
13	アフロ		Verlag		1765, after J. Huber.. Credit: Wellcome Collection.
19	Top Photo / Cynet Photo	138	防災科学技術研究所 兵庫県耐震工学研究センター,		CC BY
31	都立中央図書館特別文庫室所蔵, アフロ		兵庫県	164	akg-images / Cynet Photo, YUTAKA/アフロ
35	アフロ	140	ESO/NAOJ/NRAO	165	Veniamin Kraskov/Shutterstock.com
46〜47	佐藤健一	143	Veniamin Kraskov/Shutterstock.com	166	akg-images / Cynet Photo
113	GRANGER.COM/アフロ, アフロ	144	アフロ, Bridgeman Images/アフロ		

Illustration

Cover Design	米倉英弘（細山田デザイン事務所）		animation). Data and technical support: MODIS	116〜128	Newton Press
	（イラスト：Newton Press）		Land Group; MODIS Science Data Support Team;	129〜133	Newton Press
1	Newton Press		MODIS Atmosphere Group; MODIS Ocean Group	134〜135	Newton Press
2	Newton Press, 国土地理院提供の「一等三角網図」		Additional data: USGS EROS Data Center	136〜137	Newton Press
	を Newton Press より改変, Newton Press		(topography); USGS Terrestrial Remote Sensing	139	Newton Press
3	Newton Press		Flagstaf Field Center (Antarctica); Defense	140〜141	Newton Press
5	国土地理院提供の「一等三角網図」を Newton		Meteorological Satellite Program (city lights).)	149	Newton Press
	Press より改変	28〜31	Newton Press	152〜153	Newton Press
6-7	Newton Press・吉原成行	32〜35	Newton Press	154〜156	Newton Press
8〜9	Newton Press	36〜45	Newton Press	157	Newton Press
10-11	国土地理院提供の「一等三角網図」を Newton	46〜47	Newton Press	158	小﨑哲太郎
	Press より改変	49〜53	Newton Press	159	Newton Press
14〜18	Newton Press	57〜83	Newton Press	160	Newton Press、【ド・ブロイ】山本 匠
20〜25	Newton Press	84〜87	加藤愛一	161〜163	Newton Press
26-27	Newton Press（雲のデータ：NASA Goddard Space	88〜105	Newton Press	166〜173	Newton Press
	Flight Center Image by Reto Stöckli (land surface,	107	髙島達明	175	Newton Press
	shallow water, clouds). Enhancements by Robert	108〜111	Newton Press		
	Simmon (ocean color, compositing, 3D globes,	114-115	髙島達明		